交通技工院校汽车运输类专业新课改教材

汽车保险与理赔
（第2版）

（汽车商务专业用）

刘冬梅　主　编
戴敦明　主　审

人民交通出版社股份有限公司
北　京

内 容 提 要

本书是交通技工院校汽车运输类专业新课改教材之一，主要介绍了保险基本知识、汽车交通事故责任强制保险、汽车商业保险、汽车保险合同的签订、汽车保险的投保与承保实务、汽车理赔、机动车辆交通事故现场查勘与责任认定、事故车辆的检验与定损、赔款计算及案卷制作、消费贷款办理、互联网保险与理赔、互联网保险与传统保险区别、新能源汽车保险与理赔等内容。

本书是交通技工院校、中等职业学校汽车商务专业的核心课程教材，也可作为汽车商务、维修专业技术等级考核及培训用书和相关技术人员的参考用书。

图书在版编目（CIP）数据

汽车保险与理赔/刘冬梅主编. —2 版. —北京：
人民交通出版社股份有限公司,2021.12
ISBN 978-7-114-17511-4

Ⅰ.①汽…　Ⅱ.①刘…　Ⅲ.①汽车保险—理赔—中国
—职业教育—教材　Ⅳ.①F842.634

中国版本图书馆 CIP 数据核字（2021）第 144446 号

QICHE BAOXIAN YU LIPEI

书　　　名：汽车保险与理赔（第 2 版）
著　作　者：刘冬梅
责任编辑：郭　跃
责任校对：赵媛媛
责任印制：张　凯
出版发行：人民交通出版社股份有限公司
地　　　址：（100011）北京市朝阳区安定门外外馆斜街 3 号
网　　　址：http://www.ccpcl.com.cn
销售电话：（010）59757973
总 经 销：人民交通出版社股份有限公司发行部
经　　　销：各地新华书店
印　　　刷：北京市密东印刷有限公司
开　　　本：787×1092　1/16
印　　　张：18
字　　　数：311 千
版　　　次：2013 年 6 月　第 1 版
　　　　　　2021 年 12 月　第 2 版
印　　　次：2021 年 12 月　第 2 版　第 1 次印刷　总第 5 次印刷
书　　　号：ISBN 978-7-114-17511-4
定　　　价：45.00 元

第2版前言

为适应社会经济发展和汽车运用与维修专业技能型人才培养的需求，交通职业教育教学指导委员会汽车(技工)专业指导委员会陆续组织编写了汽车维修、汽车营销、汽车检测等专业技工、高级技工及技师教材，受到广大职业院校师生的欢迎。随着职业教育教学改革的不断深入，职业学校对课程结构、课程内容及教学模式提出了更高、更新的要求。《国家职业教育改革实施方案》提出"引导行业企业深度参与技术技能人才培养培训，促进职业院校加强专业建设、深化课程改革、增强实训内容、提高师资水平，全面提升教育教学质量"。为此，人民交通出版社股份有限公司根据职业教育改革相关文件精神，组织全国交通类技工、高级技工及技师类院校再版修订了本套教材。

此次再版修订的教材总结了交通技工类院校多年来的汽车专业教学经验，将职业岗位所需要的知识、技能和职业素养融入汽车专业教学中，体现了职业教育的特色。

2020年9月，中国银保监会下发《关于实施车险综合改革的指导意见》，宣布正式启动车险综合改革；在银保监会的指导下，中国保险行业协会组织行业力量对2014版商业车险示范条款进行了修订完善，在征求多方意见的基础上，形成了《中国保险行业协会机动车商业保险示范条款(2020版)》。

《汽车保险与理赔(第2版)》结合本次车险综合改革的内容以及近年来车险业务的变革进行了修订，并新增了互联网保险与理赔、新能源汽车保险与理赔等相关内容。

本书由沈阳市汽车工程学校刘冬梅担任主编，并承担本次主要修订工作。

限于编者经历和水平，教材内容难以覆盖全国各地中等职业学校的实际情况，希望各学校在选用和推广本系列教材的同时，及时提出修改意见和建议，以便再版修订时改正。

编　者
2021年6月

目 录

项目一　保险基本知识

项目描述

　　保险是社会经济发展到一定阶段的产物。如今,在世界上许多国家,特别是经济发达国家,保险已经成为其国民经济中的重要组成部分。随着道路运输业的发展和汽车的普及,机动车辆保险已经成为一些保险公司的第一大险种。但是,要从事机动车辆保险实际业务工作,就必须了解有关保险的基础知识。

学习目标

　　1.知识目标
　　能叙述保险的概念、内容及分类。
　　2.技能目标
　　能正确描述保险的基本原则及机动车辆保险的职能和作用。
　　3.素养目标
　　培养学生勇于探索未知世界、积极主动学习的习惯,激发学生学习新知识的兴趣。

建议课时

　　6学时。

课题一　保险概述

一、保险的概念

我们通常所说的保险是狭义的保险,即商业保险。《中华人民共和国保险法》(2015年最新修订版)(以下简称《保险法》)第二条规定:本法所称保险,是指投保人根据合同约定,向保险人支付保险费,保险人对于合同约定的可能发生的事故因其发生所造成的财产损失承担赔偿保险金责任,或者当被保险人死亡、伤残、疾病或者达到合同约定的年龄、期限等条件时承担给付保险金责任的商业保险行为。

二、保险的基本术语

1. 投保人

投保人是指与保险人订立保险合同,并按照合同约定负有支付保险费义务的人。

2. 保险人

保险人是指与投保人订立保险合同,并按照合同的约定承担赔偿或者给付保险金责任的保险公司。

注意:因为保险合同是由投保人和保险人直接订立的,所以,投保人和保险人又称为合同的当事人。

3. 被保险人

被保险人是指其财产或者人身受保险合同保障,同时享有保险金请求权的人。投保人可以为被保险人。

4. 受益人

受益人是指人身保险合同中由被保险人或者投保人指定的享有保险金请求权的人。投保人、被保险人均可以为受益人。

受益人是人身保险合同中特有的,财产保险中没有受益人。

特别提示:根据《保险法》第二十一条,投保人、被保险人或者受益人知道保险事故发生后,应当及时通知保险人。故意或者因重大过失未及时通知,致使保险事故的性质、原因、损失程度等难以确定的,保险人对无法确定的部分,不承担赔偿或者给付保险金的责任,但保险人通过其他途径已经及时知道或者应当及时知道保险事故发生的除外。

注意:因为被保险人与受益人没有直接参与订立保险合同,所以也称合同的关系人。

5. 保险费(保费)

保险费是指投保人或被保险人根据保险合同的规定,为取得因约定事故发生所造成的经济损失补偿(或给付)权利而缴付给保险人的费用。

注意:保险费的计算较为严格和复杂,不像其他商品那样可以由买卖双方就价格进行协商,而是由保险公司单方面决定的,投保人接受才可以订立合同。投保人如果不接受,则不订立合同。

6. 保险费率(费率)

保险费率是指保险人向被保险人收取的每单位保险金额的保险费,是计算保险费的依据,通常用百分率或千分率来表示。其公式为:

$$保险费率 = 保险费/保险金额$$

注意:保险人承保一笔保险业务,用保险金额乘以保险费率就得出该笔业务应收取的保险费。计算保险费的影响因素有保险金额、保险费率及保险期限。以上 3 个因素均与保险费成正比关系,即保险金额越大,保险费率越高,或保险期限越长,则应缴纳的保险费就越多。其中任何一个因素的变化,都会引起保险费的变动。

三、保险的分类

随着经济的发展,保险的种类越来越多,所涉及的领域在不断地扩大,具体做法也在不断地发展。然而,迄今为止,各国对保险的分类尚无统一标准,只能从不同的角度进行大体上的分类。

1. 按保险的性质分类

保险按保险的性质分类,可分为商业保险、社会保险和政策保险 3 种,如图 1-1 所示。

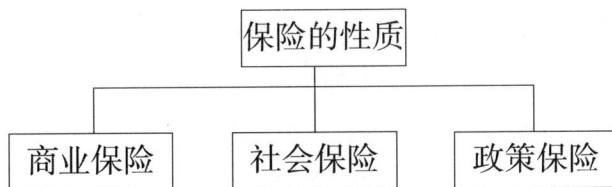

图 1-1　按保险性质分类

注意:社会保险与商业保险不同,商业保险的当事人均出于自愿,而社会保险一般都是强制性的,凡符合法律规定条件的成员,不论其是否愿意,均须参加。

想一想

(1)目前,一般保险公司经营的财产保险、人身保险、责任保险、保证保险是否属于商业保险?

（2）为辅助农牧渔业增产增收的种植业保险是否属于政策保险？

2.按保险标的分类

保险标的或称"保险对象"，是指保险合同中所载明的投保对象。按不同的标的，保险可分为财产保险、责任保险、信用保证保险和人身保险 4 种，如图 1-2 所示。

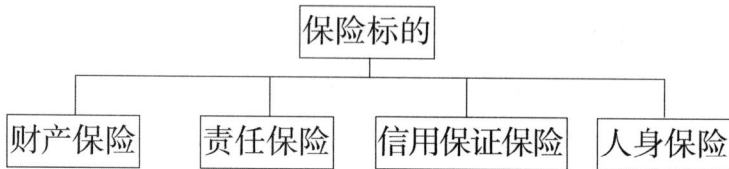

图 1-2　按保险标的分类

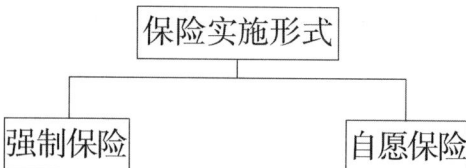

3.按保险的实施形式分类

按保险的实施形式，保险可分为强制保险与自愿保险，如图 1-3 所示。

图 1-3　按保险实施形式分类

想一想

中国人民保险公司对在国内搭乘火车、轮船、飞机的旅客实施的旅客意外伤害保险是属于自愿保险，还是属于强制保险？

四、保险的基本原则

保险的基本原则，即集中体现保险法本质和精神的基本准则。这既是保险立法的依据，又是保险活动中必须遵循的准则，对保险立法和司法都有指导意义。保险的基本原则是通过保险法的具体规定来实现的，而保险法的具体规定，必须符合基本原则的要求。保险法的基本原则如图 1-4 所示。

图 1-4　保险的基本原则

1.最大诚信原则

由于保险关系的特殊性，人们在保险实务中越来越感到诚信原则的必要性，要求合同双方当事人最大限度地遵守这一原则,故称最大诚信原则。具体来讲,即要求双方当事人不隐瞒事实,不相互欺诈,以最大的诚信全面履行各自的义务,以保证对方权利的实现。最大诚信原则是合同双方当事人都必须遵循的基本原则,具体表现在以下几个方面。

1)履行如实告知义务

这是最大诚信原则对投保人的要求。由于保险人面对广大的投保人,不可能一一去了解保险标的的各种情况。因此,投保人在投保时,应当将足以影响保险人决定是否承保、确定保险费率或增加特别条款的重要情况,向保险人如实告知。保险实务中一般以投保单为限,即投保单中询问的内容投保人必须如实填写。除此之外,投保人不承担任何告诉、告知义务。

注意:投保人因故意或过失没有履行如实告知义务,将要承担相应的法律后果,例如,保险人可以据此解除保险合同,如果发生保险事故,保险人有权拒绝赔付等。

2)履行说明义务

这是最大诚信原则对保险人的要求。由于保险合同由保险人事先制订,投保人只有表示接受与否的选择。通常投保人又缺乏保险知识和经验,因此,在订立保险合同时,保险人应当向投保人说明合同条款内容。对于保险合同的一般条款,保险人应当履行说明义务。对于保险合同的责任免除条款,保险人应当履行明确说明义务。未明确说明的,责任免除条款不发生效力。

3)履行保证义务

这里的保证,是指投保人向保险人作出承诺,保证在保险期间遵守作为或不作为的某些规则,或保证某事项的真实性,因此,这也是最大诚信原则对投保人的要求。

保险上的保证有两种:一种是明示保证,即以保险合同条款的形式出现,是保险合同的内容之一,故为明示;另一种是默示保证,即这种保证并不出现在保险合同条款中,往往以社会普遍存在或认可的某些行为规范为准则,并将此视作投保人保证作为或不作为的承诺,故为默示。

想一想

因被保险人没有关闭门窗而招致的失窃,保险人是否承担保险责任?

4)弃权和禁止抗辩

这是最大诚信原则对保险人的要求。所谓弃权,是指保险人放弃法律或保险合同中规定的某项权利,如拒绝承保的权利、解除保险合同的权利等。所谓禁止抗辩,与弃权有紧密联系,是指保险人既然放弃了该项权利,就不得向被保险人或受益人再主张这种权利。

图1-5　一汽-大众速腾

做一做

陈强于2018年11月2日购买了一辆一汽-大众速腾轿车(图1-5)。11月10日,陈强向某保险公司购买了机动车辆保险和第三者责任险,保险期限为1年,并于当日交清了保险费。2019年2月3日,陈强将该车卖给好友刘刚,陈强并没有经保险公司办理批单手续,也没有告知保险公司。2019年3月5日,刘刚驾驶该车发生车祸,车辆全损,并造成第三者人员伤亡。若陈强向保险公司索赔,保险公司是否赔偿?

2. 保险利益原则

保险利益原则是指投保人对保险标的具有法律上承认的经济利益,投保人投保时必须对保险标的具有保险利益。保险利益在财产保险和人身保险中有不同的表现形式。

1)财产保险利益

财产保险的保险标的是财产及其相关利益,其保险利益是指投保人对保险标的具有法律上承认的经济利益。财产保险的保险利益应当具备3个要素:

(1)必须是法律认可并予以保护的合法利益;

(2)必须是经济上的利益;

(3)必须是确定的经济利益。

2)人身保险利益

人身保险的保险标的是人的寿命和身体,其保险利益是指投保人对被保险人寿命和身体所具有的经济利害关系。这种利害关系往往由保险法规定,主要包括:本人、配偶、子女、父母;与投保人具有赡养和抚养关系的家庭其他成员和近亲属;同意投保人为其投保的被保险的人。此外,劳动关系、合伙关系、债权债务关系的当事人之间,也可能产生保险利益。

保险利益原则在保险合同的订立、履行过程中,有不同的适用要求。就财产保险而言,投保人应当在投保时对保险标的具有保险利益。合同成立后,被保险人可能因保险标的的买卖、转让、赠予、继承等情况而变更。因此,发生保险事故时,被保险人应当对保险标的具有保险利益,投保人是否具有保险利益已无关紧要。就人身保险而言,投保时,投保人必须对被保险人具有保险利益,至于发生保险事故时,投保人是否仍具有保险利益,则无关紧要。

注意:订立合同时,投保人对被保险人不具有保险利益的,合同无效。保险事故发生时,被保险人对保险标的不具有保险利益的,不得向保险人请求赔偿保险金。

做一做

胜利有限责任公司将其一辆宝马 X3 系轿车(图 1-6)转让给大明公司。而后,胜利有限责任公司以自己的名义,在某保险公司为该车投保。投保后一个月,该宝马车发生交通事故,车辆损毁,胜利有限责任公司向保险公司索赔。保险公司是否应给予赔偿?

图 1-6　宝马 X3 系轿车

3.损失赔偿原则

对于保险合同约定的保险事故所造成的损害,保险人应当及时、准确地履行赔偿或给付保险金责任,用于弥补被保险财产或被保险人遭受的经济损失。损害赔偿原则主要体现在以下几个方面。

(1)被保险人只有在保险合同的约定期限内,遭受约定的保险事故所造成的损害时,才能得到赔付。

(2)赔付依据是被保险财产的实际损失或被保险人的实际损害,按照赔付和损失等量的原则进行。

(3)按照权利义务对等原则,发生保险事故时,投保方有施救义务,而保险方承担施救及其他合理费用,数额以保险金额为限。

(4)索赔要求提出后,保险人应及时、准确地核定损失额,与索赔人达成赔付协议,履行赔偿或者给付义务。

4.近因原则

保险人承担赔付保险金责任的前提是损害结果必须与危险事故的发生具有直接的因果关系。损害结果可能由单因或多因造成。单因较简单,如果是保险事故保险人就应当赔偿给付。多因较复杂,主要有以下几种情况:

(1)多因同时发生。若同时发生的都是保险事故,则保险人承担责任;若其中既有保险事故,也有责任免除事项,保险人只承担保险事故造成的损失,如此时两种责任造成的损失无法计算,则由双方协商决定赔付额。

(2)多因连续发生。两个以下灾害事故连续发生造成损害,一般以最近的、最有效的原因为主因。若主因属于保险事故,则保险人承担赔付责任。但若后因是前因直接、自然的结果或合理的连续时,以前因为主因。

(3)多因间断发生。即后因与前因之间没有必然因果关系,彼此独立。这种情况的处理与单因大致相同,即保险人视各种独立的危险事故是否属于保险事故,进而决定是否赔付。

想一想

投保人赵刚向某财产保险公司投保了一份车辆损失保险,但他没有投保盗抢险。一日,由于打雷引发了火灾,车辆部分损失,车上部分财产被抢救出来放在露天后又被盗走。那么,保险公司应该进行赔偿吗?

五、综合实训

1.请根据调查填写表1-1,在表中写出你所在城市有哪些保险公司。

保险公司调查表　　　　　　　　　　　表1-1

序　　号	保险公司名称
1	
2	
3	
4	
5	

2.请完成下面的连线题。

保险标的　　　　　　　　　　　社会保险

保险的实施形式　　　　　　　　财产保险

保险的性质　　　　　　　　　　自愿保险

3.李小姐在2018年购房时资金不够,于是用自己的一辆广州本田雅阁轿车

图1-7　广州本田雅阁

(图1-7)作为抵押物向银行贷款15万元,贷款期为4年。

问:

(1)银行在进行抵押贷款时,能否对抵押品进行投保?

(2)若银行在第二年就收回了15万元贷款,但两年半后轿车受损,银行能否向保险公司

索赔?

六、考核评价

考核评价见表1-2。

考 核 评 价 表 表1-2

项目名称： 课题名称：	班级： 姓名：	日期： 页码：
(1)保险的投保人可以是被保险人吗? (2)请说出保险的含义		
考核评价： 签字：		

课 题 二 机动车辆保险的职能和作用

一、机动车辆保险的概念

机动车辆保险(图1-8)俗称汽车保险,属于财产保险的一种。它是以机动车辆本身及机动车辆的第三者责任为保险标的的一种运输工具保险。它能够切实保障机动车辆的被保险人和交通事故受害者在车辆发生保险责任事故,造成车辆本身损失及第三者人身伤亡和财产损坏或损失时,得到经济补偿,最大限度地减少损失,能够促使交通事故损害赔偿纠纷及时解决,促进社会稳定。其保险客户,主要是拥有各种机动交通工具的法人团体和个人;其保险标的,主要是各种类型的汽车,但也包

图 1-8 机动车辆保险

括电车、电瓶车等专用车辆及摩托车等。

特别提示:机动车辆是指汽车、电车、电瓶车、摩托车、拖拉机、各种专用机械车、特种车。非机动车辆通常是指以人力或畜力驱动,在道路上行驶的交通工具,或虽有动力装置驱动,但设计时速、空车质量及外形尺寸均符合国家标准的残疾人机动轮椅车、电动自行车等交通工具。

做一做

请写出表1-3中机动车辆的名称。

机 动 车 辆 表1-3

图片			
名称	( )	( )	( )

二、机动车辆保险的特点

机动车辆保险的特点如下:

(1)出险率高,赔付率高。

(2)业务量大,投保率高。

(3)保费收入高。

(4)扩大了保险利益。

(5)执行损失补偿原则。

三、机动车辆保险的职能

机动车辆保险的职能是使机动车辆用户以缴纳保险费为条件,将自己可能遭受的风险成本全部或部分转嫁给保险人。机动车辆保险是一种重要的风险转嫁方式,在大量的风险单位集合的基础上,将少数被保险人可能遭受的损失后果转嫁到全体被保险人身上,而保险人作为被保险人之间的中介,对其实行经济补偿。通过机动车辆保险,使拥有机动车辆的企业、家庭和个人所面临的种种风险及其损失后果得以在全社会范围内分散与转嫁。机动车辆保险是现代社会处理风险的一种非常重要的手段,是风险转嫁中一种最重要、最有效的技术,是不可缺少的经济补偿制度。

四、机动车辆保险的作用

我国自1980年保险业务恢复以来,机动车辆保险业务就已经取得了长足的进步,尤其是伴随着机动车辆进入百姓的日常生活,机动车辆保险正逐步成为与人们生活密切相关的经济活动,其重要性和社会性也正逐步凸显,作用越加明显。

1. 促进汽车工业发展,扩大了对汽车的需求

从目前经济发展情况看,汽车工业已成为我国经济健康、稳定发展的重要动力之一,汽车产业政策在国家产业政策中的地位越来越重要。汽车产业政策要产生社会效益和经济效益,要成为我国经济发展的原动力,离不开机动车辆保险和与之配套的服务。机动车辆保险业务自身的发展对汽车工业的发展起到了重要的推动作用,机动车辆保险的出现,解除了企业与个人对使用汽车过程中可能出现的风险的担心,在一定程度上提高了消费者购买汽车的欲望,扩大了对汽车的需求。

2. 稳定了社会公共秩序

随着我国经济的发展和人民生活水平的提高,机动车辆作为重要的生产运输和代步工具,成为社会经济及人民生活中不可缺少的一部分,其作用显得越来越重要。机动车辆作为一种保险标的,虽然单位保险金不是很高,但数量多且分散。车辆所有者既有党政部门,也有工商企业和个人。车辆所有者为了转嫁使用机动车辆带来的风险,愿意支付一定的保险费投保。在机动车辆出险后,从保险公司获得经济补偿。由此可以看出,开展机动车辆保险业务既有利于社会稳定,又有利于保障保险合同当事人的合法权益。

3. 促进了汽车安全性能的提高

在机动车辆保险业务中,经营管理与机动车辆维修行业及其价格水平密切相关。原因是在机动车辆保险的经营成本中,事故车辆的维修费用是其中重要的组成部分,同时车辆的维修质量在一定程度上体现了机动车辆保险产品的质量。保险公司出于有效控制经营成本和风险的需要,除了加强自身的经营业务管理外,必然会加强对事故车辆修复工作的管理,这在一定程度上提高了机动车辆维修质量管理的水平。同时,机动车辆保险的保险人从自身和社会效益的角度出发,联合汽车生产厂家、汽车维修企业开展汽车事故原因的统计分析,研究汽车安全设计新技术,并为此投入大量的人力和财力,从而促进了汽车安全性能方面的提高。

4.机动车辆保险业务在财产保险中占有重要的地位

目前,大多数发达国家和地区的机动车辆保险业务在整个财产保险业务中占有十分重要的地位。美国汽车保险保费收入,占财产保险总保费的45%左右,占全部保费的20%左右。日本和我国台湾地区的机动车辆保险的保费占整个财产保险总保费的比例更是高达58%左右。

从我国大陆情况来看,随着积极的财政政策的实施,在道路交通建设方面的投入越来越多,机动车保有量逐年递增。在过去的20年,机动车辆保险业务保费收入每年都以较快的速度增长。在国内各保险公司中,机动车辆保险业务保费收入占其财产保险业务总保费收入的50%以上,部分公司的机动车辆保险业务保费收入占其财产保险业务总保费收入的60%以上。机动车辆保险业务已经成为财产保险公司的"吃饭险种"。其经营的盈亏,直接关系到整个财产保险行业的经济效益。可以说,机动车辆保险业务的效益已成为财产保险公司效益的"晴雨表"。

五、综合实训

请对你的家人、亲戚和老师的用车情况做一个调查,然后完成表1-4。

用车情况调查表　　　　　　　　　　　　表1-4

序　号	品　　　牌	车　　　型	购买了何种汽车保险
1			
2			
3			
4			
5			
6			
7			
8			
9			
10			

六、考核评价

考核评价见表1-5。

考 核 评 价 表 表 1-5

项目名称： 课题名称：	班级： 姓名：	日期： 页码：
(1)机动车辆保险的特点有哪些？ (2)机动车辆保险有哪几个作用？		
考核评价： 签字：		

项目二　汽车交通事故责任强制保险

📝 **项目描述**

　　随着 2006 年 7 月 1 日机动车交通事故责任强制保险的正式实施,我国第一个以立法形式设立的机动车强制险种出现在机动车保险领域。与以往机动车辆保险不同,其最大的特点就是强制性,也就是说,今后机动车如果要在中华人民共和国境内道路上行驶,机动车的所有人或者管理人都必须投保此险种。机动车所有人、管理人未按照规定投保此险种的,公安机关交通管理部门有权扣留机动车,通知机动车所有人、管理人依照规定投保,并处应缴纳保险费的两倍罚款。2020 年 9 月 19 日,机动车保险费改革(以下简称"车险费改")政策实施后,投保人将获得更大的利益。

📚 **学习目标**

1.知识目标

能描述强制汽车责任保险制度;掌握我国的强制汽车责任保险细则。

2.技能目标

学会机动车交通事故责任强制保险的承保。

3.素养目标

培养学生学以致用,多角度思考解决问题的能力。

📖 **建议课时**

10 学时。

课题一　强制汽车责任保险制度

一、强制汽车责任保险及相关的概念

1.机动车交通事故责任强制保险

机动车交通事故责任强制保险,简称"交强险",是我国首个由国家法律规定实行的强制保险制度。《机动车交通事故责任强制保险条例》规定:交强险是由保险公司对被保险机动车发生道路交通事故造成本车人员、被保险人以外的受害人的人身伤亡、财产损失,在责任限额内予以赔偿的强制性责任保险。

2.被保险人

被保险人是指投保人及其允许的合法驾驶人。投保人是指与保险人订立交强险合同,并按照合同负有支付保险费义务的机动车的所有人、管理人。

3.受害人

受害人是指因被保险机动车发生交通事故遭受人身伤亡或者财产损失的人,但不包括被保险机动车本车车上人员、被保险人。

4.责任限额

责任限额是指被保险机动车发生交通事故,保险人对每次保险事故所有受害人的人身伤亡和财产损失所承担的最高赔偿金额。责任限额分为死亡伤残赔偿限额、医疗费用赔偿限额、财产损失赔偿限额以及被保险人在道路交通事故中无责任的赔偿限额。其中,无责任的赔偿限额分为无责任死亡伤残赔偿限额、无责任医疗费用赔偿限额以及无责任财产损失赔偿限额。

5.抢救费用

抢救费用是指被保险机动车发生交通事故导致受害人受伤时,医疗机构对生命体征不平稳和虽然生命体征平稳但如果不采取处理措施会产生生命危险,或者导致残疾、器官功能障碍,或者导致病程明显延长的受害人,参照国务院卫生主管部门组织制定的交通事故人员创伤临床诊疗指南和国家基本医疗保险标准,采取必要的处理措施所发生的医疗费用。

交强险,简单来说,就是国家强制车主购买的保险。它能在发生交通事故

时,给予受害人一定的赔付。

交强险的保障对象是被保险机动车致害的交通事故受害人,但不包括被保险机动车本车人员、被保险人。其保障内容包括受害人的人身伤亡和财产损失。

二、强制汽车责任保险的必要性

图 2-1　交强险

实行交强险制度是通过国家法规强制机动车所有人或管理人购买相应的责任保险,以提高第三者责任险的投保面,最大限度地为交通事故受害人提供及时和基本的保障(图 2-1)。

交强险负有更多的社会管理职能。建立机动车交通事故责任强制保险制度不仅有利于道路交通事故受害人获得及时有效的经济保障和医疗救治,而且有助于减轻交通事故肇事方的经济负担。而第三者责任险则属于商业保险,保险公司经营该险种的目的是营利,这与交强险"不盈不亏"的经营理念相去甚远。

三、国外强制汽车责任保险制度

1. 美国强制汽车责任保险

美国是世界上最早推行强制汽车责任保险的国家。美国强制汽车保险制度的立法模式,包括绝对强制保险和相对强制保险两类。在保险费厘定问题上,美国各州做法不一。美国各州都设有机动车第三者责任保险基金,在当事人未投保、逃逸、失去清偿能力或其保险人无力赔偿时,由各州设立的专业保险基金予以救济。

2. 德国强制汽车责任保险

德国强制汽车责任保险采取的是绝对强制保险的立法模式,即没有购买第三者责任险的车辆不能上路行驶。德国没有由政府统一制定的全国性或区域性的第三者责任险费率。为了保证对交通事故受害人的赔付,德国成立了第三者责任保险基金,主要负责对肇事车辆未投保、肇事车辆逃逸和驾驶人恶意行为3种情况下的赔付。

3. 日本强制汽车责任保险

日本强制汽车责任保险采取绝对强制立法模式,未依照法律规定订立保险合同的机动车不得在道路上行驶。各保险公司可以使用自己的费率。日本设立政府机动车损害赔偿保障事业,由交通部作为政府代表予以管理。在肇事车辆的所有人不明、被保险人以外的人肇事等情形下,由机动车损害赔偿保障事业给予受害人一定的补偿。

4.英国强制汽车责任保险

英国是世界第三保险大国,是最早开办汽车保险业务的国家,也是最早推行强制汽车责任保险制度的国家。

英国强制汽车责任保险的特点如下:

(1)保障范围广;

(2)实行过错责任的赔偿原则;

(3)受害人享有对保险公司的直接请求权;

(4)保障程度高;

(5)保险费率厘定合理。

四、我国汽车交通事故责任强制保险的特点

1.强制性

交强险的"强制性"体现在:它不仅要求所有上路行驶的机动车车主或管理人必须投保,而且要求具有经营交强险资格的保险公司一律不得拒保,不得随意解除交强险合同(投保人未履行如实告知义务的除外)。

2.以人为本

交强险将保障受害人得到及时有效的赔偿作为首要目标。被保险机动车发生道路交通事故造成本车人员和被保险人以外的受害人人身伤亡、财产损失的,由保险公司依法在机动车交通事故责任强制保险责任限额范围内予以赔偿。此外,国家设立道路交通事故社会救助基金。对于道路交通事故中受害人抢救费用超过机动车交通事故责任强制保险责任限额、肇事机动车未参加该强制保险或机动车肇事后逃逸的情形,由救助基金先行垫付受害人人身伤亡的丧葬费用、部分或全部抢救费用。

3.奖优罚劣

交强险在实行统一费率的同时,采取费率与车主的驾驶记录直接挂钩的方式体现"奖优罚劣"。利用经济上的奖惩使驾驶人遵守法规是世界各国强制保险制度的通行做法,即安全驾驶者将享有优惠的费率,经常肇事者将负担高额保费。被保险机动车没有发生道路交通安全违法行为和道路交通事故的,保险公司应当在下一年度降低其保险费率,以后的年份依此类推,直至降至最低标准。

相反,被保险机动车发生道路交通安全违法行为或者道路交通事故的,保险公司在下一年度提高其保险费率。在道路交通事故中被保险人没有过错的,不提高其保险费率。

4. 社会效益优先

交强险制度,其目的是维护社会公共利益,保障受害人得到及时有效的赔偿,而不是为保险公司拓展销售渠道、谋取公司利益提供方便。

银保监会按照总体上不营利、不亏损的原则审批保险费率。保险公司经营机动车交通事故责任强制保险不以营利为目的,且机动车交通事故责任强制保险业务必须与其他业务分开管理、实行单独核算。

银保监会将定期予以核查,以维护广大消费者的利益。银保监会根据保险公司机动车交通事故责任强制保险业务的总体盈利或者亏损情况,可以要求或者允许保险公司相应调整保险费率。但调整保险费率幅度较大的,也应当进行听证。

五、交强险与商业第三者责任险的主要区别

交强险与商业第三者责任险的主要区别见表2-1。

交强险与商业第三者责任险的主要区别　　　　表2-1

项目	交强险	商业第三者责任险
赔偿原则	"无过错责任"赔偿原则	"按责论处"赔偿原则
保障范围	范围大	范围小
投保的强制性	具有强制性	自愿投保、不具有强制性
费率形成机制	实行全国统一的保险条款和基础费率	按商业性保险的机制进行管理
责任限额	实行分项责任限额,且责任限额固定	不区分责任限额,其将责任限额分成不同的档次,由投保人自由选择

六、综合实训

请询问你的家人、亲戚和老师,完成交强险购买情况调查表(表2-2)。

交强险购买情况调查表   表2-2

车 型	进口车/国产车	是否购买交强险	是 否 自 愿	保险公司名称

七、考核评价

考核评价见表2-3。

考 核 评 价 表   表2-3

项目名称： 课题名称：	班级： 姓名：	日期： 页码：
(1)商业第三者责任险是否有强制性？ (2)我国交强险的特点中的"奖优罚劣"是什么意思？		
考核评价： 签字：		

课题二   强制汽车责任保险细则

一、交强险的保险责任

在中华人民共和国境内(不含港、澳、台地区)，被保险人在使用被保险机动车过程中发生交通事故，致使受害人遭受人身伤亡或者财产损失，依法应当由被保险人承担的损害赔偿责任,被保险人按照交强险合同的约定在表2-4中的赔偿限额内负责赔偿。

交强险赔偿限额(单位:元)　　　　　表2-4

赔偿限额	死亡伤残	医疗费用	财产损失
有责任的限额	180 000	18 000	2 000
无责任的限额	18 000	1 800	100

2020年9月19日起实施的《关于实施车险综合改革的指导意见》中规定:交强险总责任赔偿限额从12.2万元提高到20万元,无责任赔偿限额从1.21万元提高到1.99万元。原交强险赔偿限额见表2-5。

交强险赔偿限额(单位:元)　　　　　表2-5

赔偿限额	死亡伤残	医疗费用	财产损失
有责任的限额	110 000	10 000	2 000
无责任的限额	11 000	1 000	100

其中,死亡伤残赔偿项目有:丧葬费、死亡补偿费、受害人亲属办理丧葬事宜的交通费、残疾赔偿金、残疾辅助器具费、护理费、康复费、交通费、被扶养人生活费、住宿费、误工费、通过判决或调解产生的精神损害抚慰金。

医疗费用赔偿项目有:受害人医药费、诊疗费、住院费、住院伙食补助费、必要且合理的后续治疗费、整容费、营养费。

说明:截至2020年9月19日0时保险期间尚未结束的交强险保单项下的机动车,在2020年9月19日0时后发生道路交通事故的,按照新的责任限额标准执行;在2020年9月19日0时前发生道路交通事故的,仍按原责任限额标准执行。

二、交强险的垫付与追偿

被保险机动车在(1)～(4)之一的情形下发生交通事故,造成受害人受伤需要抢救的,保险人在接到公安机关交通管理部门的书面通知和医疗机构出具的抢救费用清单后,按照国务院卫生主管部门组织制定的交通事故人员创伤临床诊疗指南和国家基本医疗保险标准进行核实。对于符合规定的抢救费用,保险人在医疗费用赔偿限额内垫付。被保险人在交通事故中无责任的,保险人在无责任医疗费用赔偿限额内垫付。对于其他损失和费用,保险人不负责垫付和赔偿。

（1）驾驶人未取得驾驶资格的（图2-2）；

（2）驾驶人醉酒的（图2-3）；

图2-2　无证驾驶

图2-3　醉驾

（3）被保险机动车被盗抢期间肇事的（图2-4）；

（4）被保险人故意制造交通事故的（图2-5）。

对于垫付的抢救费用，保险人有权向致害人追偿。

图2-4　车被盗抢

图2-5　故意制造交通事故

三、交强险责任免除规定

下列损失和费用，交强险不负责赔偿和垫付：

（1）因受害人故意造成的交通事故的损失。

（2）被保险人所有的财产及被保险机动车上的财产遭受的损失。

（3）被保险机动车发生交通事故，致使受害人停业、停驶、停电、停水、停气、停产、通信或者网络中断、数据丢失、电压变化等造成的损失以及受害人财产因市场价格变动造成的贬值、修理后因价值降低造成的损失等其他各种间接损失。

（4）因交通事故产生的仲裁或者诉讼费用以及其他相关费用。

四、交强险的保险期间

除国家法律、行政法规另有规定外,交强险合同的保险期间为1年。但有下列情形之一的,投保人可以投保短期机动车交通事故责任强制保险:

（1）境外机动车临时入境的;

（2）机动车临时上道路行驶的;

（3）机动车距规定的报废期限不足1年的;

（4）银保监会规定的其他情形。

交强险合同的保险期间,以保险单载明的起止时间为准。

图2-6　奥迪A1

做一做

2019年4月5日,王艳在平安保险公司为其奥迪A1车(图2-6)购买了交强险,交强险的保险单中载明的生效日期为2019年4月6日,那么,王艳的交强险的保险期间是从（　　　　）到（　　　　　）。

五、交强险的赔偿处理

被保险机动车发生交通事故的,由被保险人向保险人申请赔偿保险金。被保险人索赔时,应当向保险人提供以下材料:

（1）交强险的保险单(图2-7)或电子保险单(图2-8);

（2）被保险人出具的索赔申请书(图2-9);

（3）被保险人和受害人的有效身份证明、被保险机动车行驶证和驾驶人的驾驶证;

（4）公安机关交通管理部门出具的事故证明,或者人民法院等机构出具的有关法律文书及其他证明;

（5）被保险人根据有关法律法规规定选择自行协商方式处理交通事故的,应当提供依照《交通事故处理程序规定》规定的记录交通事故情况的协议书;

（6）受害人财产损失程度证明、人身伤残程度证明、相关医疗证明以及有关损失清单和费用单据;

（7）其他与确认保险事故的性质、原因、损失程度等有关的证明和资料。

中国银行保险监督管理委员会监制　　　　限在 × × 省(市、自治区)销售

机动车交通事故责任强制保险单(正本)

官方微信　　　　保单验真

确认码：

LOGO × × ×保险公司

(地区简称)：

保单验真码：

保险单号：

被保险人						
	被保险人身份证号码(组织机构代码)					
	地址				联系电话	
被保险机动车	号牌号码		机动车种类		使用性质	
	发动机号码		识别代码(车架号)			
	厂牌型号		核定载客	人	核定载质量	kg
	排量		功率		登记日期	
责任限额	死亡伤残赔偿限额		180 000 元	无责任死亡伤残赔偿限额		18 000 元
	医疗费用赔偿限额		18 000 元	无责任医疗费用赔偿限额		1 800 元
	财产损失赔偿限额		2 000 元	无责任财产损失赔偿限额		100 元
	与道路交通安全违法行为和道路交通事故相联系的浮动比率					
	保险费合计(人民币大写)：　　(￥　元)其中救助基金(　%)￥：　元					
	保险期间自　年　月　日零时起至　年　月　日 二十四时止					
	保险合同争议解决方式					
代收车船税	整备质量			纳税人识别号		
	当年应缴	￥　　元	往年补偿	￥　　元	滞纳金	￥　元
	合计(人民币大写)：				(￥　元)	
	完税凭证号(减免税证明号)			开具税务机关		
特别约定						
重要提示	1.请详细阅读保险条款，特别是责任免除和投保人、被保险人义务。 2.收到本保险单后，请立即核对，如有不符或疏漏，请及时通知保险人并办理变更或补充手续。 3.保险费应一次交清，请您及时核对保险单和发票(收据)，如有不符，请及时与保险人联系。 4.投保人应如实告知对保险费计算有影响的，或被保险机动车存在改装、加装等改变使用性质的导致危险程度增加的重要事项，并及时通知保险人办理批改手续。 5.被保险人应当在交通事故发生后及时通知保险人。					
保险人	公司名称： 公司地址： 邮政编码：　服务电话：　签单日期：　(保险人签章)					

核保：　　　　　　制单：　　　　　　经办：

第四联　交授保人

图 2-7　交强险保险单

中国银行保险监督管理委员会监制　　　限在××省(市、自治区)销售

机动车交通事故责任强制保险单(电子保单)

LOGO ×××保险公司　　　　　　确认码：

官方微信　　　　保单验真

（地区简称）：

保单验真码：

保险单号：

被保险人						
被保险人身份证号码(组织机构代码)						
地址				联系电话		
被保险机动车	号牌号码		机动车种类		使用性质	
	发动机号码		识别代码(车架号)			
	厂牌型号		核定载客	人	核定载质量	kg
	排量		功率		登记日期	
责任限额	死亡伤残赔偿限额		180 000 元	无责任死亡伤残赔偿限额		18 000 元
	医疗费用赔偿限额		18 000 元	无责任医疗费用赔偿限额		1 800 元
	财产损失赔偿限额		2 000 元	无责任财产损失赔偿限额		100 元
与道路交通安全违法行为和道路交通事故相联系的浮动比率						
保险费合计(人民币大写)：　　(￥　元)其中救助基金(　%)￥：　元						
保险期间自　年　月　日零时起至　年　月　日　二十四时止						
保险合同争议解决方式						
代收车船税	整备质量		纳税人识别号			
	当年应缴	￥　元	往年补偿	￥　元	滞纳金	￥　元
	合计(人民币大写)：				(￥　元)	
	完税凭证号(减免税证明号)		开具税务机关			
特别约定						
重要提示	1.请详细阅读保险条款,特别是责任免除和投保人、被保险人义务。 2.收到本保险单后,请立即核对,如有不符或疏漏,请及时通知保险人并办理变更或补充手续。 3.保险费应一次交清,请您及时核对保险单和发票(收据),如有不符,请及时与保险人联系。 4.投保人应如实告知对保险费计算有影响的,或被保险机动车存在改装、加装等改变使用性质的导致危险程度增加的重要事项,并及时通知保险人办理批改手续。 5.被保险人应当在交通事故发生后及时通知保险人。					
保险人	公司名称： 公司地址： 邮政编码：　服务电话：　签单日期：　(保险人签章)					

核保：　　　　　制单：　　　　　经办：

图2-8　交强险电子保险单

中国平安
PING AN OF CHINA

中国平安财产保险股份有限公司
PING AN PROPERTY & GASUALTY INSURANCE COMPANY OF CHINA,LTD.

机动车辆保险索赔申请书

案件号：

交强险保单号			承保公司		
商业险保单号			承保公司		
被保险人		地址	联系电话		邮政编码
车牌号码			使用性质		
发动机号			车架号		
报案人		联系电话	驾驶人		联系电话
出险时间	年 月 日 时 分	出险地点		报案时间	年 月 日 时 分
出险原因	□碰撞 □倾覆 □盗抢 □火灾 □爆炸 □台风 □自燃 □暴雨 □其他				

其他事故方交强险投保及损失信息					
车牌号码	厂牌车型	被保险人	交强险保单号	承保公司	损失金额	定损公司

开户名		开户银行		账号	

出险原因及经过：

以上信息为报案人电话报案时所描述,如需补充,请在备注栏中填写。

备注	

  兹声明本人报案时所陈述以及补充填写的资料均为真实情形,没有任何虚假和隐瞒,否则,愿放弃本保险单之一切权利并承担相应的法律责任。

  本人所提供的全部个人资料,仅限于平案集团[指中国平安保险(集团)股份有限公司及其直接或间接控股的公司]及其认为业务必要而委托的第三方为本人提供高质量的客户服务及推荐产品之用。平安集团及必要第三方对本人的个人信息负有保密义务。

  被保险人签章：   报案人签章：   年   月   日

特别告知：
  1. 本索赔申请书是被保险人就所投保险种向保险人提出索赔的书面凭证。
  2. 保险人受理报案、现场查勘、参与诉讼、进行抗辩、向被保险人提供专业建议等行为,均不构成保险人对赔偿责任的承诺。
  3. 为充分保障您的权益,根据《机动车交通事先故责任强制保险条例》的相关规定,我司已书面告知您需要向保险公司提供的与赔偿有关的证明和材料(详见本页背面之《机动车交通事故责任强制保险索赔告知书》)。

  被保险人签章：   年   月   日

图 2-9 保险索赔申请书

六、综合实训

1.被保险机动车在什么情形下发生交通事故,造成受害人受伤需要抢救的,保险人可根据相关规定进行垫付?

(1)＿＿＿＿＿＿＿＿＿＿＿＿＿＿＿＿＿＿＿＿＿

(2)＿＿＿＿＿＿＿＿＿＿＿＿＿＿＿＿＿＿＿＿＿

(3)＿＿＿＿＿＿＿＿＿＿＿＿＿＿＿＿＿＿＿＿＿

(4)＿＿＿＿＿＿＿＿＿＿＿＿＿＿＿＿＿＿＿＿＿

2.对于垫付的抢救费用,保险人是否有权向致害人追偿?

七、考核评价

考核评价见表2-6。

考核评价表 表2-6

项目名称:　　　　　课题名称:	班级:　　　　　姓名:	日期:　　　　　页码:
(1)交强险的保险责任成立应满足哪些条件?　(2)因交通事故产生的仲裁或者诉讼费用以及其他相关费用,保险公司是否赔偿?		
考核评价:　　　　　　　　　　　　　　　　　　　　　　　　　　　　　　　　　　签字:		

课题三　强制汽车责任保险的承保

强制汽车责任保险的承保流程如图2-10所示。

一、说明和告知

(1)向投保人介绍条款,主要包括:保险责任、各项赔偿限额、责任免除、投保人义务、被保险人义务、赔偿处理等内容。特别是对责任免除事项,要向投保人明确说明。

（2）向投保人明确说明交强险各分项的赔偿限额。

（3）向投保人明确说明，保险人按照国务院卫生主管部门组织制定交通事故人员创伤临床诊疗指南和国家基本医疗保险标准进行审核医疗费用。

（4）告知投保人不要重复投保交强险，即使投保多份也只能获得一份保险保障。

（5）提醒投保人下载保险公司的 App 查询投保情况及电子保险单或在车内的风窗玻璃右上角粘贴保险标志，无风窗玻璃的车辆驾驶人应将保险标志随车携带。

（6）告知投保人如何查询交通安全违法行为、交通事故记录。

说明：若投保当地未实行电子保险单，保险标志必须贴在车内风窗玻璃右上角，无风窗玻璃的车辆驾驶人必须随车携带保险标志。

```
┌─────────────────┐
│   说明与告知     │
└────────┬────────┘
┌────────┴────────┐
│   投保单填写     │
└────────┬────────┘
┌────────┴────────┐
│   保险费计算     │
└────────┬────────┘
┌────────┴────────┐
│ 出具保障单、保险标志 │
└────────┬────────┘
┌────────┴────────┐
│ 保险合同变更和终止 │
└─────────────────┘
```

图 2-10　强制汽车责任保险承保流程图

二、投保单填写

（1）保险人应指导投保人正确填写投保单，投保单至少应当载明机动车的种类、厂牌型号、识别代码、号牌号码、使用性质，投保机动车所有人或者管理人的姓名（名称）、性别、年龄、住所、身份证或者驾驶证号码（组织机构代码），以及续保前投保机动车交通安全违法行为、交通事故记录等影响费率水平的事项。

（2）要求投保人真实、准确地填写交强险投保单的各项信息，并在投保单上签字或加盖公章。

（3）投保人提供的资料复印件附贴于投保单背面。

（4）保险期间的起始日期必须在保险人接受投保人的投保申请日之后，保险期间开始前保险人不承担赔偿责任。

注意：交强险的保险期间为 1 年，如果是临时入境的机动车、报废期限不足 1 年的机动车、临时上道路行驶的机动车，或银保监会规定的其他情形，投保人可以投保短期保险。

三、保险费计算

1. 基础保险费

在为爱车购买交强险时，我们需要缴纳的交强险的基础保险费用可以根据

图 2-11　别克君威

交强险基础费率表(表2-7)查找出来。

做一做

2019 年 3 月赵雪购买了一辆别克君威轿车(图2-11),她在保险公司以家庭自用的使用性质投保了交强险,那么她应该缴纳交强险的保费是( )。

交强险的基础费率表　　　　　　　　　　表 2-7

序 号	车 辆 分 类	车辆明细分类	保费(元)
1	一、家庭自用车	家庭自用汽车6座以下	950
2		家庭自用汽车6座及以上	1 100
3	二、非营业客车	企业非营业汽车6座以下	1 000
4		企业非营业汽车6～10座	1 130
5		企业非营业汽车10～12座	1 220
6		企业非营业汽车20座以上	1 270
7		机关非营业汽车6座以下	950
8		机关非营业汽车6～10座	1 070
9		机关非营业汽车10～20座	1 140
10		机关非营业汽车20座以上	1 320
11	三、营业客车	营业出租租赁6座以下	1 800
12		营业出租租赁6～10座	2 360
13		营业出租租赁10～12座	2 400
14		营业出租租赁20～36座	2 560
15		营业出租租赁36座以上	3 530
16		营业城市公交6～10座	2 250
17		营业城市公交10～12座	2 520
18		营业城市公交20～36座	3 020
19		营业城市公交36座以上	3 140
20		营业公路客运6～10座	2 350
21		营业公路客运10～12座	2 620
22		营业公路客运20～36座	3 420
23		营业公路客运36座以上	4 690

序号	车 辆 分 类	车辆明细分类	保费(元)
24	四、非营业货车	非营业货车 2t 以下	1 200
25		非营业货车 2~5t	1 470
26		非营业货车 5~10t	1 650
27		非营业货车 10t 以上	2 200
28	五、营业货车	营业货车 2t 以下	1 850
29		营业货车 2~5t	3 070
30		营业货车 5~10t	3 450
31		营业货车 10t 以上	4 480
32	六、特种车	特种车一	3 710
33		特种车二	2 430
34		特种车三	1 080
35		特种车四	3 980
36	七、摩托车	摩托车 50mL 及以下	80
37		摩托车 50~250mL(含)	120
38		摩托车 250mL 以上及侧三轮	400
39	八、拖拉机	兼用型拖拉机 14.7kW 及以下	按保监产险[2007]53 号文件实行地区差别费率待定
40		兼用型拖拉机 14.7kW 以上	
41		运输型拖拉机 14.7kW 及以下	
42		运输型拖拉机 14.7kW 以上	
43	九、挂车	—	1 344

注:1. 座位和吨位的分类都按照"含起点不含终点"的原则来解释。

2. 特种车一指油罐车、汽罐车、液罐车;特种车二指专用净水车、特种车一以外的罐式货车,以及用于清障、清扫、清洁、起重、装卸、升降、搅拌、挖掘、推土、冷藏、保温等的各种专用机动车;特种车三指装有固定专用仪器设备从事专业工作的监测、消防、运钞、医疗、电视转播等的各种专用机动车;特种车四指集装箱牵引车。

3. 挂车根据实际的使用性质并按照对应吨位货车的 30% 计算。

4. 低速载货汽车参照运输型拖拉机 14.7kW 以上的费率执行。

2. 交强险费率浮动

1）与交通事故挂钩的交强险费率浮动标准

为了提升道路交通安全,从 2007 年 7 月 1 日,在全国范围内交强险费率与交通事故挂钩,具体规定见交强险费率浮动表(表2-8)。

交强险费率浮动表   表 2-8

挂 钩		浮 动 因 素	浮动比率(%)
与道路交通事故相挂钩 A	A1	上一个年度未发生有责任道路交通事故	−10
	A2	上两个年度未发生有责任道路交通事故	−20
	A3	上三个及以上年度未发生有责任道路交通事故	−30
	A4	上一个年度发生一次有责任不涉及死亡的道路交通事故	0
	A5	上一个年度发生两次及两次以上有责任道路交通事故	10
	A6	上一个年度发生有责任道路交通死亡事故	30

从 2020 年 9 月 19 日 0 时起按《关于实施车险综合改革的指导意见》实行在全国范围内《机动车交通事故责任强制保险新费率浮动系数方案》,也即交强险新费率浮动系数方案(2020 年版)。

各地的交强险费率与交通事故挂钩的浮动方案不同,具体浮动调整方案如下。

①内蒙古、海南、青海、西藏 4 个地区实行以下费率调整方案 A,见表 2-9。

②陕西、云南、广西 3 个地区实行以下费率调整方案 B,见表 2-10。

③甘肃、吉林、山西、黑龙江、新疆 5 个地区实行以下费率调整方案 C,见表 2-11。

交强险费率浮动表　　　　　　表 2-9

挂　钩		浮　动　因　素	浮动比率（%）
与道路交通事故相挂钩 A	A1	上一个年度未发生有责任道路交通事故	−30
	A2	上两个年度未发生有责任道路交通事故	−40
	A3	上三个及以上年度未发生有责任道路交通事故	−50
	A4	上一个年度发生一次有责任不涉及死亡的道路交通事故	0
	A5	上一个年度发生两次及两次以上有责任道路交通事故	10
	A6	上一个年度发生有责任道路交通死亡事故	30

交强险费率浮动表　　　　　　表 2-10

挂　钩		浮　动　因　素	浮动比率（%）
与道路交通事故相挂钩 B	B1	上一个年度未发生有责任道路交通事故	−25
	B2	上两个年度未发生有责任道路交通事故	−35
	B3	上三个及以上年度未发生有责任道路交通事故	−45
	B4	上一个年度发生一次有责任不涉及死亡的道路交通事故	0
	B5	上一个年度发生两次及两次以上有责任道路交通事故	10
	B6	上一个年度发生有责任道路交通死亡事故	30

交强险费率浮动表　　　　表 2-11

挂　钩		浮 动 因 素	浮动比率（%）
与道路交通事故相挂钩 C	C1	上一个年度未发生有责任道路交通事故	−20
	C2	上两个年度未发生有责任道路交通事故	−30
	C3	上三个及以上年度未发生有责任道路交通事故	−40
	C4	上一个年度发生一次有责任不涉及死亡的道路交通事故	0
	C5	上一个年度发生两次及两次以上有责任道路交通事故	10
	C6	上一个年度发生有责任道路交通死亡事故	30

④北京、天津、河北、宁夏 4 个地区实行以下费率调整方案 D，见表 2-12。

交强险费率浮动表　　　　表 2-12

挂　钩		浮 动 因 素	浮动比率（%）
与道路交通事故相挂钩 D	D1	上一个年度未发生有责任道路交通事故	−15
	D2	上两个年度未发生有责任道路交通事故	−25
	D3	上三个及以上年度未发生有责任道路交通事故	−35
	D4	上一个年度发生一次有责任不涉及死亡的道路交通事故	0
	D5	上一个年度发生两次及两次以上有责任道路交通事故	10
	D6	上一个年度发生有责任道路交通死亡事故	30

⑤江苏、浙江、安徽、上海、湖南、湖北、江西、辽宁、河南、福建、重庆、山东、广东、深圳、厦门、四川、贵州、大连、青岛、宁波20个地区实行以下费率调整方案E,见表2-13。

交强险费率浮动表　　　　　　　　　　　　　　　表2-13

挂　　钩		浮 动 因 素	浮动比率(%)
与道路交通事故相挂钩E	E1	上一个年度未发生有责任道路交通事故	−10
	E2	上两个年度未发生有责任道路交通事故	−20
	E3	上三个及以上年度未发生有责任道路交通事故	−30
	E4	上一个年度发生一次有责任不涉及死亡的道路交通事故	0
	E5	上一个年度发生两次及两次以上有责任道路交通事故	10
	E6	上一个年度发生有责任道路交通死亡事故	30

2)与酒后驾车挂钩的交强险费率浮动标准

公安部、中国保险监督管理委员会联合下发通知,决定自2010年3月1日起,逐步实行酒后驾驶违法行为与机动车交通事故责任强制保险费率联系浮动制度(图2-12)。其中,醉酒后驾驶违法行为一次上浮的交强险费率控制在20%～30%,累计上浮的费率可达60%。浮动具体标准由各地结合实际情况确定。通知要求各保监局和省级公安机关要在充分测算和论证的基础上,在公安部和保监会确定的交强险费率浮动幅度内,明确饮酒后驾驶、醉酒后驾驶违法行为上浮费率的标准。其中,饮酒后驾驶违法行为一次上浮的交强险费率控制在10%～15%,醉酒后驾驶违法行为一次上浮的交强险费率控制在20%～30%,累计上浮的费率不得超过60%。通知还要求各保险公司必须严格执行交强险费率方案以及交强险费率浮动办法,不得擅自加收或减收交强险保费。

酒后驾驶严重危害道路交通安全、社会公共安全和人民群众生命财产安全,是全球道路交通安全的公害。酒驾行为属于零容忍行为,酒驾者、醉驾者在道路上就像一颗不定时炸弹,给正常驾车行驶的驾驶人埋下了极其严重的安全隐患。世界上主要发达国家和地区都对机动车实行交强险浮动费率制度,对连续发生交通违法的机动车辆上浮保险费率。仅仅通过交通处罚,甚至刑事处罚是远远不够的,为了进一步加大对酒后驾驶违法行为的惩处力度,促进驾驶人增强交通安全意识和法治意识,才将酒驾与交强险费率联动(图2-13)。今后驾驶人因为酒驾被交警查处,即使没有出险,第二年的交强险保费也要按规定上浮,从而提高了违法成本,对驾驶人有更多的约束。

图2-12　交强险保费上涨　　　　　　　图2-13　交强险费率上浮

北京市决定自2010年3月1日起,每发生一次饮酒后驾驶违法行为的,年交强险费率上浮15%;每发生一次醉酒后驾驶违法行为的,年交强险费率上浮30%,累计费率上浮不超过60%。北京汽车保险信息平台将严格按照交强险费率方案及浮动办法的有关规定,根据北京市公安交管局提供的酒后驾驶违法行为记录,统一计算交强险保费。

2012年5月1日起执行的《机动车交通事故责任强制保险条例》规定,驾驶人违法行为记录、肇事比率将与保费直接挂钩,以一年为期限,一年内无违法记录,次年保险费率将降低。只要驾驶人始终保持违法行为"零记录",保险费率将逐年降低,直至降至最低标准。反之,驾驶人保险费率将逐年提高。

在全国范围内交强险费率与酒后驾车等道路交通安全违法行为相挂钩,具体规定见交强险费率浮动表(表2-14)。

交强险费率浮动表　　　　　　　　　　　表2-14

挂　　钩		浮　动　因　素	浮动比率(%)
只与道路交通安全违法行为相挂钩	V1	上一个年度未发生道路交通安全违法行为	−10

挂　　钩		浮　动　因　素	浮动比率(%)
只与道路交通安全违法行为相挂钩	V2	上两个年度未发生道路交通安全违法行为	−20
	V3	上三个及以上年度未发生道路交通安全违法行为	−30
	V4	上一个年度发生各类道路交通违法行为(除 V5 ~ V7)低于 5 次的	0
	V5	上一个年度每次发违反道路交通信号灯通行的;逆向行驶的(最高不超过30%)	10
	V6	上一个年度发生驾驶与准驾车型不符的机动车;发生机动车驾驶证被暂扣期间驾驶机动车的	20
	V7	上一个年度发生饮酒(含醉酒)后驾驶机动车的	30
	V8	上一个年度发生各类道路交通违法行为 5 次(含)以上的	30

做一做

2019 年 6 月,家住北京市的张明给自己新买的一辆一汽大众高尔夫轿车投保了交强险。如果上一保险年度张先生共发生有责任道路交通事故一次,发生饮酒驾驶违法行为一次,醉酒驾驶违法行为一次,那么第二年投保交强险时,他的交强险应上浮的比率是多少?

3. 交强险保费计算

(1)新车第一次购买交强险的,保险费用参照《交强险基础费率表》(表2-7)。

(2)短期交强险保险费计算。

机动车交通事故责任强制保险保险期间不足一年的短期交强险,其保险费是按月计算的,按短期月费率系数计收保险费。

其计算公式为:短期交强险保险费 = 基础保险费 × 短期月费率系数。短期保险月费率系数见表2-15。

短期月费率系数表　　　　　　　表 2-15

保险期间(月)	1	2	3	4	5	6	7	8	9	10	11	12
短期月费率系数(%)	10	20	30	40	50	60	70	80	85	90	95	100

注:保险期不足一个月的,按一个月计。

例:查表,企业非营业汽车 6 座以下新车,交强险基础保险费为 1 000 元。交强险是一年一保。若投保保险期为 3 个月的交强险,保险费为基础保险费的 30%,即该交强险保险费为 1 000×30%＝300 元;如若投保 9 个月的交强险,保险费为基础保险费的 85%,即 850 元;投保 10 个月的,保险费为普通交强险保险费的 90%,即 900 元。

注意:机动车临时上道路行驶或境外机动车临时入境投保短期交强险的,交强险费不浮动。机动车距报废期限不足一年的,根据交强险短期基准保险费并按照《交强险费率浮动暂行办法》浮动。短期险保险期限内未发生道路交通事故的,投保下一完整年度交强险时,交强险费率不下浮。

(3)交强险保费计算。

交强险最终保险费计算方法:

交强险最终保险费＝交强险基础保险费×(1 + 与道路交通事故相联系的浮动比率 X)×(1 + 与交通安全违法行为相联系的浮动比率 V)

说明:①与道路交通事故相联系的浮动比率 X,X 可取 A、B、C、D、E 方案其中之一对应的值。

②与道路交通事故相联系的浮动比率 X 为各方案中 X1～X6 其中之一,不累加。同时满足多个浮动因素的,按照向上浮动或者向下浮动比率的高者计算。

③与交通安全违法行为相联系的浮动比率 V 为各项中 V1～V8 其中之一,不累加。同时满足多个浮动因素的,按照向上浮动或者向下浮动比率的高者计算。

④上述公式的最终计算结果如为小数,则四舍五入取整为元。

(4)保险费必须一次全部收取,不得分期收费。

四、出具保险单、保险标志

(1)保险人必须在收取保险费后方可出具保险单、保险标志。

(2)保险单必须单独编制保险单号码并通过业务处理系统出具。

(3)交强险必须单独出具保险单、保险标志、发票。保险单、保险标志必须使用银保监会监制的交强险保险单、保险标志,不得使用商业保险单、保险标志代替。

(4)投保人因交强险保险单、保险标志发生损毁或者遗失申请补办的,保险人应在收到补办申请及报失认定证明后的 5 个工作日内完成审核,补发相应的交强险保险单、保险标志;并通过业务系统重新打印保险单、保险标志,新保险单、保险标志的印刷流水号码与原保险单号码能够通过系统查询到对应关系。

说明:投保人可下载官方 App 查询保单。

五、保险合同变更和终止

1. 保险合同变更

在交强险合同有效期内,被保险机动车所有权发生转移的,投保人应当及时通知保险人,并办理机动车交通事故责任强制保险合同变更手续。

2. 保险合同终止

在下列 3 种情况下,投保人可以要求解除机动车交通事故责任强制保险合同:

(1)被保险机动车被依法注销登记的;

(2)被保险机动车办理停驶的;

(3)被保险机动车经公安机关证实丢失的。

交强险合同解除后,投保人应当及时将保险单、保险标志交还保险人;无法交回保险标志的,应当向保险人说明情况,征得保险人同意。

发生《机动车交通事故责任强制保险条例》所列明的投保人、保险人解除交强险合同的情况时,保险人按照日费率收取自保险责任开始之日起至合同解除之日止期间的保险费。

3. 解除保险合同保险费计算办法

根据《机动车交通事故责任强制保险条例》规定,解除保险合同时,保险人应按以下标准计算退还投保人保险费:

(1)投保人已交纳保险费,但保险责任尚未开始的,全额退还保险费;

(2)投保人已交纳保险费,但保险责任已开始的,退回未到期责任部分保险费。

$$退还保险费 = 保险费 \times \frac{1-已了责任天数}{保险期间天数}$$

特别提示:机动车交通事故责任强制保险合同期满,投保人应当及时续保,并提供上一年度的保险单。

六、综合实训

2018年6月,家住北京市的张明给自己新买的一辆一汽大众高尔夫轿车投保了交强险,他缴纳的交强险保费是950元。上一保险年度发生饮酒驾驶违法行为两次,醉酒驾驶违法行为两次,则第二年投保交强险时,他需要缴纳的保费是多少钱?请作出分析并写出计算过程。

七、考核评价

考核评价见表2-16。

考 核 评 价 表   表2-16

项目名称: 课题名称:	班级: 姓名:	日期: 页码:
(1)6座以上家庭自用汽车交强险的基础保费是多少? (2)请画出强制汽车责任保险的承保流程图		
考核评价: 签字:		

项目三　汽车商业保险

📝 **项目描述**

　　汽车商业保险其实就是机动车商业保险,是车主自愿投保商业保险公司的机动车辆保险,主要分为主险与附加险。其中,主险作为机动车辆保险中的主要组成部分,保障的范围广、力度强。而附加险是保险客户根据自己的需要选择加保的保险,比主险更加简明。

📚 **学习目标**

　　1.知识目标

　　正确叙述汽车损失保险、汽车第三者责任保险及车上人员责任损失险的内容,理解并解释汽车附加险条款。

　　2.技能目标

　　能正确运用保险条款解决汽车损失险、汽车第三者责任险、车上人员责任损失险及汽车附加险中常见问题,学会汽车商业保险 A 款费率表的查阅方法。

　　3.素养目标

　　通过师生的相互交流和团队的协作学习,培养学生养成严谨的学习态度和团结协作的精神,体验探究问题和学习的乐趣。

⏱ **建议课时**

　　10 学时。

课 题 一 　汽车损失保险

一、汽车损失保险相关概念

1.汽车损失保险

汽车损失保险俗称"车损险",是指被保险人或其允许的驾驶人在使用保险车辆时发生保险事故而造成保险车辆受损,保险公司在合理范围内予以赔偿的一种汽车商业保险。

2.汽车损失保险承保的保险标的

汽车损失保险承保的保险标的是各种机动车的车身及其零部件、设备等。

二、汽车损失保险的保险责任

1.汽车损失保险主险条款的保险责任范围

汽车损失保险主险条款的保险责任范围包括意外事故、自然灾害、机动车全车盗抢、玻璃单独破碎、自燃、发动机涉水、无法找到第三方特约、不计免赔率等保险责任,见表3-1。

汽车损失保险的保险责任范围 　　　　表3-1

保险项目	车 损 原 因		保险责任
意外事故 (碰撞、倾覆、坠落、火灾、爆炸、外物坠落、倒塌等)	碰撞	倾覆	自己车辆受损的损失和合理的施救费
	坠落	火灾	

续上表

保险项目	车 损 原 因	保险责任
意外事故（碰撞、倾覆、坠落、火灾、爆炸、外物坠落、倒塌等）	爆炸　　外物坠落 倒塌	自己车辆受损的损失和合理的施救费
自然灾害及其次生灾害；载运被保险车辆的渡船遭受自然灾害（只限于驾驶人随船的情形等）	暴风　　龙卷风 台风　　热带风暴 雷击　　冰雹	自己车辆受损的损失和合理的施救费

续上表

保险项目	车 损 原 因	保险责任
自然灾害及其次生灾害；载运被保险车辆的渡船遭受自然灾害(只限于驾驶人随船的情形等)	暴雨　　　洪水 地陷　　　冰陷 崖崩　　　雪崩 暴雪　　　冰凌 沙尘暴　　泥石流	自己车辆受损的损失和合理的施救费

续上表

保险项目	车 损 原 因	保险责任
自然灾害及其次生灾害；载运被保险车辆的渡船遭受自然灾害（只限于驾驶人随船的情形等）	滑坡　　　地震 载运被保险车辆的渡船遭受自然灾害	自己车辆受损的损失和合理的施救费
全车盗抢		全车被盗抢，被抢期间的零部件损失、车辆未找回的财产损失
玻璃单独破碎		风窗玻璃、门窗玻璃单独破碎
自燃		无外界火源，因自身线路老化等质量原因起火

续上表

保险项目	车损原因	保险责任
发动机涉水		发动机进水损失
无法找到第三方特约		应由第三方赔付但无法找到第三方时,全额赔偿
不计免赔率		把免赔率降为0

释义:

(1)意外事故:指被保险人不可预料、无法控制的突发性事件,但不包括战争、军事冲突、恐怖活动、暴乱、污染(含放射性污染)、核反应、核辐射等。

(2)自然灾害:指对人类以及人类赖以生存的环境造成破坏性影响的自然现象,包括:暴风、龙卷风、台风、热带风暴;雷击、冰雹、暴雨、洪水;地陷、冰陷、崖崩、雪崩、暴雪、冰凌、沙尘暴、泥石流、滑坡、地震及其次生灾害;载运被保险机动车的渡船遭受自然灾害(仅限于驾驶人随船的情形)等。

(3)全车盗抢:因被保险机动车被盗窃、被抢劫、被抢夺造成的车辆全部损失,以及其间由于车辆损坏或车上零部件、附属设备丢失所造成的损失,在全车丢失,报案后超过60d还无法寻回时。

(4)玻璃单独破碎:被保险机动车在停放或使用过程中,其他部分没有损坏,仅风窗玻璃、门窗玻璃单独破碎时,保险公司按实际损失计算赔偿。

(5)自燃:保险期间内,指在没有外界火源的情况下,被保险机动车在使用过程中,因本车电器、线路、供油系统发生故障或运载货物自身原因起火燃烧,造成保险车辆的损失。

(6)发动机涉水:保险期间内,被保险机动车在使用过程中,因发动机进水导致发动机直接损毁。

(7)无法找到第三方特约:被保险机动车损失应当由第三方负责赔偿,但因无法找到第三方而增加的由被保险人自行承担的免赔金额,保险人负责赔偿。

(8)不计免赔率:把原来合同中规定的应该由被保险人自己承担的免赔金额部分转嫁给保险公司。

说明:①使用被保险机动车过程指被保险机动车作为一种工具被使用的整个过程,包括行驶、停放及作业,但不包括在营业场所被维修养护期间、被营业单位拖带或被吊装等施救期间;

②污染(含放射性污染)指被保险机动车正常使用过程中或发生事故时,由于油料、尾气、货物或其他污染物的泄漏、飞溅、排放、散落等造成的被保险机动车和第三方财产的污损、状况恶化或人身伤亡。

注意:在保险责任方面,对战争、军事行动或暴乱等导致的损失,被保险人故意行为或违章行为导致的损失,被保险机动车自身缺陷导致的损失,以及未履行相应的义务(如增加挂车而未事先征得保险人的同意等)的情形下出现的损失,保险人均不负责赔偿。

特别提示:①新车未上车牌,驾驶证忘检可以赔偿。新车没上牌,出事故要赔。新规:车主只要给新车投保了车损险及不计免赔率险,即使发生交通事故时车辆尚未上牌,保险公司也可以在车损险责任范围内进行赔付。

②"自家车误撞自家人",要赔。2016年全国车险费率改革规定:被保险人家庭成员的人身伤亡已列入第三者责任保险的责任范围。

2.汽车损失保险的保险责任内容

(1)保险期间内,被保险人或被保险机动车驾驶人(以下简称"驾驶人")在使用被保险机动车过程中,因自然灾害、意外事故造成被保险机动车直接损失,且不属于免除保险人责任的范围时,保险人依照本保险合同的约定负责赔偿。

(2)保险期间内,被保险机动车被盗窃、抢劫、抢夺,经出险地县级以上公安刑侦部门立案证明,满60d未查明下落的全车损失,以及因被盗窃、抢劫、抢夺受到损坏造成的直接损失,且不属于免除保险人责任的范围时,保险人依照本保险合同的约定负责赔偿。

（3）发生保险事故时,被保险人或驾驶人为防止或者减少被保险机动车的损失所支付的必要的、合理的施救费用,由保险人承担;施救费用数额在被保险机动车损失赔偿金额以外的,另行计算,最高不超过保险金额。

图3-1　本田思域

想一想

于女士两年前向王先生借款10万元用于生意上的资金周转。两年内王先生多次要求于女士还款,但借款至今未还。王先生一气之下将于女士的本田思域(图3-1)偷走用于抵债。请问保险公司负责赔偿吗?

三、汽车损失保险的责任免除

在上述保险责任范围内,遇下列情况,不论任何原因造成被保险机动车的任何损失和费用,保险人均不负责赔偿(图3-2)。

（1）事故发生后,被保险人或驾驶人故意破坏、伪造现场,毁灭证据。

（2）驾驶人有下列情形之一者:

①交通肇事逃逸;

②饮酒、吸食或注射毒品、服用国家管制的精神药品或者麻醉药品;

③无驾驶证,驾驶证被依法扣留、暂扣、吊销、注销期间;

④驾驶与驾驶证载明的准驾车型不相符合的机动车。

说明:①交通肇事逃逸是指发生道路交通事故后,当事人为逃避法律责任,驾驶或者遗弃车辆逃离道路交通事故现场以及潜逃藏匿的行为。

图3-2　汽车损失保险的责任免除

②饮酒指驾驶人饮用含有酒精的饮料,驾驶机动车时血液中的酒精含量大于或等于20mg/100mL的。

（3）被保险机动车有下列情形之一者:

①发生保险事故时被保险机动车行驶证、号牌被注销;

②被扣留、收缴、没收期间;

③竞赛、测试期间，在营业性场所维修、改装期间；

④被保险人或驾驶人故意或重大过失，导致被保险机动车被利用从事犯罪行为。

（4）下列原因导致的被保险机动车的损失和费用：

①战争、军事冲突、恐怖活动、暴乱、污染（含放射性污染）、核反应、核辐射；

②违反安全装载规定；

③被保险机动车被转让、改装、加装或改变使用性质等，导致被保险机动车危险程度显著增加，且未及时通知保险人，因危险程度显著增加而发生保险事故的；

④投保人、被保险人或驾驶人故意制造保险事故。

（5）下列损失和费用：

①因市场价格变动造成的贬值、修理后因价值降低引起的减值损失；

②自然磨损、朽蚀、腐蚀、故障、本身质量缺陷；

③投保人、被保险人或驾驶人知道保险事故发生后，故意或者因重大过失未及时通知，致使保险事故的性质、原因、损失程度等难以确定的，保险人对无法确定的部分，不承担赔偿责任，但保险人通过其他途径已经知道或者应当及时知道保险事故发生的除外；

④因被保险人违反本条款第十五条约定，导致无法确定的损失；

说明：车损险示范条款（机动车损失保险示范条款）中第十五条规定，因保险事故损坏的被保险机动车，修理前被保险人应当会同保险人检验，协商确定维修机构、修理项目、方式和费用；无法协商确定的，双方委托共同认可的有资质的第三方进行评估。

⑤车轮单独损失，无明显碰撞痕迹的车身划痕，以及新增加设备的损失；

⑥非全车盗抢、仅车上零部件或附属设备被盗窃。

四、免赔额

对于投保人与保险人在投保时协商确定绝对免赔额的，保险人在依据本保险合同约定计算赔款的基础上，增加每次事故绝对免赔额。

五、保险金额

1. 保险金额按投保时被保险机动车的实际价值确定（以前是按新车购置价）

投保时被保险机动车的实际价值（月折旧率）由投保人与保险人根据投保时的新车购置价减去折旧金额后的价格或其他市场公允价值协商确定。机动车辆参考月折旧率见表3-2。

机动车辆参考月折旧率表　　　　　　表3-2

车辆种类	月折旧率(%)				
	家庭自用	非营业	营业		特种车辆
			出租	其他	
9座以下客车	0.60	0.60	1.10	0.90	—
10座以上客车	0.90	0.90	1.10	0.90	—
微型载货汽车	—	0.90	1.10	1.10	—
带拖挂的载货汽车	—	0.90	1.10	1.10	—
低速货车和三轮车	—	1.10	1.40	1.40	—
矿山专用车	—	—	—	—	1.10
其他车辆	—	0.90	1.10	0.90	0.90

说明:①新车购置价指本保险合同签订地购置与被保险机动车同类型新车的价格,无同类型新车市场销售价格的,由投保人与保险人协商确定;

②市场公允价值指熟悉市场情况的买卖双方在公平交易的条件下和自愿的情况下所确定的价格,或无关联的双方在公平交易的条件下一项资产可以被买卖或者一项负债可以被清偿的成交价格。

实际价值的计算方法:

$$实际价值 = 新车购置价 - 折旧金额$$

$$折旧金额 = 新车购置价 \times 被保险机动车已使用月数 \times 月折旧系数$$

特别提示:折旧按月计算,不足一个月的部分,不计折旧;最高折旧金额不超过投保时被保险机动车新车购置价的80%;保险金额不得超过投保时同类车辆新车购置价;超过部分无效。

2.车辆损失险的保险费计算

计算公式:

$$车辆损失险保险费 = (基础保费 + 车辆实际价值 \times 费率) \times 优惠系数$$

其中,基础保费和费率是中国银保监会批准的,车辆购置价是根据实际车型确定的,优惠系数是各家保险公司根据车辆上年度的理赔情况及保险公司车险承保政策自行制定的。

按车辆实际价值计算保费：例如，新车的价格是 30 万元，使用 5 年后的实际价值为 10 万元。按照过去的车险条款，车主投保车损险需要按 30 万元支付保费，改革后就按 10 万元来交保费。

说明： 汽车的保险费用与车辆的折旧率挂钩。

基础保险费和费率须根据投保人类别、车辆用途、座位数或吨位数、车辆使用年限在汽车损失保险费率表中查找。党政机关、事业团体非营业客车的汽车损失保险费率表见表 3-3，家庭自用汽车与非营业用车的汽车损失保险费率表见表 3-4。表 3-3、表 3-4 中，涉及分段的陈述按"含起点不含终点"的原则来解释，如"6 座以下"的含义为少于 6 座且不包含 6 座；"6 ~ 10 座"的含义为 6 座以上 10 座以下，包含 6 座，但不包含 10 座；车龄"1 年以下"的不含 1 年；1 ~ 2 年的含义为 1 年以上 2 年以下，包含 1 年，但不包含 2 年。

党政机关、事业团体非营业客车汽车损失保险费率表　　表 3-3

党政机关、事业团体非营业客车类型	汽车损失保险							
	1 年以下		1 ~ 2 年		2 ~ 6 年		6 年以上	
	基础保费（元）	费率（%）	基础保费（元）	费率（%）	基础保费（元）	费率（%）	基础保费（元）	费率（%）
6 座以下	285	0.95	272	0.90	269	0.89	277	0.92
6 ~ 10 座	342	0.90	326	0.86	323	0.85	333	0.87
10 ~ 20 座	342	0.95	326	0.90	323	0.89	333	0.92
20 座以上	357	0.95	340	0.90	336	0.89	346	0.92

家庭自用汽车与非营业用车汽车损失保险费率表　　表 3-4

家庭自用汽车与非营业用车类型	汽车损失保险			
	1 年以下		1 ~ 4 年	
	基础保费（元）	费率（%）	基础保费（元）	费率（%）
6 座以下	630	1.50	594	1.41
6 ~ 10 座	756	1.50	713	1.41

车辆损失险的保险费还与驾驶人的违法记录、肇事比率挂钩。《关于实施车

险综合改革的指导意见》规定:驾驶人违法行为记录、肇事比率将与保费直接挂钩,以一年为期限,一年内无违法记录,次年保险费率将降低。只要驾驶人始终保持违法行为"零"记录,保险费率将逐年降低至最低标准。反之,驾驶人保险费率将逐年提高。

根据 2020 年 9 月实施的车险新规,如果车辆上一年出现多次理赔,将按次数相应上浮费率,出险 1 次保费不打折,出险 2 次、3 次、4 次保费分别上浮 25%、50%、75%,出险 5 次及以上,保费将翻倍。反之,1 年不出险的话,保费可享受 8.5 折优惠,2 年享受 7 折优惠,连续 3 年则可享受 6 折优惠。天津市、河北省、福建省、山东省青岛市、广西壮族自治区、四川省、青海省的车辆,可以享受最低 0.3375 的车险折扣率。车险费率改革前后的出险次数与保费关系见表3-5。

改革前后的出险次数与保费的关系 表 3-5

车险费率改革前		车险费率改革后	
上年出险次数	第 2 年保费浮动系数	上年出险次数	第 2 年保费浮动系数
5 次	1.3	5 次	2
4 次	1.2	4 次	1.75
3 次	1.1	3 次	1.5
2 次	1	2 次	1.25
1 次	1	1 次	1
0 次	0.9	0 次	0.85
连续 2 年 0 次	0.8	连续 2 年 0 次	0.7
连续 3 年 0 次	0.7	连续 3 年 0 次	0.6
新车保费	1	新车保费	1

特别提示:只要出险一次,第二年就不再享有保险折扣。

做一做

假定某一车辆投保家庭自用汽车损失保险,该车辆核定载客 5 人,已使用 6 年,已知同类型新车购置价为 20 万元。该车连续 3 年内未曾出险,计算保险费。

六、汽车损失保险的理赔

1. 理赔原则

汽车损失保险理赔工作,是一项政策性高、原则性强、技术性要求复杂的工作,社会影响较大,因此在汽车损失保险的理赔中,必须遵守表3-6中的原则。

汽车损失保险的理赔原则　　　　表3-6

序　号	理 赔 原 则
1	坚持实事求是
2	重合同、守信用
3	主动、迅速、准确、合理

2.赔偿处理

赔偿处理包括保险责任的确定,损失费用的审核,理赔计算,案卷制作及复核、审批。主要依据保险条款及现场查勘的详细资料,分析判断保险责任,公正、合理地确定损失,迅速准确地计算保险赔款。这项工作是理赔工作的核心,是把好机动车辆理赔的重要关口,也是理赔工作的难点所在。它一方面要对前段现场查勘定损工作进行检查和复核,起着监督和制约作用,另一方面要按照保险条款和损害赔偿原则进行严格的损失费用审核和赔款计算,尽量避免与被保险人因经济利益发生冲突,引起矛盾纠纷。

(1)发生保险事故后,保险人依据条款约定在保险责任范围内承担赔偿责任。赔偿方式由保险人与被保险人协商确定。

(2)因保险事故损坏的被保险机动车,修理前被保险人应当会同保险人检验,协商确定维修机构、修理项目、方式和费用。无法协商确定的,双方委托共同认可的有资质的第三方进行评估。

(3)被保险机动车遭受损失后的残余部分由保险人、被保险人协商处理。如折归被保险人的,由双方协商确定其价值并在赔款中扣除。

(4)因第三方对被保险机动车的损害而造成保险事故,被保险人向第三方索赔的,保险人应积极协助;被保险人也可以直接向保险人索赔,保险人在保险金额内先行赔付被保险人,并在赔偿金额范围内代位行使被保险人对第三方请求赔偿的权利。

被保险人已经从第三方取得损害赔偿的,保险人进行赔偿时,相应扣减被保险人从第三方已取得的赔偿金额。

保险人未赔偿之前,被保险人放弃对第三方请求赔偿的权利的,保险人不承担赔偿责任。

被保险人故意或者因重大过失致使保险人不能行使代位请求赔偿的权利

的,保险人可以扣减或者要求返还相应的赔款。

保险人向被保险人先行赔付的,保险人向第三方行使代位请求赔偿的权利时,被保险人应当向保险人提供必要的文件和所知道的有关情况。

(5)机动车损失赔款按以下方法计算:

①全部损失:

赔款 = 保险金额 – 被保险人已从第三方获得的赔偿金额 – 绝对免赔额

说明:被保险机动车发生事故后灭失,或者受到严重损坏完全失去原有形体、效用,或者不能再归被保险人所拥有的,为实际全损;被保险机动车发生事故后,认为实际全损已经不可避免,或者为避免发生实际全损所需要支付的费用超过实际价值的,为推定全损。

②部分损失:

被保险机动车发生部分损失,保险人按实际修复费用在保险金额内计算赔偿:

赔款 = 实际修复费用 – 被保险人已从第三方获得的赔偿金额 – 绝对免赔额

③施救费:

如果施救的财产中含有保险合同之外的财产,应按保险合同保险财产的实际价值占总施救财产的实际价值比例分摊施救费用。

(6)被保险机动车发生本保险事故,导致全部损失,或一次赔款金额与免赔金额之和(不含施救费)达到保险金额,保险人按保险合同约定支付赔款后,保险责任终止,保险人不退还机动车损失保险及其附加险的保险费。

想一想

2020 年底,吴先生在市郊开车时,为躲避对面一辆疾驰过来的车辆,慌忙之中将车开进了路边由于前几天暴雨形成的水坑里。车辆熄火后,吴先生觉得无大碍就再次起动车辆,但走不了多远,就因发动机进水导致车辆再次熄火。吴先生向保险公司报案,保险公司会赔偿吗?

七、综合实训

图 3-3 雪佛兰科鲁兹

某日,王先生驾驶着爱车雪佛兰科鲁兹(图 3-3)回家,在行驶途中发现发动机冒烟,于是停车查看原因。当王先生下车后,车辆突然起火,将整个驾驶室、变速器等部件全部烧毁。事后查明起火原因是回油管漏油。王先生已在保险公司购买了汽车损失保险,保险公司是否赔偿?

八、考核评价

考核评价见表3-7。

考 核 评 价 表　　　　表3-7

项目名称:	班级:	日期:
课题名称:	姓名:	页码:
(1)毛某把车停在路边,回来时发现有人用硬物把车辆的玻璃、玻璃导槽及亮条和上面的油漆破坏了,故向保险公司报案,保险公司会怎样赔偿? (2)汽车损失保险的理赔原则有哪些?		
考核评价: 　　　　　　　　　　　　　　　　　　　签字:		

课题二　汽车第三者责任保险

一、相关概念

1.汽车第三者责任保险

汽车第三者责任保险简称"第三者责任险",又称"商三险"或"三责险",是指被保险人或其允许的合法驾驶人在使用被保险机动车过程中发生意外事故,致使第三者发生人身伤亡或财产直接损毁,依法应当由被保险人承担损害赔偿责任,保险人依照保险合同的约定,对于超过机动车交通事故责任强制保险各分项责任限额以上的部分负责赔偿的保险(图3-4)。

每次事故的赔偿限额是由投保人与保险人在保险监督管理机构批准的赔偿限额内协商确定的,在车险费率改革后,汽车第三者责任险责任限额从

图3-4　第三者责任险

5万~500万元档次提升到10万~1 000万元档次,更加有利于满足被保险人的风险保障需求。

2. 第三者

在保险合同中,保险人是第一方,也叫第一者;被保险人或使用被保险机动车的致害人是第二方,也叫第二者。

除保险人与被保险人之外的,因被保险机动车的意外事故致使被保险机动车外的人员或财物遭受损害的在车外的受害人是第三方,也叫第三者。

说明:同一保险人的投保车辆之间发生意外事故,相对双方均不构成第三者。

3. 人身伤亡

人身伤亡是指人的身体受伤害或人的生命终止。

4. 直接损毁

直接损毁是指被保险机动车发生意外事故,直接造成事故现场他人现有财产的实际损毁。

由于第三者责任保险赔偿的是第三者的人身伤亡和财产直接损毁造成的损失。其主要目的在于维护公众的安全与利益,交强险在对第三者的财产损失和医疗费用部分赔偿较低,因此,可考虑购买第三者责任险作为交强险的补充。

由地震、暴雨、火灾等原因引起的损失都是一种自然风险,这样的损失是由自然或者物理方面的原因所引起的。汽车第三者责任保险是由意外事故造成的,需要政府以法治约束违法行为,减少因违法行为造成的人身伤亡或财产损失及由此带来的经济赔偿责任问题。

如果没有道路交通安全法,肇事的驾驶人不会对受害者承担赔偿责任。只有在将某种行为以法律形式确认为应负经济上的赔偿责任时,有关单位和个人才会出现通过保险方式来转嫁这种风险的需求,责任保险的必要性和重要性才会被人们所认识和接受。

从实践来看,责任保险的发展与一国经济的发展水平、法律制度的完善程度是有密切联系的。事实上,在当今的世界上,责任保险最发达的国家,也是各种民事责任法律最完备、最健全的国家。责任保险的基础是健全的法律制度,尤其是民法和各种专门的民事责任法律和法规。我们可以通过与一般的财产保险和民事损害赔偿的比较来认识责任保险的特点。

二、保险责任

（1）保险期间内，被保险人或其允许的驾驶人在使用被保险机动车过程中发生意外事故，致使第三者遭受人身伤亡或财产直接损毁，依法应当对第三者承担的损害赔偿责任，且不属于免除保险人责任的范围，保险人依照本保险合同的约定，对于超过机动车交通事故责任强制保险各分项赔偿限额的部分负责赔偿。

（2）保险人依据被保险机动车一方在事故中所负的事故责任比例，承担相应的赔偿责任。被保险人或被保险机动车一方根据有关法律法规选择自行协商或由公安机关交通管理部门处理事故，但未确定事故责任比例的，按照下列规定确定事故责任比例：

被保险机动车一方负主要事故责任的，事故责任比例为70%；

被保险机动车一方负同等事故责任的，事故责任比例为50%；

被保险机动车一方负次要事故责任的，事故责任比例为30%。

涉及司法或仲裁程序的，以法院或仲裁机构最终生效的法律文书为准。

注意：①直接损毁，实际上是指现场财产损失和人身伤害，各种间接损失不在保险人负责的范围；

②被保险人依法应当支付的赔偿金额，保险人依照保险合同的规定进行补偿。

特别提示：①被保险人得到的补偿金额并不一定等于保险人的赔偿金额，因为保险人的赔偿金额中必须扣除除外不保的责任或损失。

②"自家车误撞自家人"，要赔。根据2016新条款规定，被保险人家庭成员的人身伤亡已列入第三者责任保险的责任范围。

③当事故为第三方的全责但对方没有经济能力赔偿时，可以由保险公司先行代付赔偿，也就是"代位求偿"权利。

想一想

车主赵某有一辆载货汽车（图3-5）从事货运经营，并向保险公司投保了保额为20万元的第三者责任险和2万元的车上人员责任险。保险期内，赵某聘请驾驶员驾车，自己随车前往广州送货途中发现车上货物被盗，赵某急忙让驾驶员将车停靠在路边下车查

图3-5　载货汽车

图3-6 第三者责任险责任免除

看。由于车未停稳,赵某跳下车后摔倒,被该车后轮压过身亡。保险公司是否给予赔偿?

三、责任免除

在上述保险责任范围内,下列情况下,不论任何原因造成的人身伤亡、财产损失和费用,保险人均不负责赔偿(图3-6):

(1)事故发生后,被保险人或驾驶人故意破坏、伪造现场,毁灭证据。

(2)驾驶人有下列情形之一者:

①交通肇事逃逸;

②饮酒、吸食或注射毒品、服用国家管制的精神药品或者麻醉药品;

③无驾驶证,驾驶证被依法扣留、暂扣、吊销、注销期间;

④驾驶与驾驶证载明的准驾车型不相符合的机动车;

⑤非被保险人允许的驾驶人。

(3)被保险机动车有下列情形之一者:

①发生保险事故时被保险机动车行驶证、号牌被注销的;

②被扣留、收缴、没收期间;

③竞赛、测试期间,在营业性场所维修、保养、改装期间;

④全车被盗窃、被抢劫、被抢夺、下落不明期间。

(4)下列原因导致的人身伤亡、财产损失和费用:

①战争、军事冲突、恐怖活动、暴乱、污染(含放射性污染)、核反应、核辐射;

②第三者、被保险人或驾驶人故意制造保险事故、犯罪行为,第三者与被保险人或其他致害人恶意串通的行为;

③被保险机动车被转让、改装、加装或改变使用性质等,导致被保险机动车危险程度显著增加,且未及时通知保险人,因危险程度显著增加而发生保险事故的。

(5)下列人身伤亡、财产损失和费用:

①被保险机动车发生意外事故,致使任何单位或个人停业、停驶、停电、停水、停气、停产、通信或网络中断、电压变化、数据丢失造成的损失以及其他各种间接损失;

②第三者财产因市场价格变动造成的贬值,修理后因价值降低引起的减值

损失；

③被保险人及其家庭成员、驾驶人及其家庭成员所有、承租、使用、管理、运输或代管的财产的损失，以及本车上财产的损失；

④被保险人、驾驶人、本车车上人员的人身伤亡；

⑤停车费、保管费、扣车费、罚款、罚金或惩罚性赔款；

⑥超出《道路交通事故受伤人员临床诊疗指南》和国家基本医疗保险同类医疗费用标准的费用部分；

⑦律师费，未经保险人事先书面同意的诉讼费、仲裁费；

⑧投保人、被保险人或驾驶人知道保险事故发生后，故意或者因重大过失未及时通知，致使保险事故的性质、原因、损失程度等难以确定的，保险人对无法确定的部分，不承担赔偿责任，但保险人通过其他途径已经知道或者应当及时知道保险事故发生的除外；

⑨因被保险人违反本条款相关约定，导致无法确定的损失；

⑩精神损害抚慰金；

⑪应当由机动车交通事故责任强制保险赔偿的损失和费用。

保险事故发生时，被保险机动车未投保机动车交通事故责任强制保险或机动车交通事故责任强制保险合同已经失效的，对于机动车交通事故责任强制保险责任限额以内的损失和费用，保险人不负责赔偿。

说明：这里的家庭成员包括两种情况，一种是配偶，另一种是居住在一起的父母、子女或兄弟姐妹。对于配偶来说，无论他们是否住在一起，都应该互为家庭成员。对于后者，如果在财产上已经分割，经济上各自独立，那么就不应该看作家庭成员。

做一做

(1)张明是一家私营企业的老板，3 年前就与弟弟分家了。为经营需要，张明购买了一辆金杯车(图 3-7)，并且在保险公司投保了第三者责任险。某天，张明开车经过弟弟家门口，恰好遇到弟弟去城里办事。为了搭乘哥哥的车，弟弟迎着车跑过来，张明虽然紧急制动却没能及时停车，一下撞到弟弟身上。经过抢救，弟弟终于脱离危险，张明共花掉医疗费 30 余万元。保险公司是否应该给予赔偿？

(2)2017 年 3 月 1 日，车主万某购买两辆轿车(图 3-8)，他向某家保险公司投保了两车的车辆损失险和第三者责任险。某日，夫妻俩各开一辆车出门办事。途经某地，两车巧遇，不小心相撞，均有不同程度的损坏，妻子轻伤。妻子担心，老公劝说:"没事,咱有保险。"那么,保险公司给予赔偿吗? 如果给予赔偿的话,应该怎样赔? 若两车的保险是夫妻分别投保的,保险公司又应怎样处理?

图 3-7　金杯车

图 3-8　夫妻车相撞

四、责任限额

每次事故的责任限额,在 2020 年 9 月车险费率改革后,汽车第三者责任险责任限额从 5 万 ~ 500 万元档次提升到 10 万 ~ 1 000 万元档次,由投保人和保险人在签订本保险合同时协商确定。依保监发〔2000〕16 号文件《机动车辆保险条款》第九条,第三者责任险每次事故最高赔偿限额应根据不同车辆种类选择确定:在不同区域内,摩托车、拖拉机的最高赔偿限额有 2 万元、5 万元、10 万元和 20 万元 4 个档次;其他车辆的最高赔偿限额分为 5 万元、10 万元、20 万元、50 万元、100 万元和 100 万元以上 6 个档次,且最高不超过 1 000 万元。

第三责任险绝大部分车主都是选择 20 万元、30 万元的第三者责任险;在经济繁华的地区建议广大车主购买 100 万元赔付额度的三者险;经济欠发达地区(如三、四线城市)建议选择 50 万元赔付额度的三者险;经济能力较强的车主建议选择 100 万元赔付额度的三者险。

主车和挂车连接使用时,视为一体,发生保险事故时,由主车保险人和挂车保险人按照保险单上载明的机动车第三者责任保险责任限额的比例,在各自的责任限额内承担赔偿责任。

五、保费计算

第三者责任险的保费是按照投保人类别、车辆用途、座位数/ 吨位数、车辆使用年限、责任限额,直接在汽车第三者责任保险责任限额费率表(表 3-8)中查找。近年来,第三者责任险的价格有所下调。

汽车第三者责任保险费率表(单位:元)　　　　　　　表3-8

家庭自用汽车 与非营业用车类型		第三者责任保险						
		5 万元	10 万元	15 万元	20 万元	30 万元	50 万元	100 万元
家庭自用 汽车	6 座以下	710	1 026	1 169	1 270	1 434	1 721	2 242
	6~10 座	659	928	1 048	1 131	1 266	1 507	1 963
	10 座以上	659	928	1 048	1 131	1 266	1 507	1 963
企业非营业 客车	6 座以下	639	900	1 018	1 097	1 229	1 463	1 905
	6~10 座	593	843	956	1 034	1 162	1 388	1 807
	10~20 座	699	998	1 134	1 227	1 380	1 650	2 149
	20 座以上	856	1 262	1 449	1 585	1 799	2 172	2 829
党政机关、 事业团体 非营业客车	6 座以下	719	1 014	1 146	1 236	1 384	1 647	2 146
	6~10 座	699	984	1 112	1 200	1 344	1 600	2 083
	10~20 座	768	1 083	1 224	1 320	1 478	1 759	2 292
	20 座以上	938	1 321	1 494	1 611	1 804	2 148	2 797
非营业货车	2t 以下	728	1 025	1 160	1 250	1 401	1 668	2 172
	2~5t	988	1 430	1 630	1 772	2 001	2 402	3 127
	5~10t	1 142	1 628	1 848	2 000	2 248	2 687	3 499
	10t 以上	1 758	2 477	2 801	3 020	3 382	4 027	5 243
	低速载货汽车	619	872	986	1 063	1 190	1 417	1 847

说明:地域不同,基础保险费略有不同。

做一做

假定某一车辆投保家庭自用汽车第三者责任险,该车辆核定载客5人,已使用6年,已知同类型新车购置价为20万元。请按新车购置价确定保险金额,计算保险费。

六、赔偿处理

对于被保险人或其允许的驾驶人给第三者造成的损害,保险人可以直接向该第三者赔偿。

被保险人或其允许的驾驶人给第三者造成损害,对第三者应负的赔偿责任确定的,根据被保险人的请求,保险人应当直接向该第三者赔偿。被保险人怠于请求的,第三者就其应获赔偿的部分直接向保险人请求赔偿的,保险人可以直接向该第三者赔偿。

被保险人或其允许的驾驶人给第三者造成损害,未向该第三者赔偿的,保险人不得向被保险人赔偿。

发生保险事故后,保险人依据本条款约定在保险责任范围内承担赔偿责任。赔偿方式由保险人与被保险人协商确定。

因保险事故损坏的第三者财产,修理前被保险人应当会同保险人检验,协商确定维修机构、修理项目、方式和费用。无法协商确定的,双方委托共同认可的有资质的第三方进行评估。

七、赔款计算

(1)当(依合同约定核定的第三者损失金额 – 机动车交通事故责任强制保险的分项赔偿限额)×事故责任比例的金额大于或等于每次事故责任限额时:

$$赔款 = 每次事故责任限额$$

(2)当(依合同约定核定的第三者损失金额 – 机动车交通事故责任强制保险的分项赔偿限额)×事故责任比例的金额小于每次事故责任限额时:

$$赔款 =(依合同约定核定的第三者损失金额 – 机动车交通事故责任强制保险的分项赔偿限额)×事故责任比例$$

保险人按照《道路交通事故受伤人员临床诊疗指南》和国家基本医疗保险的同类医疗费用标准核定医疗费用的赔偿金额。

说明:未经保险人书面同意,被保险人自行承诺或支付的赔偿金额,保险人有权重新核定;不属于保险人赔偿范围或超出保险人应赔偿金额的,保险人不承担赔偿责任。

八、综合实训

高先生是某汽车公司的驾驶员。2020 年 10 月 16 日 8:25,高先生与往常一样,来到汽车总站上班。因天气较寒冷,高先生就将停在检测台北侧停车场内的中型客车发动热车,随后下车检查车况,不料该车突然自行向前行驶。情急之下,高先生用双手推顶该车,欲使其停下,但该车继续推着高先生往前行驶。最后,该车车头撞在停车场内停住的一辆大货车车身右侧,而高先生被挤压在两车之间当场死亡。

交警部门认定该事故属于意外交通事故,高先生无责任,并组织车站和高先生家属就事故损害赔偿进行调解,双方达成调解协议,由车站方赔偿高先生家属丧葬费、死亡赔偿金、被抚养人生活费等,共计133 875 元。随后,该汽车公司向投保的某保险公司按照交通事故第三者责任险申请理赔。但是,保险公司认为,高先生是事故车辆的合法驾驶员,属于车上人员而不是受害人,故保险公司拒绝了汽车公司的赔偿请求,不承担赔偿责任。请问保险公司拒绝赔偿是否正确,并说明理由。

九、考核评价

考核评价见表3-9。

考 核 评 价 表   表3-9

项目名称: 课题名称:	班级: 姓名:	日期: 页码:
(1)驾驶人在实习期内驾驶被保险机动车发生交通事故,造成对第三者的损害赔偿责任,保险公司是否应赔偿? (2)被保险机动车被盗窃期间造成第三者人身伤亡或财产损失,保险公司是否应赔偿?		
考核评价: 签字:		

课题三　车上人员责任险

一、车上人员责任险相关概念

1. 车上人员

我国《机动车辆保险条款》对车上人员责任险的规定如下。保险合同中的车上人员是指发生意外事故的瞬间,在被保险机动车车体内或车体上的人员,包括正在上下车的人员。

图 3-9 车上人员责任险

2. 车上人员责任险

车上人员责任险又称"车上座位责任险"或"车上责任险"（图 3-9），是一种车辆商业险主险。保险期间内，被保险人或其允许的合法驾驶人在使用被保险机动车过程中发生意外事故，致使车上人员遭受人身伤亡，依法应当由被保险人承担的经济赔偿责任，保险人依照保险合同的约定负责赔偿。

二、保险责任

保险期间内，被保险人或其允许的驾驶人在使用被保险机动车过程中发生意外事故，致使车上人员遭受人身伤亡，且不属于免除保险人责任的范围，依法应当由被保险人对车上人员承担的损害赔偿责任，保险人依照本保险合同的约定负责赔偿。

保险人依据被保险机动车一方在事故中所负的事故责任比例，承担相应的赔偿责任。

被保险人或被保险机动车一方根据有关法律法规选择自行协商或由公安机关交通管理部门处理事故，但未确定事故责任比例的，按照下列规定确定事故责任比例：

被保险机动车一方负主要事故责任的，事故责任比例为70%；

被保险机动车一方负同等事故责任的，事故责任比例为50%；

被保险机动车一方负次要事故责任的，事故责任比例为30%。

涉及司法或仲裁程序的，以法院或仲裁机构最终生效的法律文书为准。

三、责任免除

在上述保险责任范围内，下列情况下，不论任何原因造成的人身伤亡，保险人均不负责赔偿（图 3-10）：

（1）事故发生后，被保险人或驾驶人故意破坏、伪造现场，毁灭证据。

图 3-10 车上人员责任险
责任免除

（2）驾驶人有下列情形之一者：

①交通肇事逃逸；

②饮酒、吸食或注射毒品、服用国家管制的精神药品或者麻醉药品；

③无驾驶证，或驾驶证被依法扣留、暂扣、吊销、注销期间；

④驾驶与驾驶证载明的准驾车型不相符合的机动车；

⑤非被保险人允许的驾驶人。

说明：交通肇事逃逸是指发生道路交通事故后，当事人为逃避法律责任，驾驶或者遗弃车辆逃离道路交通事故现场以及潜逃藏匿的行为。

（3）被保险机动车有下列情形之一者：

①发生保险事故时被保险机动车行驶证、号牌被注销的；

②被扣留、收缴、没收期间；

③竞赛、测试期间，在营业性场所维修、保养、改装期间；

④全车被盗窃、被抢劫、被抢夺、下落不明期间。

（4）下列原因导致的人身伤亡，保险人不负责赔偿：

①战争、军事冲突、恐怖活动、暴乱、污染（含放射性污染）、核反应、核辐射；

②被保险机动车被转让、改装、加装或改变使用性质等，导致被保险机动车危险程度显著增加，且未及时通知保险人，因危险程度显著增加而发生保险事故的；

③投保人、被保险人或驾驶人故意制造保险事故。

（5）下列人身伤亡、损失和费用：

①被保险人及驾驶人以外的其他车上人员的故意行为造成的自身伤亡；

②车上人员因疾病、分娩、自残、斗殴、自杀、犯罪行为造成的自身伤亡；

③罚款、罚金或惩罚性赔款；

④超出《道路交通事故受伤人员临床诊疗指南》和国家基本医疗保险同类医疗费用标准的费用部分；

⑤律师费，未经保险人事先书面同意的诉讼费、仲裁费；

⑥投保人、被保险人或驾驶人知道保险事故发生后，故意或者因重大过失未及时通知，致使保险事故的性质、原因、损失程度等难以确定的，保险人对无法确定的部分，不承担赔偿责任，但保险人通过其他途径已经知道或者应当及时知道保险事故发生的除外；

⑦精神损害抚慰金；

⑧应当由机动车交通事故责任强制保险赔付的损失和费用。

特别提示:车上人员责任险是保险公司为开车与坐车的人在意外事故中出现的伤亡进行赔偿的一种车辆保险。对于所有购买了车上人员责任险的车主而言,有两条常见的不赔情况须牢记,一是车上人员在车下时所受的人身伤亡不赔,二是投保座位外人员不赔。

想一想

(1)车主王先生在高速公路上驾车时车辆发生爆胎,于是在紧急停车带上下车更换轮胎,结果被后面来车撞成重伤,后送医院抢救无效死亡。王先生的亲人在悲痛之余找保险公司索赔,保险公司会给予赔偿吗?请说明理由。

图3-11　车上人员受伤伤亡,保险公司是否赔偿?

(2)在一次意外的交通事故中,因为车与车发生碰撞导致驾驶人、乘客的意外伤亡(图3-11)。如果已投保了车上人员责任险,保险公司是否赔偿?如果驾驶人在行驶过程中紧急制动导致的本车人员

四、责任限额

驾驶人每次事故责任限额和乘客每次事故每人责任限额由投保人和保险人在投保时协商确定。一般每个座位保额按1万~5万元确定。投保乘客座位数按照被保险机动车的核定载客数(驾驶人座位除外)确定。

五、投保方式

车上人员责任险的最高赔偿限额由投保人和保险人在投保时协商确定。而投保方式可选择下列任一方式或选择同时投保:

(1)按座位数投保;

(2)按被保险机动车核定的载客数(驾驶人座位数除外)投保乘客座位。

驾驶人和乘客的投保人数一般以被保险机动车的核定载客数为限。

六、车上人员责任险保费的计算

车上人员责任险保费 = 保险金额×保险费率

保险费率表见3-10。

车上人员责任保险费率表　　　　　　表 3-10

车辆用途	座　位	驾驶人保险费率(%)	乘客保险费率(%)
家庭自用	6 座以下	0.42	0.27
	6～10 座	0.40	0.26
	10 座以上	0.40	0.26
企业非营运	6 座以下	0.42	0.26
	6～10 座	0.39	0.23
	10～20 座	0.40	0.24

说明:车上人员责任险保险费与车价无关。

做一做

假定某一车辆投保家庭自用汽车车上人员责任险,该车辆核定载客 5 人,已使用 6 年,已知同类型新车购置价为 20 万元。每个座位保额 1 万元,驾驶人和乘客都参保。请计算车上人员责任险的保险费。

七、赔款计算

(1)对每座的受害人,当(依合同约定核定的每座车上人员人身伤亡损失金额 – 应由机动车交通事故责任强制保险赔偿的金额)×事故责任比例的金额大于或等于每次事故每座责任限额时:

$$赔款 = 每次事故每座责任限额$$

(2)对每座的受害人,当(依合同约定核定的每座车上人员人身伤亡损失金额 – 应由机动车交通事故责任强制保险赔偿的金额)×事故责任比例的金额小于每次事故每座责任限额时:

$$赔款 = (依合同约定核定的每座车上人员人身伤亡损失金额 – 应由机动车\\交通事故责任强制保险赔偿的金额)×事故责任比例$$

保险人按照《道路交通事故受伤人员临床诊疗指南》和国家基本医疗保险的同类医疗费用标准核定医疗费用的赔偿金额。

说明:①未经保险人书面同意,被保险人自行承诺或支付的赔偿金额,保险人有权重新核定;②不属于保险人赔偿范围或超出保险人应赔偿金额的,保险人不承担赔偿责任;③每人最高赔偿金额不超过保险单载明的本保险每座赔偿限额,最高赔偿人数以投保座位数为限。

八、综合实训

虽然在车外死亡但仍以予以赔偿的案例:

图3-12 车上人员意外被甩出

一辆大轿车在高速公路行驶中发生意外,坐在前排座位的一位乘客被从车内甩出,跌落在路面上,被这辆客车的后轮碾压致死。(图3-12)保险公司对该乘客做了赔偿,因为从意外事故发生到乘客被甩出车外直到被碾压致死是一个连贯的过程,虽然乘客是在车外死亡,但也属于车上人员责任险赔偿范围。

想一想

车主孙先生和朋友老王驾车外出,行驶途中车辆突然失控,紧急情况下老王跳车逃生,但车辆突然侧翻压在老王身上,导致老王死亡。请问保险公司给予赔偿吗?请说明理由。

九、考核评价

考核评价见表3-11。

考核评价表   表3-11

项目名称:	班级:	日期:
课题名称:	姓名:	页码:

(1)驾驶人在实习期内驾驶被保险机动车发生交通事故,造成驾驶人和车上人员伤亡事故,保险公司是否赔偿?

(2)被保险客车行驶过程中,车上乘客因争抢座位发生口角至打斗,造成一名乘客一侧耳膜破裂,保险公司是否赔偿?

考核评价:

签字:

课 题 四 汽车附加险

一、汽车附加险相关概念

1. 主险

主险又称"基本险"。是指不需要附加在其他险别之下的,可以独立承保的险别,简单地说,能够独立投保的保险险种称为基本险。汽车商业保险中主险有:汽车损失保险、汽车第三者责任保险、车上人员责任险3种。

2. 附加险

附加险是相对于主险而言的,顾名思义是指附加在主险合同下的附加合同。它不可以单独投保,要购买附加险必须先购买主险。一般来说,附加险的存在是以主险存在为前提的,不能脱离主险。但也有部分公司的险种既可以作为附加险购买,也可以作为主险单独投保(图3-13)。

图 3-13 附加险

汽车附加险指除了保险条款所规定的主险外,投保人根据自己的需要所加保的一些险别。附加险是主险责任的扩展,通常是用以扩大主险条款中所规定的权利和义务的补充条款,以及保障主险责任范围以外可能发生的某些危险。

加保附加险时,投保人必须支付一定的附加保费。对于被保险人来说,可以根据自己的需求转嫁风险,自由选择加保不同的附加险种,使自己的利益获得最充分的保障。2020年车险费率改革后,汽车商业保险的附加险种增加到了11种。附加险的种类及对应主险见表3-12。

附加险的种类及对应主险　　　　表3-12

附加险种类	对 应 主 险
绝对免赔率特约条款	汽车商业险主险均可
车轮单独损失险	车损险

续上表

附加险种类	对 应 主 险
新增加设备损失险	车损险
车身划痕损失险	车损险
修理期间费用补偿险	车损险
发动机进水损坏除外特约条款	车损险
车上货物责任险	第三者责任险
精神损害抚慰金责任险	汽车第三者责任险、车上人员责任险
法定节假日限额翻倍险	机动车第三者责任险
医保外用药医疗费用责任险	车上人员责任险、汽车第三者责任险
机动车增值服务特约条款	任何机动车险

注:附加险一般不能单独投保,在投保了汽车基本险的基础上方可投保附加
　　险。附加险条款与基本险条款相抵触之处,以附加险条款的解释为准,
　　未尽之处以基本险条款为准。

二、汽车附加险的种类

1. 绝对免赔率特约条款

绝对免赔率特约条款属于附加险的一种。绝对免赔率是被保险机动车发生主险约定的保险事故,保险人按照主险的约定计算赔款后,扣减本特约条款约定的免赔。

常见的绝对免赔率有 5%、10%、15%、20%,由投保人和保险人在投保时协商确定,具体以保单载明为准。

被保险机动车发生主险约定的保险事故,保险人按照主险的约定计算赔款后,扣减本特约条款约定的免赔。即:

绝对免赔率计算方式:

主险实际赔款 = 按主险约定计算的赔款 × (1 - 绝对免赔率)

车险费改之后,银保监会已经取消了车险的不计免赔率。所以,一般来说,保险车辆在出险时,赔款全部由保险公司赔偿。附加绝对免赔率特约条款的实质是通过出险时少拿赔款的方法,来减少投保时的保费。此附加条款适合追求

经济型车险方案的投保人。

2.车轮单独损失险

1）保险责任

在保险期间,被保险人或被保险机动车驾驶人在使用被保险机动车过程中,因自然灾害、意外事故导致被保险机动车未发生其他部位的损失,仅有车轮(含轮胎、轮毂、轮毂罩)的直接损失,且不属于免除保险人责任的范围,保险人依照保险合同的约定负责赔偿(图3-14)。

图3-14 车轮单独损失险

说明:使用被保险机动车过程是指被保险机动车作为一种工具被使用的整个过程,包括行驶、停放及作业,不包括在营业场所被维修养护期间、被营业单位拖带或被吊装等施救期间。

2）责任免除

①车轮(含轮胎、轮毂、轮毂罩)的自然磨损、朽蚀、腐蚀、故障、本身质量缺陷;

②未发生全车盗抢,仅车轮单独丢失。

3）保险金额

保险金额由投保人和保险人在投保时协商确定。

4）赔偿处理

①发生保险事故后,保险人依据本条款约定在保险责任范围内承担赔偿责任。赔偿方式由保险人与被保险人协商确定。

赔款=实际修复费用-被保险人已从第三方获得的赔偿金额

②在保险期间内,累计赔款金额达到保险金额,本附加险保险责任终止。

说明:①投保了机动车损失保险的机动车,可投保本附加险;②车轮单独损失指未发生被保险机动车其他部位的损失,因自然灾害、意外事故,仅发生轮胎、轮毂、轮毂罩的分别单独损失,或上述三者之中任意二者的共同损失,或三者的共同损失。

想一想

王女士居住小区非封闭,没有固定的车库,她给自己的爱车投保了车损险、汽车第三者责任险,也投保了车轮单独损失险。某日一早上班前,她发现停在小区里的车被人用砖头支起,车轮少了两个,便立刻报案。请问这种情况保险公司应给予赔付吗?

3.新增加设备损失险

1)保险责任

保险期间内,投保了本附加险的被保险机动车因发生机动车损失保险责任范围内的事故,造成车上新增加设备的直接损毁,保险人在保险单载明的本附加险的保险金额内,按照实际损失计算赔偿。

2)保险金额

保险金额根据新增加设备投保时的实际价值确定。新增加设备的实际价值是指新增加设备的购置价减去折旧金额后的金额。

3)赔偿处理

发生保险事故后,保险人依据本条款约定在保险责任范围内承担赔偿责任。赔偿方式由保险人与被保险人协商确定。

赔款 = 实际修复费用 − 被保险人已从第三方获得的赔偿金额

说明:①投保了机动车损失保险的机动车,可投保本附加险;②新增加设备指被保险机动车出厂时原有设备以外的,另外加装的设备和设施。

图3-15 车身划痕损失险

4.车身划痕损失险

1)保险责任

保险期间内,被保险机动车在被保险人或被保险机动车驾驶人使用过程中,发生无明显碰撞痕迹的车身划痕损失,保险人按照保险合同约定负责赔偿(图3-15)。

2)责任免除:

①被保险人及其家庭成员的故意行为造成的损失;

说明:家庭成员指配偶、父母、子女和其他共同生活的近亲属。

②因投保人、被保险人与他人的民事、经济纠纷导致的任何损失;

③车身表面自然老化、损坏、腐蚀造成的任何损失。

3)保险金额和保险费

(1)保险金额。

车身划痕损失险是定额保险,保额是固定的,有 2 000 元、5 000 元、10 000 元和 20 000 元。保险金额由投保人与保险人在投保时协商确定并在保险合同中载明。保险金额即是赔偿金额的上限。

(2)保险费。

车辆划痕损失险的保险费并不高,一般在几百元左右。保险费会受到保险额、车的档次和车龄影响。

车辆的保险费会受到保额、车的档次和车龄影响,见表 3-13。

车辆划痕损失险的保险费(单位:元)　　　　表 3-13

新车购置价	年　限	2 000	5 000	10 000	20 000
30 万元以下	2 年以下	400	570	760	1 140
	2 年以上	610	850	1 300	1 900
30 万~50 万元	2 年以下	585	900	1 170	1 780
	2 年以上	900	1 350	1 800	2 600
50 万元以上	2 年以下	850	1 100	1 500	2 250
	2 年以上	1 100	1 500	2 000	3 000

4)赔偿处理

(1)发生保险事故后,保险人依据本条款约定在保险责任范围内承担赔偿责任,赔偿方式由保险人与被保险人协商确定。

赔款 = 实际修复费用 − 被保险人已从第三方获得的赔偿金额

(2)在保险期间内,累计赔款金额达到保险金额,本附加险保险责任终止。

说明:①投保了机动车损失保险的机动车,可投保本附加险;

②只要出险一次,次年保费就会上涨;

③车身划痕仅发生被保险机动车车身表面油漆的损坏,且无明显碰撞痕迹。

特别提示:车身划痕损失险的保险责任是"他人恶意行为造成保险车辆车身

人为划痕",若碰撞痕迹明显,有划痕,还有凹陷,就不属于车身划痕损失险,而是属于车损险的理赔范畴。

图3-16 修理期间费用补偿险

5. 修理期间费用补偿险

1)保险责任

保险期间内,投保了本附加险的机动车在使用过程中,发生机动车损失保险责任范围内的事故,造成车身损毁,致使被保险机动车停驶,保险人按保险合同约定,在保险金额范围内向被保险人补偿修理期间费用,作为代步车费用或弥补停驶损失(图3-16)。

2)责任免除

下列情况下,保险人不承担修理期间费用补偿:

①因机动车损失保险责任范围以外的事故而致被保险机动车的损毁或修理;

②不在保险人认可的修理厂修理时,因车辆修理质量不符合要求造成返修;

③被保险人或驾驶人拖延车辆送修期间。

3)保险金额和保险费

一般情况下,修理期间费用补偿险的日补偿金额种类有100元、200元、300元3种(有的保险公司规定最高补偿额是300元/d),保单上会写明每天的赔付金额,保险费一般为70～150元。

$$保险金额 = 补偿天数 × 日补偿金额$$

其中,补偿天数及日补偿金额由投保人与保险人协商确定并在保险合同中载明,保险期间内约定的补偿天数最高不超过90d。

4)赔偿处理

全车损失,按保险单载明的保险金额计算赔偿;部分损失,在保险金额内按约定的日补偿金额乘以从送修之日起至修复之日止的实际天数计算赔偿,实际天数超过双方约定的修理天数的,以双方约定的修理天数为准。

保险期间内,累计赔款金额达到保险单载明的保险金额时,本附加险保险责任终止。

说明:①投保了机动车损失保险的机动车,可投保本附加险,车损险保险责任终止时,本保险责任同时终止;②本附加险适于营运车辆。

6.发动机进水损坏除外特约条款

保险期间内,投保了本附加险的被保险机动车在使用过程中,因发动机进水后导致的发动机直接损毁,保险公司不负责赔偿。

本附加险的主要作用是降低保费,但同时也减少了保障。特别是在少雨地区,车辆涉水的概率低,投保了这项附加险,能为车主节省保费。

说明:①投保了机动车损失保险的机动车,可投保本附加险;

②本附加险具有很强的地域性,适用于沙漠或雨水较少地区。

7.车上货物责任险

1)保险责任

保险期间内,发生意外事故致使被保险机动车所载货物遭受直接损毁,依法应由被保险人承担的损害赔偿责任,保险人负责赔偿(图3-17)。

2)责任免除

①偷盗、哄抢、自然损耗、本身缺陷、短少、死亡、腐烂、变质、串味、生锈,动物走失、飞失,货物自身燃烧或爆炸造成的货物损失;

②违法、违章载运造成的损失;

③因包装、紧固不善,装载、遮盖不当导致的任何损失;

④车上人员携带的私人物品的损失;

⑤事故导致的货物减值、运输延迟、营业损失及其他各种间接损失;

图 3-17　车上货物责任险

⑥法律、行政法规禁止运输的货物的损失。

3)责任限额

责任限额由投保人和保险人在投保时协商确定。

4)赔偿处理

①被保险人索赔时,应提供运单、起运地货物价格证明等相关单据。保险人在责任限额内按起运地价格计算赔偿;

②发生保险事故后,保险人依据本条款约定在保险责任范围内承担赔偿责任,赔偿方式由保险人与被保险人协商确定。

说明:①投保了机动车第三者责任保险的营业货车(含挂车),可投保本附加险;②本险种适用于营运车辆。

特别提示:保险车辆驾驶人的故意行为、紧急制动造成的损失不在保险赔偿范围内。

想一想

某车主投保了车损险和车上货物损失险,为每次多运输货物多赚钱而超载装货,行驶在高速公路上时意外发生车祸。请问保险公司给予赔付吗?

8. 精神损害抚慰金责任险

1)保险责任

保险期间内,被保险人或其允许的驾驶人在使用被保险机动车的过程中,发生投保的主险约定的保险责任内的事故,造成第三者或车上人员的人身伤亡,受害人据此提出精神损害赔偿请求,保险人依据法院判决及保险合同约定,对于应由被保险人或被保险机动车驾驶人支付的精神损害抚慰金,在扣除机动车交通事故责任强制保险应当支付的赔款后,在本保险赔偿限额内负责赔偿。

2)责任免除

①根据被保险人与他人的合同协议,应由他人承担的精神损害抚慰金;

②未发生交通事故,仅因第三者或本车人员的惊恐而引起的损害;

③怀孕妇女的流产发生在交通事故发生之日起30d以外的。

3)赔偿限额

本保险每次事故赔偿限额由保险人和投保人在投保时协商确定。

4)赔偿处理

本附加险赔偿金额依据生效法律文书或当事人达成且经保险人认可的赔付协议,在保险单所载明的赔偿限额内计算赔偿。

说明:在投保了汽车第三者责任险或车上人员责任险的基础上才可投保精神损害抚慰金责任险这一附加险。如果在三者险基础上附加该险种,保险公司只负责赔偿第三者的精神损害抚慰金;若在车上人员责任险基础上附加该险种,保险公司只负责赔偿车上人员的精神损害抚慰金。

9. 法定节假日限额翻倍险

投保了机动车第三者责任保险的家庭自用汽车,可投保本附加险。

保险期间内,被保险人或其允许的驾驶人在法定节假日期间使用被保险机动车发生机动车第三者责任保险范围内的事故,并经公安部门或保险人查勘确认的,被保险机动车第三者责任保险所适用的责任限额在保险单载明的基础上增加一倍。

传统的机动车第三者责任保险多为一年期,而且机动车第三者责任保险人伤赔偿标准通常与当地社平工资水平挂钩,上述限额翻倍条款考虑到了假期出行高峰、行车地域跨度大等现实问题,使车主不需要为了法定节假日出行需要而购买超过实际需要的机动车第三者责任险。银保监会批准了泰山财险、北部湾财险、三星财险、亚太财险、永安财险5家保险公司的机动车三者险法定节假日限额翻倍条款。此前,已有太保财险、安邦财险、中意财险、太平财险、阳光财险、国寿财险、华海财险、安诚财险8家财险公司报批该翻倍条款并获得银保监会同意。

说明:①法定节假日包括中华人民共和国国务院规定的元旦、春节、清明节、劳动节、端午节、中秋节和国庆节放假调休日期及星期六、星期日,具体以国务院公布的文件为准;②法定节假日不包括因国务院安排调休形成的工作日、国务院规定的一次性全国假日以及地方性假日。

10. 医保外用药医疗费用责任险

1)保险责任

保险期间内,被保险人或其允许的驾驶人在使用被保险机动车的过程中,发生主险保险事故,对于被保险人依照中华人民共和国法律(不含港澳台地区法律)应对第三者或车上人员承担的医疗费用,保险人对超出《道路交通事故受伤人员临床诊疗指南》和国家基本医疗保险同类医疗费用标准的部分负责赔偿。

2)责任免除

下列损失、费用,保险人不负责赔偿:

①在相同保障的其他保险项下可获得赔偿的部分;

②所诊治伤情与主险保险事故无关联的医疗、医药费用;

③特需医疗类费用。

3)赔偿限额

赔偿限额由投保人和保险人在投保时协商确定,并在保险单中载明。

4)赔偿处理

被保险人索赔时,应提供由具备医疗机构执业许可的医院或药品经营许可的药店出具的、足以证明各项费用赔偿金额的相关单据。保险人根据被保险人实际承担的责任,在保险单载明的责任限额内计算赔偿。

说明:投保了机动车第三者责任保险或车上人员责任保险的机动车,可投保本附加险。

图 3-18　机动车增值服务特约条款

11. 机动车增值服务特约条款

为了给消费者提供更好的便捷服务,在附加险方面,制定了机动车增值服务特约条款(图 3-18)。

本特约条款包括道路救援服务特约条款、车辆安全检测特约条款、代为驾驶服务特约条款、代为送检服务特约条款 4 个独立的特约条款。

说明:①投保人可以选择投保全部特约条款,也可以选择投保其中部分特约条款;②保险人依照保险合同的约定,按照承保特约条款分别提供增值服务;③投保了机动车保险后,可投保本特约条款。

1)道路救援服务特约条款

(1)服务范围。

保险期间内,被保险机动车在使用过程中发生故障而丧失行驶能力时,保险人或其受托人根据被保险人请求,向被保险人提供以下道路救援服务(图 3-19):

①单程 50km 以内拖车;

②送油、送水、送防冻液、搭电;

③轮胎充气、更换轮胎;

④车辆脱离困境所需的拖拽、吊车服务。

图 3-19　道路救援服务特约条款

(2)责任免除。

①根据所在地法律法规、行政管理部门的规定,无法开展相关服务项目的情形;

②送油、更换轮胎等服务过程中产生的油料、防冻液、配件、辅料等材料费用;

③被保险人或驾驶人的故意行为。

（3）责任限额。

保险期间内，保险人提供 2 次免费服务。超出 2 次的，由投保人和保险人在签订保险合同时协商确定，分为 5 次、10 次、15 次、20 次 4 档。

2）车辆安全检测特约条款

（1）服务范围。

保险期间内，为保障车辆安全运行，保险人或其受托人根据被保险人请求，为被保险机动车提供车辆安全检测服务，车辆安全检测项目包括：

①发动机检测（机油、空气滤芯、燃油、冷却等）；

②变速器检测；

③转向系统检测（含车轮定位测试、轮胎动平衡测试）；

④底盘检测；

⑤轮胎检测；

⑥汽车玻璃检测；

⑦汽车电子系统检测（全车电控电器系统检测）；

⑧车内环境检测；

⑨蓄电池检测；

⑩车辆综合安全检测。

（2）责任免除。

①检测中发现的问题部件的更换、维修费用；

②洗车、打蜡等常规保养费用；

③车辆运输费用。

（3）责任限额。

保险期间内，本特约条款的检测项目及服务次数的上限由投保人和保险人在签订保险合同时协商确定。

3）代为驾驶服务特约条款

大多数交通事故的发生，都是驾驶人的驾驶行为不当导致的。所以，在驾驶人不符合驾驶条件的情况下，应当避免驾驶机动车，以保证交通安全。适时呼叫代驾服务，匹配高素质代驾人员，可以使出行安全更有保障。

（1）服务范围：保险期间内，保险人或其受托人根据被保险人请求，在被保险人或其允许的驾驶人因饮酒、服用药物等原因无法驾驶或存在重大安全驾驶隐患时提供单程 30km 以内的短途代驾服务。

（2）责任免除：根据所在地法律法规、行政管理部门的要求，无法开展相关服务项目的情形。

（3）责任限额：保险期间内，本特约条款的服务次数上限由投保人和保险人在签订保险合同时协商确定。

4）代为送检服务特约条款

车辆年检目的在于检查车辆主要技术状况，督促加强车辆的维护保养，使车辆经常处于完好状态，确保车辆行驶安全。车辆年检也可以防止一些违法行为的发生，如：确保车辆没有被非法改装过、杜绝一些"带病上路"的情况发生，避免给车主自身以及道路上其他车辆和行人带来安全隐患。

（1）服务范围。

保险期间内，按照《中华人民共和国道路交通安全法实施条例》，被保险机动车需要由机动车安全技术检验机构实施安全技术检验时，根据被保险人请求，由保险人或其受托人代替车辆所有人进行车辆送检。

（2）责任免除。

①根据所在地法律法规、行政管理部门的要求，无法开展相关服务项目的情形；

②车辆检验费用及罚款；

③维修费用。

三、综合实训

请将以下附加险与对应的主险连起来。

车辆损失险附加险   绝对免赔率特约条款

           车轮单独损失险

           新增设备损失险

           车身划痕损失险

           修理期间费用补偿险

车上人员责任险   发动机进水损坏除外特约条款

           车上货物责任险

           精神损害抚慰金责任险

第三者责任险附加险   法定节假日限额翻倍险

           医保外用药医疗费用责任险

           机动车增值服务特约条款

四、考核评价

考核评价见表3-14。

考 核 评 价 表　　　　　　　　　表3-14

项目名称： 课题名称：	班级： 姓名：	日期： 页码：
(1)投保了精神损害抚慰金责任险的被保险车从孕妇身旁急驰驶过,使孕妇受到惊吓,保险公司是否应赔偿? (2)车损险的附加险有哪些?		
考核评价： 　　　　　　　　　　　　　　　　　签字：		

项目四　汽车保险合同的签订

✏️ **项目描述**

　　如今,汽车已经越来越多地进入到寻常百姓的家庭,汽车保险也就随之与人们息息相关。作为投保人和保险人之间约定相互权利和义务关系的协议,汽车保险合同的签订在汽车保险中起着至关重要的作用。当事人双方是否能够充分地理解和认知各自拥有的权利和需要承担的义务,直接关系到双方各自的切身利益。汽车保险事故理赔纠纷多集中在保险人和投保人或被保险人是否有责任及责任大小、保险合同是否成立与生效以及保险人是否承担责任和承担多少责任等问题上。因此,明确汽车保险合同的主、客体,充分理解保险合同的主要内容,具有十分重要的意义。

📚 **项目要求**

　　1.知识目标

　　能解释汽车保险合同的主体、客体,正确理解和把握保险合同的基本条款。

　　2.技能目标

　　正确描述汽车保险合同的签订流程,熟知投保人和保险人各自应尽的义务。

　　3.素养目标

　　培养汽车保险合同的认知能力,熟悉合同的签订、变更、解除、终止等业务流程。

⏺️ **建议课时**

　　10 学时。

课题一　汽车保险合同的认知

如今,当人们购买完汽车后,第一件事情可能就是去为爱车购买汽车保险,为爱车和自己提供一份保障和安全。而汽车保险合同是由保险人预先拟制好的一种格式合同,其对保险条款已经做了充分研讨,对保险条款已经充分理解。但是投保人相对保险人来说,对合同的理解和把握就处于劣势地位。因此,投保人或者被保险人对保险合同的认知就显得尤为重要。

一、汽车保险合同的概念和特点

《保险法》第10条规定:保险合同是投保人与保险人约定保险权利和义务关系的协议。投保人是指与保险人订立保险合同,并按照保险合同负有支付保险费义务的人。保险人是指与投保人订立保险合同,并承担赔偿或给付保险金责任的保险公司。

1.汽车保险合同的概念

汽车保险合同是指投保人以机动车为保险标的,保险人按照约定,对被保险人因自然灾害、意外事故而遭受的经济损失或者依法应承担的民事责任负赔偿责任,而由投保人交付保险费的合同。

2.汽车保险合同的特点

汽车保险合同除了具有一般保险合同的特点外,还有其自身的特点。汽车保险合同特点如图4-1所示。

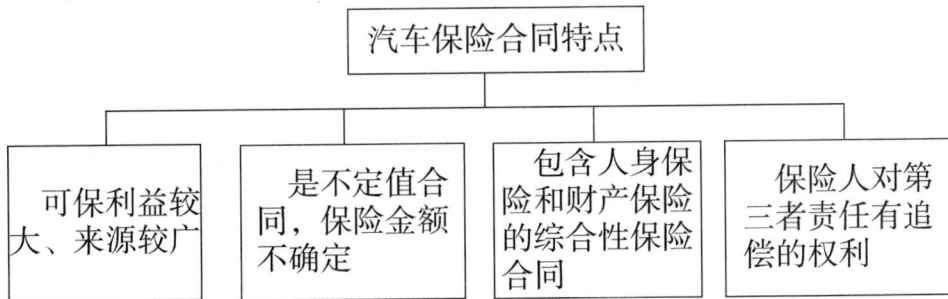

```
              汽车保险合同特点
   ┌────────┬────────┬────────┬────────┐
 可保利益较   是不定值合   包含人身保   保险人对第
 大、来源较广  同,保险金额  险和财产保   三者责任有追
            不确定     险的综合性保  偿的权利
                     险合同
```

图4-1　汽车保险合同特点

(1)汽车保险合同的可保利益较大,来源较广。

对于汽车保险,不仅被保险人使用保险时拥有保险利益,对于被保险人允许的合格驾驶人使用保险车辆,也有保险利益。

图4-2　汽车保险合同不定值可协商额,属于补偿性合同。

（2）汽车保险合同属于不定值保险合同（图4-2）。

其保险金额的确定方法不同。在汽车保险合同中,车辆损失的保险金额可以按照投保时保险标的的实际价值确定,也可以由投保人或被保险人与保险人协商确定,并将投保金额作为保险补偿的最高限定。

例如:汽车损失险的保险金额主要按照投保时车辆的购置价格确定,也可以按照投保时车辆的实际价值来确定,或者由保险人与投保人或被保险人协商确定,车辆的保险金额为车险的最高赔偿金额。

又如:第三者责任险的保险金额分为几个档次,投保人或被保险人根据自身状况与保险人协商确定投保限额,并将投保限额作为保险人赔偿的最大金额。因此,汽车保险中的第三者责任险具有给付性质,其保险金额的确定具有不确定性。

（3）汽车保险合同是包含有财产保险和人身保险的综合性保险合同（图4-3、图4-4）。

图4-3　事故发生后的人身赔偿　图4-4　事故发生后的财产赔偿

我国汽车保险的保险标的可以是汽车本身,还可以是事故发生后被保险人对他人依法应负的民事赔偿责任。

（4）保险人对第三者责任有追偿的权利（图4-5）。

如果被保险人的损失是由第三者造成的,保险人赔偿了被保险人的损失后,被保险人应将向第三者追偿的权利转让给保险人。保险人依法享有对第三者追偿的权利,但保险人的追偿权限为赔偿给被保险人的金额。如果保险人的追偿金额超过赔偿金额,则超过部分应还给被保险人。如果被保险人在未取得保险人的同意的情况下,放弃向第三者追偿的权利,那么保险人有权拒绝被保险人的赔偿请求。

图4-5　保险公司拒赔(被保险人放弃向第三者追偿的权利)

做一做

保险人在支付了5 000元的保险赔款后,向有责任的第三方追偿,追偿款为6 000元,则(　　　)。

A.6 000元全部退还给被保险人

B.将1 000元退还给被保险人

C.6 000元全归保险人

D.多余的1 000元在保险双方之间分摊

二、汽车保险合同的主体及客体

1.汽车保险合同的主体

汽车保险合同的主体如图4-6所示。保险合同的主体是指具有权利能力和行为能力的保险关系双方,包括保险合同的当事人和关系人。

当事人是指参加车辆保险合同法律关系、享受权利、承担义务的人,包括投保人和保险人。

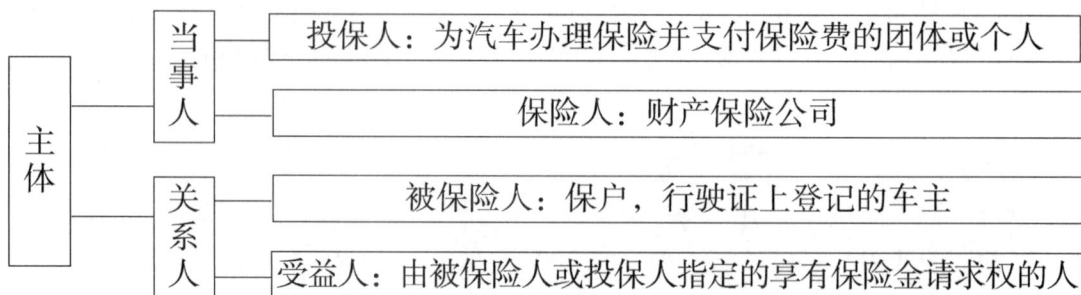

图4-6　汽车保险合同的主体

投保人一般情况下是指汽车的所有者或使用者。当然,投保人不一定是车主本人。

保险人是指与投保人订立汽车保险合同,对于合同约定的可能发生的事故因其发生造成汽车本身损失及其他损失承担赔偿责任的财产保险公司。如图4-7所示是一些保险公司的标志(LOGO)。保险人有权决定是否承保,有权要求投保人履行如实告知义务,有权代位追偿、处理赔偿后损余物资,同时也有按规定及时赔偿的义务。

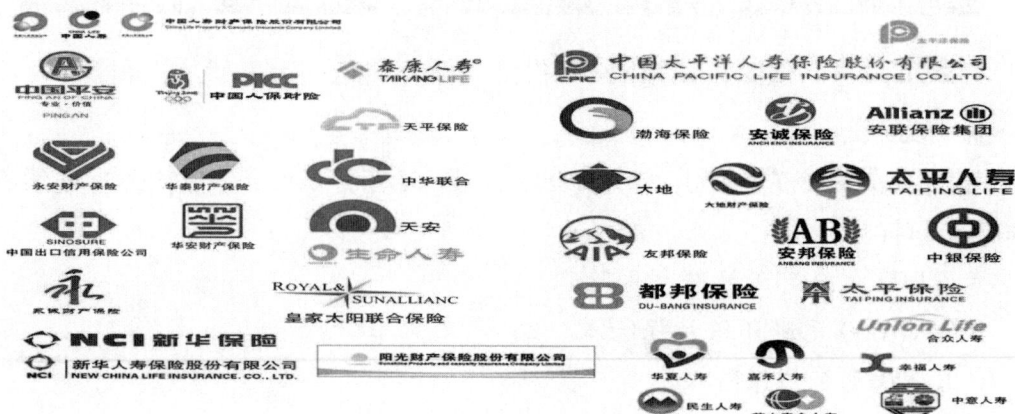

图4-7　保险公司的 LOGO

关系人是指与保险合同发生间接关系的人,包括被保险人和受益人。被保险人是其财产或人身受保险合同保障,享有保险金请求权的人。受益人是由被保险人或投保人指定的享有保险金请求的人。投保人、被保险人可以为受益人。如果投保人或被保险人未指定受益人,则他的法定继承人即为受益人。

汽车保险合同主体中投保人和保险人的关系见表4-1。

投保人和被保险人的关系　　　　　　表 4-1

关系形式	关系内容
相等关系	投保人以自己的汽车投保,投保人同时也就是被保险人
不等关系	投保人以他人的汽车投保,投保人与被保险人分属两者。被保险人是保险事故发生而遭受损失的人,具有请求赔偿的权利,而投保人则没有

2.汽车保险合同的客体

汽车保险合同的客体是指汽车保险利益。汽车保险利益是指投保人对投保车辆所具有的实际或法律上的利益。如果该种利益丧失,将使之蒙受经济损失。汽车保险利益具体表现在财产利益、收益利益、责任利益与费用利益 4 个方面,见表 4-2。

汽车保险利益和内涵　　　　　　表 4-2

表现形式	包括内容
财产利益	所有利益、占有利益、抵押利益、留置利益、担保利益、债权利益
收益利益	期待利益、营运收入利益、租金利益
责任利益	机动汽车的民事损害赔偿责任利益
费用利益	施救费用利益、救助费用利益

三、汽车保险合同的形式

汽车保险合同的形式主要有 5 种,见表 4-3。

汽车保险合同的形式　　　　　　表 4-3

合同形式	概　念
投保单	投保人向保险人申请订立保险合同的书面文件
保险单	保险人和投保人之间订立保险合同的正式书面形式
保险凭证	保险人签发给投保人来证明保险合同已经订立的书面文件。保险凭证是一种简化的保险单,与保险单具有同等的法律效力

续上表

合同形式	概　念
暂保单	又叫作"临时保险书",它是保险人或保险代理人向投保人出具保险单或保险凭证之前签发的临时保险凭证。暂保单的有效期限只有30d,一旦保险单或保险凭证出具,暂保单自动失效。在保险单出具前,保险人也可终止暂保单,但保险人必须提前通知被保险人
批单	保险人为了变更保险合同的内容而出立的补充书面证明。它具有和保险单同等的法律效力,并且批单的法律效力要优于原保险单的同类条款

四、汽车保险合同的主要内容

汽车保险合同的内容主要用来规定保险当事双方所享有的权利和承担的义务。它通过保险条款的形式使权利和义务具体化,包括基本条款和特约条款。汽车保险合同的主要内容见表4-4。

汽车保险合同的主要内容　　　　　　　　　　　表4-4

项　目		内　容
基本条款	名称和地址	保险人、投保人和被保险人的名称和地址
	保险标的	一般包括:汽车、电车、电瓶车、各种专用机械车、特种车等
	保险责任	保险人承担经济赔偿责任的风险事故范围,通过列名的方式在保险合同中加以明确
	责任免除	保险人不予承担的风险项目,责任免除范围的风险事故造成的损失不予赔偿,通过列明的方式在保险合同中加以明确
	保险金额	保险人履行赔偿责任的最高限额
	保险费	投保人向保险人支付的价金,与其所需要保障的保险责任相适应
	保险费率	每一单位保险金额的保险费计收标准,常用"%"表示

续上表

项　目		内　容
基本条款	保险期限	保险人与投保人约定的保险合同的有效时间界限,常用自然时间界限
	损失赔偿	被保险人在索赔时应具备的索赔资格和保险人的赔偿处理方法。投保人提出索赔请求的具体要求:一要保险单、证的有效和完整;二是保险金请求权的有效与合法;三是保险标的的原始资料与损失发生过程的记录资料齐全
	争议处理	主要有协商处理、仲裁处理和诉讼处理3种
特约条款		投保人和保险人在基本条款规定的保险合同事项外,就与保险有关的其他事项作出的约定,是附加特约条款。一般有两种情况:一种是扩大或限制保险责任;另一种是约束投保人或保险人的行为

在损失赔偿中,保险人在受理被保险人的索赔请求后,应先审查被保险人的索赔资格,然后根据保险合同规定的条件和保险公司受理索赔案件的内部工作程序进行业务处理。赔偿的处理方式有3种,见表4-5。

保险赔偿的处理方式　　　　　　　　　　表4-5

处　理　方　式	赔　偿　内　容
货币方式	转账或支付现金,如第三者责任险
修复方式	对损失的保险标的进行修复,如车损险
置换方式	更换受损标的,如车辆损失险

在实际工作中,保险人的赔偿处理方式通常在保险合同中列明,或由保险人决定赔偿处理方式。

五、综合实训

(1)汽车保险合同的基本条款都有哪些?

(2)汽车保险合同的主体指什么?

(3)汽车保险合同的客体指什么?

（4）保险赔偿的处理方式都有哪些？

（5）汽车保险合同有哪些形式？

六、考核评价

考核评价见表4-6。

考核评价表　　　　　　　　　　　　　表4-6

项目名称：	班级：	日期：
课题名称：	姓名：	页码：

案例：

张某与刘某各出资5万元共同购买一辆大货车。两人约定，张某负责货车驾驶，刘某负责联系业务，所得利润按双方出资比例分配。后张某通过某保险公司业务员赵某投保了车损险和第三者责任险。2010年，张某驾驶的货车与他人的车辆发生碰撞，货车发生部分毁损，张某和刘某一起向某保险公司提出索赔。请问本案中投保人是谁，保险标的是什么？保险合同中的客体是什么？谁有权利要求保险公司赔偿？

考核评价：

签字：

课题二　　汽车保险合同的一般性法律规定

一、汽车保险合同的订立

汽车保险合同是投保人与保险人约定保险权利与义务关系的协议。汽车保险合同的订立应当遵循公平互利、双方自愿、协商一致的原则，不得损害社会公共利益（图4-8）。除法律、行政法规规定必须投保的以外，保险公司和其他单位不得强制他人订立保险合同。

商业汽车保险合同的订立和其他商业合同一样，采取要约与承诺的方式订立。汽车保险合同的订立过程如图4-9所示。

在初次订立汽车保险合同的过程中(图4-10),通常由投保人提出要约申请,投保人的要约必须采取书面形式即填写保险投保单,投保人填写投保单是汽车保险合同订立的一个必经程序。保险人在接到投保人的要约申请后,如果赞同,则签发正式的保险合同。如果保险人对投保人的要约不是完全赞同,而是有修改、部分或者有条件地接受,则不能认为是承诺,而是拒绝原要约,提出新的要约。这时要约人是保险人,承诺人则是投保人。由此可见,汽车保险合同的订立有时候要经历一个甚至几个要约和承诺的循环才能够完成。

图4-8 汽车保险合同的订立原则

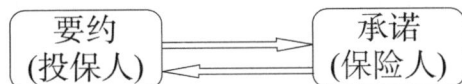

要约
(投保人) → 承诺
(保险人)

图4-9 汽车保险合同订立的程序

图4-10 订立汽车保险合同

注意: 汽车保险合同上约定的时间期限就是保险期间。保险责任开始时间,一般是以某年某月某日某时表示。例如,汽车保险合同约定2019年12月28日开始生效,按惯例,其保险责任开始时间是2019年12月28日零点。

二、汽车保险合同的履行

1.投保人义务的履行(表4-7)

投保人义务内容及须承担的法律责任　　　　表4-7

投保人义务内容	投保人未履行义务须承担的法律责任
缴纳保险费	保险人可以中止甚至终止保险合同,也可以拒绝承担保险责任
维护保险标的安全	保险人有权要求增加保险费或解除合同

续上表

投保人义务内容	投保人未履行义务须承担的法律责任
将保险标的危险增加通知保险人	因保险标的的危险程度增加而发生的保险事故,保险人不承担赔偿责任
出险通知	超过出险通知期限,保险人不承担扩大部分的保险责任,甚至可拒绝承担保险责任
积极施救	因不积极施救而扩大的保险标的的损失,保险人有权拒绝承担赔付责任

2. 保险人义务的履行

履行赔付保险金义务是保险人在保险合同中最基本的义务,也是保险最基本的目的(图 4-11)。投保人支付保险费,向保险人购买保险,目的就是一旦保险事故发生,被保险人或受益人可从保险人那里获得保险费的赔偿。

承担在施救过程中的费用及其他费用是保险人必须履行的义务。这些费用一般包括:施救过程中的费用、保险事故发生后支出的费用、核定事故性质和评估保险标的损失的费用、仲裁或诉讼等其他费用。

保险人的义务如图 4-12 所示。

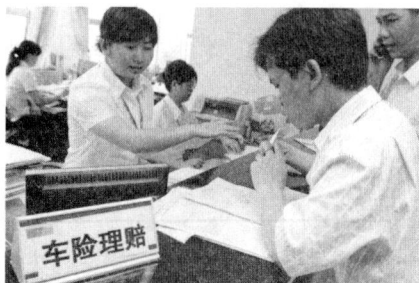

图 4-11　保险人义务的履行

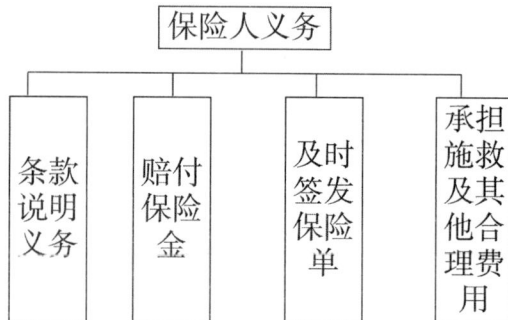

图 4-12　保险人的义务

三、汽车保险合同的变更

保险合同的变更是指在保险合同有效期内,投保人和保险人通过协商,在不违反有关法律、法规的情况下,变更保险合同的内容。

注意:《保险法》(2014 年版)中第 20 条规定,投保人和保险人可以协商变更合同内容。变更保险合同的,应当由保险人在原保险单或者其他保险凭证上批注或者附贴批单,或者由投保人和保险人订立变更的书面协议。

1. 变更事项及内容

汽车保险合同的变更事项主要包括表4-8中的内容。

汽车保险合同变更事项及内容　　　　表4-8

变更事项	变 更 内 容
保险人	一般情况下不可能,除非出现保险人破产、合并、分立、被责令停业、被撤销保险业经营许可等情况时
被保险人	当保险车辆被转卖、转让、赠送他人时,经保险人同意继续承保后,可以依法变更合同。如不办理变更手续,保险公司有权拒绝赔偿
危险程度	保险标的危险程度增加的,被保险人按照合同约定应当及时通知保险人,保险人有权要求增加保险费或者解除合同
投保车辆	增、减
约定驾驶人员	增、减或变更
保险金额	调整金额
保险责任	如果投保人或被保险人有变更保险责任条款的需要,经过双方协商,可以约定变更
保险种类	增、减或变更
保险期限	提前终止合同

2. 变更的流程

具体变更流程如图4-13所示。

想一想

王女士的汽车转让给了刘先生,双方办理了汽车过户手续,但是都没有到保险公司办理汽车保险合同的变更。不久,刘先生的车与一辆货车相撞,刘先生向保险公司提出了索赔。你认为刘先生能得到保险公司的赔偿吗?

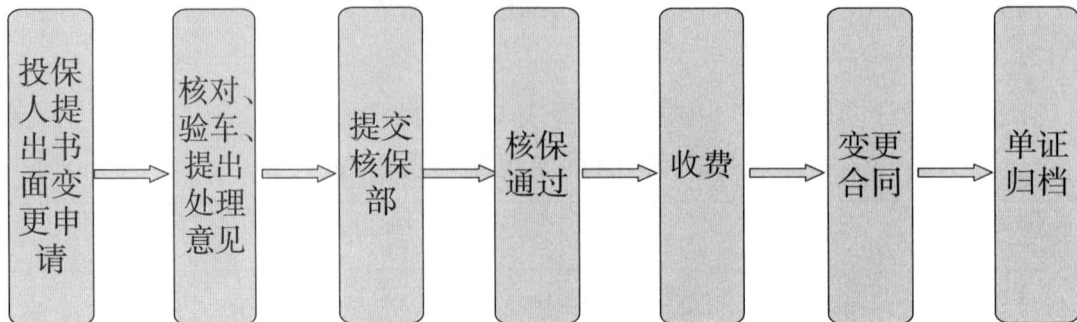

图 4-13　汽车保险合同变更流程图

四、汽车保险合同的解除

保险合同的解除是指在保险合同有效期限内,当事人双方依法或根据保险合同的约定解除保险合同的行为。

1.汽车保险合同的解除情况

汽车保险合同的解除分为投保人解除和保险人解除两类,见表4-9。

汽车保险合同的解除　　　　　　　　　　　　　表4-9

解除人	可以解除的情况
投保人	只要不是《保险法》规定的不得解除的合同,投保人在合同有效期内可以随时解除保险合同
保险人 (不得随意 解除合同)	投保人故意不履行如实告知义务,保险人不承担赔偿责任并不退还保险费;投保人过失未履行如实告知义务,保险人不承担赔偿责任但可以退还保险费
	被保险人或受益人谎称发生保险事故,并提出索赔要求进行骗保
	投保方故意制造保险事故,不管是否提出索赔请求,保险人都可解除合同
	投保方不履行安全责任,保险人有权要求增加保险费,甚至可以解除合同
	保险标的危险程度增加不大,保险人可以默认或增加保费;保险标的危险程度增加太大,保险人可以解除合同
	被保险人年龄不实,且超过年龄限制

注意:(1)《保险法》第五十条规定,货物运输保险合同和运输工具航程保险合同,保险责任开始后,合同当事人不得解除合同。

(2)骗保要满足两个条件:一是谎称发生了保险事故;二是提出了索赔。这两个条件缺一不可,否则保险人不得解除保险合同。如果投保人谎称发生了保险事故,但最后没有提出赔偿,就不能认定是骗保行为。

2. 汽车保险合同解除的程序

汽车保险合同解除的程序如图4-14所示。

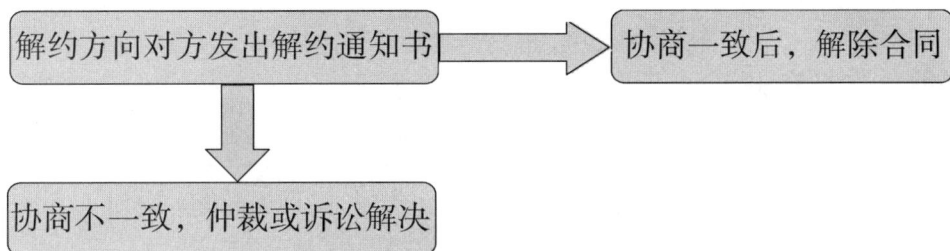

解约方向对方发出解约通知书 ➡ 协商一致后,解除合同

⬇

协商不一致,仲裁或诉讼解决

图4-14 解除汽车保险合同程序

五、汽车保险合同的终止

保险合同的终止是指保险合同双方当事人消灭保险合同确定的权利和义务的行为。当合同终止后,保险合同的法律效力也就终止了,当事人双方失去其享有的权利,当然也不用履行其应承担的责任。

汽车保险合同的终止的种类见表4-10。

汽车保险合同终止的种类　　　　　　　　　　　　表4-10

终止种类	合同终止发生的条件
自然终止	保险期满
义务履行而终止	保险人的赔偿金额达到保险金额
当事人行使终止权而终止	保险标的发生部分受损,在保险人赔偿后30日内,投保人可以终止合同;保险人也可以终止合同,但应当提前15日通知投保人,并将保险标的未受损失部分的保险费,扣除自保险责任开始之日起至终止合同之日止期间的应收部分后,退还投保人
解除合同而终止	提前终止合同,双方当事人失去保险合同约定的权利和义务

六、综合实训

(1)汽车保险变更流程是什么?

(2)投保人需要履行哪些义务?

(3)保险人需要履行哪些义务?

(4)投保人进行骗保,保险公司应该如何应对和处理?

七、考核评价

考核评价见表4-11。

考核评价表　　　　　　　　　　　　表4-11

项目名称: 课题名称:	班级: 姓名:	日期: 页码:

案例:

　　李某2019年买了一辆大货车,进行货物运输,并与保险公司签订了机动车保险合同,投保险种为车辆损失险、第三者责任险等。在保险期限内,李某驾驶所投保的车辆发生重大交通事故,赔偿被害人12万余元。该投保车辆核定载质量为10t,发生事故时,该车却载质量至48t。主管部门依据《道路交通事故处理办法》给出交通事故责任认定书,认定驾驶员因违章超载制动失效,造成事故,负全部责任。事后,李某依据机动车保险合同向保险公司索赔,保险公司认为被保险人李某未履行通知义务,所以拒赔。李某诉至法院,要求保险公司承担赔偿责任。您认为保险公司是否应该赔偿李某?理由是什么?

考核评价:

签字:

项目五　汽车保险的投保与承保实务

课 题 一　汽车保险投保实务

一、汽车投保的含义及方式

　　投保是投保人向保险人表达缔结保险合同的意愿。因保险合同的要约一般要求为书面形式,所以机动车保险的投保需要填写投保单。

汽车投保的方式如图 5-1 所示。

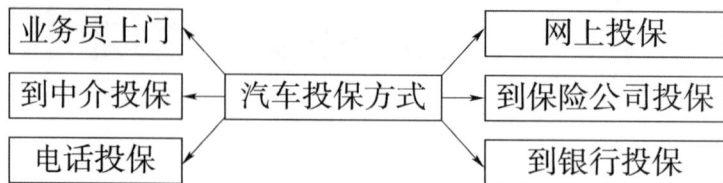

图 5-1　汽车投保的方式

二、汽车投保的步骤

汽车投保步骤如图 5-2 所示。

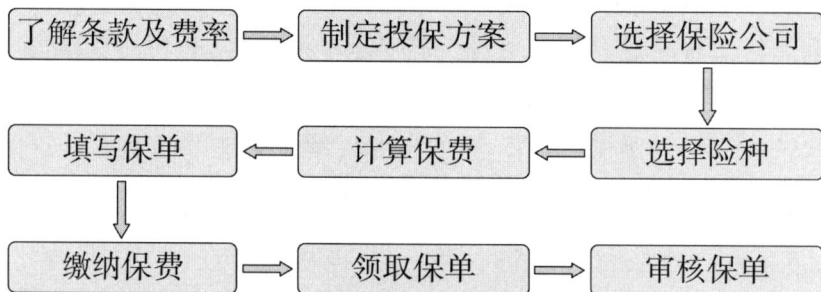

图 5-2　汽车投保的步骤

三、汽车投保的险种分析

汽车投保的险种分析见表 5-1。

汽车投保的险种分析　　　　　　　　　　　表 5-1

类别	险　　　种	保　障　对　象	保险责任范围
主险	交强险	道路交通事故中受害人(不包括本车人员和保险人)的人身、财产	在中华人民共和国境内(不含港澳台地区),被保险人在使用被保险机动车过程中发生交通事故,致使受害人遭受人身伤亡或者财产损失,依法应当由被保险人承担的损害赔偿责任,保险人按照交强险合同的约定对每次事故在赔偿限额内负责赔偿。 国家强制性保险,所有机动车辆必须投保

续上表

类别	险种	保障对象	保险责任范围
主险	车损险	被保险机动车本身的损失、合理施救费用	保险期间内,被保险人或被保险机动车驾驶人在使用被保险机动车过程中,因自然灾害、意外事故造成被保险机动车直接损失,被保险机动车被盗窃、抢劫、抢夺,经出险地县级以上公安刑侦部门立案证明,满60d未查明下落的全车损失,以及因被盗窃、抢劫、抢夺受到损坏造成的直接损失,且不属于免除保险人责任的范围,保险人依照本保险合同的约定负责赔偿。 发生保险事故时,被保险人或驾驶人为防止或者减少被保险机动车的损失所支付的必要的、合理的施救费用,由保险人承担;施救费用数额在被保险机动车损失赔偿金额以外另行计算,最高不超过保险金额。 建议投保
	商业第三者责任险	车下的第三者的人身、财产	保险期间内,被保险人或其允许的驾驶人在使用被保险机动车过程中发生意外事故,致使第三者遭受人身伤亡或财产直接损毁,依法应当对第三者承担的损害赔偿责任,且不属于免除保险人责任的范围,保险人依照本保险合同的约定,对于超过机动车交通事故责任强制保险各分项赔偿限额的部分负责赔偿。保险人依据被保险机动车一方在事故中所负的事故责任比例,承担相应的赔偿责任。 建议所有车辆投保

类别	险　　种	保障对象	保险责任范围
主险	车上人员责任险	被保险机动车车上人员	保险期间内,被保险人或其允许的驾驶人在使用被保险机动车过程中发生意外事故,致使车上人员遭受人身伤亡,且不属于免除保险人责任的范围,依法应当对车上人员承担的损害赔偿责任,保险人依照本保险合同的约定负责赔偿。 保险人依据被保险机动车一方在事故中所负的事故责任比例,承担相应的赔偿责任。 以下情况最好投保:驾驶人及乘客不固定的车辆、商务车或经常有人搭顺风车的车辆
附加险	绝对免赔率特约条款	投保人的保费	被保险机动车发生主险约定的保险事故,保险人按照主险的约定计算赔款后,扣减本特约条款约定的免赔额。 所有主险的附加险。出险时少拿赔款来减少保费。不建议投保
	车轮单独损失险	被保险机动车车轮(包括轮胎、轮毂、轮毂罩)	保险期间内,被保险人或被保险机动车驾驶人在使用被保险机动车过程中,因自然灾害、意外事故,导致被保险机动车未发生其他部位的损失,仅有车轮(含轮胎、轮毂、轮毂罩)单独的直接损失,且不属于免除保险人责任的范围,保险人依照本附加险合同的约定负责赔偿。 车损险的附加险。实用性不大,不建议投保

类别	险　　种	保障对象	保险责任范围
附加险	新增加设备损失险	被保险机动车上的新增加设备	保险期间内,投保了本附加险的被保险机动车因发生机动车损失保险责任范围内的事故,造成车上新增加设备的直接损毁,保险人在保险单载明的本附加险的保险金额内,按照实际损失计算赔偿。 车损险的附加险。若车上有新增设备且价格较高,可投保
	车身划痕险	被保险机动车的车身表面	保险期间内,被保险机动车在被保险人或被保险机动车驾驶人使用过程中,发生无明显碰撞痕迹的车身划痕损失,保险人按照保险合同约定负责赔偿。 车损险的附加险。除非是豪车,否则没必要投保
	修理期间费用补偿险	被保险机动车的车身	保险期间内,投保了本条款的机动车在使用过程中,发生机动车损失保险责任范围内的事故,造成车身损毁,致使被保险机动车停驶,保险人按保险合同约定,在保险金额内向被保险人补偿修理期间费用,作为代步车费用或弥补停驶损失。 车损险的附加险。适于营运车辆投保

类别	险　　种	保障对象	保险责任范围
附加险	发动机进水损坏除外特约条款	投保人的保费	保险期间内,投保了本附加险的被保险机动车在使用过程中,因发动机进水后导致的发动机的直接损毁,保险人不负责赔偿。 车损险的附加险,通过减少保障来减少保费。地域性强,南方多雨地可投保
	车上货物损失险	被保险营业货车(含挂车)上的货物	保险期间内,发生意外事故致使被保险机动车所载货物遭受直接损毁,依法应由被保险人承担的损害赔偿责任,保险人负责赔偿。 商业第三者险附加险,适用于营业车辆(含挂车),可投保
	精神损害抚慰金责任险	第三者或被保险机动车车上人员	保险期间内,被保险人或其允许的驾驶人在使用被保险机动车的过程中,发生投保的主险约定的保险责任内的事故,造成第三者或车上人员的人身伤亡,受害人据此提出精神损害赔偿请求,保险人依据法院判决及保险合同约定,对应由被保险人或被保险机动车驾驶人支付的精神损害抚慰金,在扣除机动车交通事故责任强制保险应当支付的赔款后,在本保险赔偿限额内负责赔偿。 商业第三者责任险附加险或车上人员责任险附加险。不建议投保

续上表

类别	险种	保障对象	保险责任范围
附加险	法定节假日限额翻倍险	保险事故中的车下的第三者	保险期间内,被保险人或其允许的驾驶人在法定节假日期间使用被保险机动车发生机动车第三者责任保险范围内的事故,并经公安部门或保险人查勘确认的,被保险机动车第三者责任保险所适用的责任限额在保险单载明的基础上增加一倍。 商业第三者责任险附加险,适用家庭自用汽车,可投保
	医保外用药医疗费用责任险	第三者或被保险机动车车上人员	保险期间内,被保险人或其允许的驾驶人在使用被保险机动车的过程中,发生主险保险事故,对于被保险人依照中华人民共和国法律(不含港澳台地区法律)应对第三者或车上人员承担的医疗费用,保险人对超出《道路交通事故受伤人员临床诊疗指南》和国家基本医疗保险同类医疗费用标准的部分负责赔偿。 商业第三者责任险附加险或车上人员责任险附加险,可投保
	机动车增值服务特约条款	被保险人及其允许的驾驶人、被保险机动车	本特约条款包括道路救援服务特约条款、车辆安全检测特约条款、代为驾驶服务特约条款、代为送检服务特约条款共4个独立的特约条款,投保人可以选择投保全部特约条款,也可以选择投保其中部分特约条款。保险人依照保险合同的约定,按照承保特约条款分别提供增值服务。 所有机动车的保险均可

注意:①汽车保险合同中,保险公司是第一者,投保人或被保险人是第二者,遭受人身伤害或财产损失的受害人为第三者,商业第三者责任险,简称"商三险";②私家车买"驾乘人员意外险"或"人身意外伤害险"性价比高,10元可保1万元,而且24h覆盖,要比购买"车上人员责任险"更为合算;③交强险赔偿限额有20万元,其中死亡伤残赔偿限额18万元,医疗费用赔偿限额是1.8万元,财产损失赔偿限额2000元,这在稍严重一些的事故中显然是不够用的,事故中严重的人身死亡等极端情况毕竟是少数,一般都是撞伤了人,需要花费医疗费,所以,认为购买交强险后就不必再购买商三险是一种认识上的误区。

四、投保单的填写

投保人购买汽车保险,首先要提出投保申请,即填写投保单,交给汽车保险人。投保单是投保人向汽车保险人申请订立汽车保险合同的依据,也是汽车保险人签发保单的依据。

1. 投保单的基本内容

投保单的基本内容有:投保人的名称、车辆厂牌型号、车辆种类、车牌号码、发动机号码及车架号、使用性质、吨位或座位、行驶证、初次登记年月、汽车保险价值、车辆损失险、汽车保险金额的确定方式、第三者责任险赔偿限额、附加险的汽车保险金额或汽车保险限额、车辆总数、汽车保险期限、联系方式、特别约定、投保人签章。汽车保险的投保单应在保险公司业务人员的指导下填写。填写时,要字迹清楚,如有更改,需要在更正处签章。表5-2是×××财产保险公司机动车保险的投保单。

说明:2020年9月19日全国实行了车险费率改革方案后,汽车商业保险主险是机动车损失险、商业第三者责任险、车上人员责任险。其中,机动车损失险涵盖了原来的机动车损失、全车盗抢、自燃、玻璃单独破碎、发动机涉水、无法找到第三方、不计免赔率共7项。附加险是绝对免赔率特约条款、车轮单独损失险、新增加设备损失险、车身划痕损失险、修理期间费用补偿险、发动机进水损坏除外特约条款、精神损害抚慰金责任险、法定节假日限额翻倍险、医保外用药医疗费用责任险、机动车增值服务特约条款共11项附加险,保险单中应体现。另外,近些年的各公司的保险单上有公司官方微信二维码和验真码。

某财产保险公司机动车保险的投保单

表 5-2

投保人	投保人名称/姓名		投保机动车数	_____ 辆
	联系人姓名	固定电话	移动电话	
	投保人住所		邮政编码	□□□□□□
	□自然人姓名:	身份证号码 □□□□□□□□□□□□□□□□□□		
	□法人或其他组织名称:	组织机构代码 □□□□□□□□		
被保险人	被保险人单位性质	□党政机关、团体　□事业单位　□军队（武警）　□使（领）馆　□个体、私营企业　□其他 □企业　□其他		
	联系人姓名	固定电话	移动电话	
	被保险人住所		邮政编码	□□□□□□
	被保险人与车辆的关系	□所有　□使用　□管理	车主：	
投保车辆情况	号牌号码		号牌底色	□黑　□白　□黄　□蓝　□白蓝　□其他颜色
	厂牌型号		发动机号	
	VIN 码 □□□□□□□□□□□□□□□□□		车架号	
	核定载客 _____ 人	核定载质量 _____ kg	排量/功率 _____ L/kW	

汽车保险与理赔(第2版)

续上表

投保车辆情况		
初次登记日期	年　月	已使用年限　　年　　年平均行驶里程　　km
车身颜色		□黑色 □白色 □红色 □灰色 □黄色 □蓝色 □绿色 □紫色 □粉色 □棕色 □其他色
机动车种类		□客车 □货车 □客货两用车 □挂车 □摩托车（不含侧三轮） □侧三轮 □运输拖拉机 □特种车 □低速载货汽车 □农用拖拉机 □运输拖拉机：请填写用途
机动使用性质		□家庭自用 □非营业用（不含家庭自用） □出租/租赁 □城市公交 □公路客运 □旅游客运 □营业性货运
上年是否在本公司投保商业机动车保险		□是 □否
行驶区域	□省内行驶 □固定行驶路线　具体路线：	□是 □否
是否为未还清贷款的车辆	□是 □否	车损险与车身划痕险 选择的汽车专修厂　□是 □否
上年赔款次数	□交强险赔款次数　　次 □商业机动车保险赔款次数　　次	
上一年度交通违法行为		□有 □无

104

续上表

投保主险条款名称			
指定驾驶人	姓名	驾驶证号码	初次领证日期
驾驶人1		□□□□□□□□□□□□	___年___月___日
驾驶人2		□□□□□□□□□□□□	___年___月___日

保险期间　___年___月___日零时起至___年___月___日二十四时止

投保险种	保险金额/责任限额/元	保险费/元
□机动车交通事故责任强制保险		
□机动车损失险:新车购置价___元		
□商业第三者责任险	□死残___人　□医疗费___人　□财产损失	
□车上人员责任险：投保人数___人　投保人数___人	___人　___人	
□附加盗抢险		
□附加玻璃单独破碎险　□国产玻璃　□进口玻璃		
□附加停止损失险:日赔偿金额___元×___天		
□附加自然损失险		
□附加火灾、爆炸、自然损失险		
□附加车身划痕损失险		
□附加新增加设备损失险		
□附加车上货物责任险		

2.投保单填写要求

投保单填写要求见表5-3。

投保单填写要求   表5-3

项　　目	填　写　要　求
投保人及被保险人	单位填写全称,要求与公章名称一致;个人填写姓名。当投保人的称谓与车辆行驶证上的称谓不符时,应在投保单特约栏填写注明
号牌号码	填写车辆管理机关核发的号牌、号码并注明底色,此号码应与车辆行驶证的号牌、号码一致,如"吉 A·C0123(蓝)"
厂牌型号	厂牌名称与车辆型号,如广州本田雅阁 HG7230
发动机及车架号	指生产商在车辆发动机上和车架上打印的号码,可根据车辆行驶证填写;对于有 VIN 号的车辆,应以 VIN 号代替车架号
车辆种类	按照车辆行驶证上注明的车辆种类填写
座位/吨位	根据车辆行驶证注明的座位和吨位填写。客车填座位,货车填吨位,客货两用车填写座位/吨位。如 BJ630 客车填"16/"、解放 CA141 货车填"/5",丰田 DYNA 客货两用车填写"5/1.75"
初次登记年月	初次登记年月是理赔时确定保险车辆实际价值的重要依据,所以应按照车辆管理部门核发的车辆行驶证上的"登记日期"填写
使用性质	根据保险机动车的使用情况,分为自用、营业与非营业三类
所属性质	根据保险机动车的所有权,分为机关、企业、个人三类

项　　目	填　写　要　求
车辆颜色	车辆颜色应与按照车辆行驶证上的车辆照片颜色一致
保险金额和赔偿限额	按照我国机动车辆保险条款的规定要求填写
车辆总数	填写投保单及其附表所列的投保车辆的总数
保险期限	保险、合同的起止时间通常为一年。投保人也可以根据实际情况选择投保短期保险,但应征得保险人同意,由双方协商确定保险期限
特别约定	对于保险合同的未尽事宜,保险人与投保人协商后,在特别约定栏目注明。约定事项应简练、清楚,约定内容不能与法律相抵触,否则约定则无效。例如,为杜绝被保险人在发生责任保险索取赔款后要求退保,可以在特别约定栏内注明"各种责任保险被保险人在保险期内获得赔款后不得中途退保"等字样
投保人签章	投保人在对投保单所填写的各项内容核对无误并对责任免除和被保险人义务明示理解后,须在"投保人签章"处签章并填写日期

五、综合实训

(1)汽车投保的步骤有哪些?

(2)汽车投保的方式有哪些?

(3)车险中主险有哪些?附加险有哪些?

六、考核评价

考核评价见表5-4。

考核评价表　　　　　　　　　　表 5-4

项目名称:	班级:	日期:
课题名称:	姓名:	页码:

(1)找一位熟悉的"有车族",然后根据他/她的信息完成表 5-2 的填写。

(2)35 岁的王小姐于 2019 年 8 月拿到了机动车驾驶证,同年 10 月花费了 9 万元买了一辆现代伊兰特新车,主要用途是自驾上下班。王小姐经济条件较好,在小区有固定停车位。请为李小姐购买汽车保险提供一些建议

考核评价:

　　　　　　　　　　　　　　　　　　　　　　签字:

课题二　汽车投保注意事项及方案的正确选择

一、汽车投保注意事项

由于各家汽车保险公司推出的汽车保险条款种类繁多,价格不同,投保人在购买汽车保险时应注意以下事项。

1. 合理选择汽车保险公司

投保人应选择具有合法资质的汽车保险公司营业机构购买汽车保险。汽车保险的售后服务与产品本身一样重要,投保人在选择汽车保险公司时,要了解各公司提供服务的内容及信誉度,以充分保障自己的利益。

2. 合理选择代理人

投保人也可以通过代理人购买汽车保险。选择代理人时,应选择具有执业资格证书、展业证及与汽车保险公司签有正式代理合同的代理人;应当了解汽车保险条款中涉及赔偿责任和权利义务的部分,防止个别代理人片面夸大产品保障功能,回避责任免除条款内容。

3. 了解汽车保险内容

投保人应当询问所要购买的汽车保险条款是否经过银保监会批准,认真了解条款内容,重点条款如汽车保险责任、除外责任和特别约定,被汽车保险人权利和义务,免赔额或免赔率的计算,申请赔偿的手续、退保和折旧等规定。此外,还应当注意汽车保险的费率是否与银保监会批准的费率一致,了解汽车保险公司的费率优惠规定和无赔款优待的规定。通常汽车保险责任比较全面的产品,汽车保险费比较高;汽车保险责任少的产品,汽车保险费较低。

4. 根据实际需要购买

投保人选择汽车保险时,应了解自身的风险和特征,根据实际情况选择个人所需的风险保障。对于汽车保险市场现有产品应进行充分了解,以便购买适合自身需要的汽车保险。

5. 购买汽车保险的其他注意事项

(1)对汽车保险重要单证的使用和保管。投保者在购买汽车保险时,应如实填写投保单上规定的各项内容,取得汽车保险单后应核对其内容是否与投保单上的有关内容完全一致。对所有的汽车保险单、汽车保险卡、批单、保费发票等有关重要凭证应妥善保管,以便在出险时能及时提供理赔依据。

(2)如实告知义务。投保者在购买汽车保险时应履行如实告知义务,对与汽车保险风险有直接关系的情况应当如实告知汽车保险公司。

(3)及时交纳汽车保险费。

(4)合同纠纷的解决方式。对于汽车保险合同产生的纠纷,消费者应当依据在购买汽车保险时与汽车保险公司的约定,以仲裁或诉讼方式解决。

(5)投诉。消费者在购买汽车保险过程中,如发现汽车保险公司或代理机构有误导或销售未经批准的汽车保险等行为,可向汽车保险监督管理部门投诉。

二、选择投保方案

要根据实际需要购买汽车保险。汽车保险是由主险与多个附加险组合而成,可以根据投保人自身的需要,对汽车险的主险或附加险选择并加以组合。在购买前,要充分评估分析自身的风险、车辆的状况,根据实际情况选择需要的风险保障。汽车保险选择的基本原则如下。

(1)交强险必须投保。交强险属于强制性保险,车辆上路不投保交强险属于违法行为。

（2）汽车第三者责任险保额要尽可能高。汽车第三者责任险是汽车商业保险中最为重要的一个主险。汽车第三者责任险和交强险一样也是用来保障交通事故中的受害人(第三者)的人身伤亡和财产损失的。虽然今年交强险提高了责任限额,但交强险只是基本的保障,用来赔偿第三者的人身伤亡和财产损失根本不够。汽车第三者责任险是对交强险的补充,保险金额的选择应视城市经济发达程度而定。车险费率改革后,国家将汽车第三者责任险的责任限额从5万元至500万元档次提高到了10万元至1 000万元档次,充分给广大投保人带来了实惠;另外,现在市面上豪车特别多,万一剐了碰了,投保了汽车第三者责任险是对自己最大的保障,多买汽车第三者责任险就是在给自己省钱。例如,目前上海地区造成人员死亡的交通事故大约需赔偿60万元,考虑到交强险的赔偿金额是20万元,所以商三险的保险金额选50万元较合理。建议投保人购买至少100万元,一线城市最好能购买200万元的汽车第三者责任险。

（3）车损险可以投保,但不要超额投保。2020年9月19日全国实行了车险费率改革方案后,机动车损失险涵盖了原来的机动车损失、全车盗抢、自燃、玻璃单独破碎、发动机涉水、无法找到第三方、不计免赔率共7项。车辆损失保险涵盖了很多险种。保险费没提高,但险种增加了很多,投保人会得到许多保障。

有些车主,明明新车购置价是10万元却偏要投保15万元的保险,因为他认为多花钱就能多赔付。按照《保险法》(2014年版)第55条第3款规定:保险金额不得超过保险价值。超过保险价值的,超过部分无效,保险人应当退还相应的保险费。因此,即使投保人超额投保也不会得到额外的收益。

（4）车上人员责任险保险是对本车人员的最大保障,要视投保人是否有这方面的风险决定是否投保。若没有经济实力的话,选择只保驾驶人座位的车上人员责任险;当然,有经济承受能力的,最好给本车人员都投保车上人员责任险。车上人员责任险保险金额的选择应视车辆的使用性质而定。私家车一般以1万元/座或2万元/座较为经济实用,出租车一般以5万元/座较为经济实用,而私企老板或企事业单位用车一般以10万元/座较为安全划算。

（5）附加险要按需购买。车险费率改革后,购买商三险的优惠少了很多,投保商三险及其他任何一险种后,可享受9折优惠。在改革之前购买的商业险,除了优惠折扣多外,还送免费拖车一次、免费打火一次,以及送油卡等,现在这些服务都没有了,投保人有这些需求,就要投保增值服务特约条款这一附加险。其他附加险是否需要购买,应根据自己驾驶情况、车辆情况、面临风险的情况、风险承受能力、经济承受能力等因素综合考虑。

(6)千万不要重复投保。有些投保人自以为多投几份保险,就可以使被保险车辆多几份赔款。按照《保险法》(2014年版)第56条第2款规定:重复保险的各保险人赔偿保险金的总和不得超过保险价值。除合同另有约定外,各保险人按照其保险金额与保险金额总和的比例承担赔偿保险金的责任。因此,即使投保人重复投保,也不会得到超额赔偿。无论是交强险还是商业险,该原则都是适用的。

三、常见的险种组合方案

1. 最低保障型("勉强凑合"型)

只交交强险,纯粹交强险配置,具体见表5-5。

只交交强险方案　　　　　　　　　　　　　表5-5

保障范围	只能在交强险的责任范畴内对第三者的损失负责赔偿责任
适用对象	适用于那些不常开车、车技娴熟的驾驶人,或怀有侥幸心理认为保险没有什么用的人,或急于上牌照或通过年检的个人
优点	保费最便宜。符合法律强制性规定,而且交强险和车辆的价格没有关系,仅与使用性质和座位数相关
缺点	第三方保障低。一旦撞人或撞车,对方的损失主要由车主自己承担,而保险公司只承担少量损失;没有对自身和自己车辆的保障

交强险作为赔偿第三方的强制险种,相比改革前,赔偿额度得到了很大的提升。在有责状态下,交强险最高赔付高达20万元。对于不常开车、车技娴熟的驾驶人,或者那些怀有侥幸心理认为保险没有什么用的人,或急于上牌照或通过年检的个人,可以选择只购买交强险。

案例:40岁的贾先生在2014年购买了一辆2011年生产的桑塔纳2000型二手车,实际驾龄已有7年,主要用于上下班。贾先生该如何购买2021年车险呢?

推荐方案:交强险。

方案说明:贾先生是有经验的驾驶人,由于车已经使用多年,贾先生对车辆本身的保障需求并不强烈,再加上日常开车范围只介于家和单位之间,熟悉道路且驾驶技术好,另外,40 岁中年人的安全意识较强,所以只需要投保交强险即可。

2. 基本保障型("基本果腹"型)

交强险 + 100 万元的商三险,具体见表 5-6。

交强险 + 100 万元的商三险 　　　　表 5-6

保障范围	基本能够满足一般事故对第三者的损失负赔偿责任
适用对象	驾驶破旧小车辆、车技娴熟、或保险意识不是很强的老驾驶人
优点	经济实惠,第三者的保障基本能满足,足以抵御第三方事故能力;可以用来应付上牌照或年检
缺点	没有自身和自己车辆的保障

汽车第三者责任险即商三险,作为赔偿第三方的商业险,保额可自由选择。车险费率改革后,商三险的保障额度从原来的 5 万 ~ 500 万元提升到 10 万 ~ 1 000 万元。

案例:35 岁的赵先生 2015 年购买了一辆普通雪佛兰科鲁兹轿车,实际驾龄 6 年,主要用于上下班和接送孩子上学。三口之家经济并不宽余,应如何购买 2021 年的汽车保险呢?

推荐方案:交强险 + 100 万元的商三险。

方案说明:拥有 6 年驾龄的赵先生驾驶技术娴熟,车已经使用 5 年,因此他对车辆本身的保障需求并不强烈,主要需要保险公司对事故发生后对第三者造成的损害赔偿责任提供保障,同时保费支出预算较少,私家车买人身意外伤害险比车上人员责任险更划算,所以选择基本保障型的方案。

特别提示:对于工作日开车少,但节假日开车多的用户,商三险可以选择 50 万元,然后附加购买一份节假日限额翻倍险,保费更便宜。

3. 经济实惠型

交强险 + 100 万元的商三险 + 车损险,具体见表 5-7。

车损险作为保障自身车辆损失的险种,搭配交强险和商三险,既可以抵御第三方事故赔偿,又可以保障自身车辆。车险改革后,玻璃单独破碎险、发动机涉水险、全车盗抢险等险种都已被列入车损险的保障范围。

交强险+100万元商三险+车损险　　　　　表5-7

特点	费用适中,能为自己的车和别人的损失提供最基本的保障
适用对象	独行驾驶人(自用车辆,不搭载亲人或他人)、车技娴熟;经济实力一般,认识到事故后修车费用较高,愿意为自己的车和第三者责任寻求基本保障,但又不愿意多花钱寻求更全面的保障
优点	第三方保障全面,车辆损失保障全面,经济实惠
缺点	缺少人身保障,如驾驶人和本车上人员的人身安全保障,不是最佳组合

4. 舒适实用型

交强险+100万元的商三险+车损险+车上人员责任险,具体见表5-8。

交强险+100万元商三险+车损险+车上人员责任险　　表5-8

特点	投保最必要、最有价值的险种
适用对象	适用于绝大部分的投保人
优点	既有车辆保障,又有人身保障,还能很好地规避损失。投保最有价值的险种,保险性价比最高
缺点	只涵盖主要风险,对于车辆的小问题,比如车身划痕、车轮单独损失的风险没有保障。仍不是最完善的保障方案

车上人员责任险作为随车的"人身险",负责保障本车人员的人身伤亡。配合车损险,保障车辆损失的同时,保障驾乘人员安全。

案例:潘先生于2015年购买了一辆朗逸轿车,实际驾龄5年。小区条件不太好,没有固定的车位。潘先生经济条件中等,但平时较为节约。他应该如何购买2021年的汽车保险呢?

推荐方案:交强险+100万元的商三险+车损险+车上人员责任险。

方案说明:潘先生具有一定的驾驶经验,而且驾龄也只有5年,再加上停车安全没有保障,因此应在减少保费支出的情况下尽量获取较多保障。但由于是私家车,可用人身意外伤害险代替车上人员责任险。

5. 商务豪华型

交强险 + 100 万元商三险 + 车损险 + 车上人员责任险 + 增值服务特约条款 + 车身划痕险 + 车轮单独损失险 + 修理期间费用补偿险 + 法定节假日限额翻倍险（对于节假日开车比较多的车主），具体见表 5-9。

商务豪华型方案 表 5-9

特点	保险险种对于私家车或一般公司而言，已基本做到非常全面
适用对象	新车和新驾驶人，经济较宽余、保障需要比较全面而乘客不固定的私家车或一般单位用车
优点	险种多，保障全面，物有所值，几乎与汽车有关的常见的事故损失都能得到赔偿，不用承担投保决策失误的风险
缺点	保险价格较贵，划痕轮胎等险种报出险概率低，赔付的可能性小

案例：30 岁的刘小姐于 2019 年购买了一辆别克君越。她的实际驾龄只有两年，而且平时喜欢邀朋友一起外出旅游。请问她应如何购买 2021 年的汽车保险呢？

推荐方案：交强险 + 100 万元商三险 + 车损险 + 车上人员责任险 + 增值服务特约条款 + 车身划痕险 + 车轮单独损失险 + 修理期间费用补偿险 + 法定节假日限额翻倍险（节假日开车比较多的车主）。

方案说明：刘小姐的情况属于新车、新手，对车十分爱惜，希望有全面的保险保障，而且喜欢邀朋友一起外出旅游，车上乘客及法定节假日限额翻倍险、增值服务特约条款等都应该考虑，同时经济也较宽余。对于这种情况，建议购买商务豪华型的汽车保险。

不同的车主，可以根据自己的需求，选择自己满意的险种及保险额度。有的投保人想既享有保障又承担一定自认为小概率的风险，可以附加绝对免赔率特约条款、发动机进水除外特约条款，整体保费会便宜很多，关键时候也有保障；对于喜欢改装车辆或者加配饰的车主，可以附加新增设备损失险；对于经常载货的车辆，为了规避货物损失带来的风险，可以附加车上货物损失责任险等等。

以上只是针对车辆的风险状况、车主的经济能力，为其设计、推荐的汽车保险组合方案。保险是投保人与保险公司真实意愿的表达，双方在订立保险合同时，必须遵循公平互利、协商一致、自愿订立的原则。所以，客户（投保人）完全可以根据自己的喜好、意愿、自身的实际情况自由选择汽车险的险种。

四、综合实训

(1)投保方案中最佳投保方案是哪些险种的组合？

(2)车损险超额投保会得到额外利益吗？为什么？

(3)是否应该购买不计免赔附加险？判断是否需要购买的因素是什么？

五、考核评价

考核评价见表5-10。

考 核 评 价 表　　　　　　　　表5-10

项目名称： 课题名称：	班级： 姓名：	日期： 页码：
	33岁的张先生驾龄两年，最近刚买了一辆雪弗莱科鲁兹新车，家里有私人独立车库。购车主要用于上下班代步、接送上幼儿园的儿子上学放学，而且平时喜欢邀朋友一起外出自驾游。试分析张先生的主要风险特征，并给他设计一套最佳投保方案	
考核评价： 　　　　　　　　　　　　　　　　签字：		

课题三　汽车承保工作的内容及流程

一、承保概述

承保就是当投保人提出投保请求时，经审核其投保内容后，同意接受其投保申请，并负责按照有关保险条款承担保险责任的过程。

承保工作做得好，可以避免劣质标的投保，使保险理赔处于主动地位，减小保险公司的管理成本、经营成本。如果汽车保险承保工作不到位,将使劣质标的被保险公司接受。这必然导致高出险率,从而导致保险公司理赔的工作量增加,使保险公司的管理投入加大、经营成本上升。因此,对于保险公司而言,承保管理比理赔管理更为重要。

二、承保流程

汽车承保工作流程如图 5-3 所示。

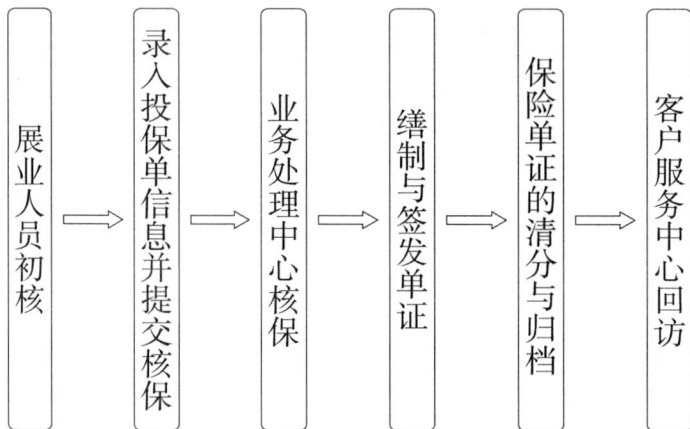

展业人员初核 ⇒ 录入投保单信息并提交核保 ⇒ 业务处理中心核保 ⇒ 缮制与签发单证 ⇒ 保险单证的清分与归档 ⇒ 客户服务中心回访

图 5-3　汽车承保工作流程

1.展业人员初核

1)验证

(1)检查行驶证车主与被保险人是否一致,以预估出险时的保险利益、车辆的合法性。

(2)查验行驶证,核实车辆是否年检合格,有无公安交通管理部门核发的检验合格标志,新车登记日期是否与车辆新旧程度相吻合。

2)验车

(1)查验车辆实际的牌照号码、车型、发动机号、车架号及颜色等是否与行驶证相符。

(2)检查车况是否符合行车要求。

(3)检查投保车辆是否有碰撞、碰擦、划痕、玻璃破损等情况。如果有,应告知被保险人,并在投保单上载明,以防先出险后投保。

(4)应检验车上是否有防盗设备及核对夜间停车地点。拓印车架号和发动机号,并将其附在保单的正面或拓印牌照留底,再将照片贴在保单背面。

对于车损险中的全车盗抢来说,相对于最常发生的一般碰撞事故而言,由于一次事故导致的整车赔偿金额较大,风险过于集中,对于经营成果影响权重过高,属于承保风险控制的重点环节。

注意:①对于私家车,一般还要求填写验车单并附在保险单的副本上;②展业人员验完车和证后,应在投保单上签字确认;③若采用电话、网上投保,则可先出保单,但在保单送达之前,应完成验证验车工作。

2. 录入投保单信息并提交核保

展业人员拿回投保单之后,交核保人员或在业务网点将投保信息录入到计算机系统,并交核保人员进行审核。

(1)按投保单的内容进行录单;

(2)确认系统生成的影响费率的因子;

(3)计算各险种的保费;

(4)最后提交核保。

尽管各大保险公司的计算机承保系统存在一定差别,但其操作方法基本类似。某保险公司汽车承保系统首页界面如图5-4所示。

图5-4　某保险公司汽车保险承保系统首页

3. 业务处理中心核保

1)核保机构设置模式

(1)分级设置模式。根据保险公司内部机构设置情况、人员配备情况、开展业务需要和业务技术要求等设立数级核保组织。例如,在各省分公司内设立三级核保组织,即在省级分公司、地市级分公司和县级支公司内均设立核保组织机构。

(2)核保中心模式。在一定的区域范围内设立一个核保中心,通过网络技术对所辖的业务实行远程核保,对超过本权限或特殊业务报请上级核保,对本级或上级核保未通过的业务,通知出单点业务外勤与客户重新协商。

2)核保人员的等级和权限

(1)一级核保人员:负责审核特殊风险业务和下级核保人员无力核保的业务。特殊风险业务主要包括高价车业务、特殊车型业务、车队业务和投保人有特殊要求的业务等。

(2)二级核保人员:负责审核非标准业务和超出三级核保人员业务范围的业务。非标准业务主要指风险较大且核保手册中没有明确指示核保条件的业务,如对保险金额、赔偿限额、免赔率等有特殊要求的业务。

(3)三级核保人员:主要负责审核常规业务(按照核保手册就能进行核保的业务)。

3)核保运作的基本流程

核保基本流程没有统一方案,各保险公司的核保流程有所区别,但其核心是体现权限管理和过程控制。图5-5为某保险公司核保中心的核保运作流程。

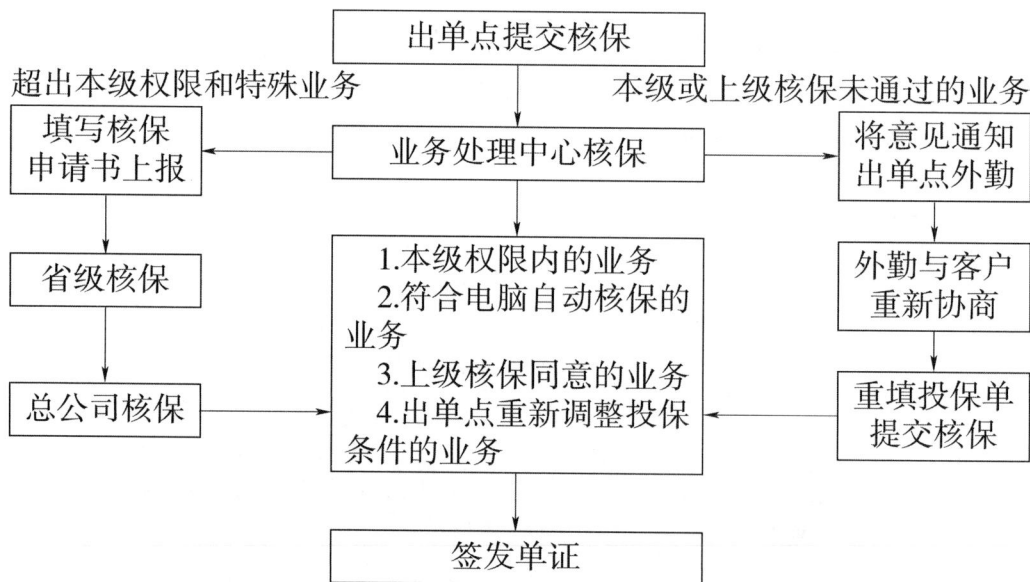

图5-5 某保险公司业务中心核保运作流程

4)核保的主要内容

(1)审查投保单。根据各种有效证件对投保单录入信息加以审查,审查各项内容是否完整、清楚和准确。

(2)审核展业人员的验车、验证情况。

(3)核定保险费率和保费计算是否正确。

(4)签署核保意见。对超出本权限的业务上报上级公司核保,对核保未通过的业务转交出单点外勤,对核保通过的业务转交业务内勤以缮制保险单证。

4.缮制与签发单证

1)缮制保单

(1)业务内勤根据核保通过的意见,由电脑缮制保险单、保险卡及发票等。

(2)按系统流程出单程序完成打印工作。

(3)将打印好的保单、附表及投保单一起送达复核人员复核。

2)复核保单

复核人员对保单等进行复核,复核无误后在保单的"复核"处签章。

3)核收保费

(1)投保人凭发票交保费。

(2)财务人员复核保单后收取保费,并在发票上加盖财务专用章。

4)签发单证

(1)业务人员在保单上注明公司名称、地址、邮政编码及电话,并加盖公司承保业务专用章。

(2)根据保险单填写保险卡,并加盖承保业务专用章。

(3)将交强险保单第四联、商业险保单第三联、保险卡及交强险标志交给投保人。

5.保险单证的清分与归档

1)清分

(1)业务员先将投保单的附表粘贴在投保单的背面,并在投保单及其附表上加盖骑缝章。

(2)业务员对投保单、保险单、保险费发票、保险证等按下列顺序进行清理归类。交给投保人的单证有保单正本(交强险保单和商业险保单)及条款、保险费发票(保户留存联即第二联)、保险证和交强险标志,有保险单附表、特别约定清单、新增设备明细表时需同时提供财务部门留存的单证有保险单副本(财务留存联)和保险费发票(财务留存联);业务部门留存的单证有保险单副本(业务留存联)、投保单及其附表和保费发票(业务留存联)。

2)归档

(1)将应留存给投保方的单证交由业务外勤送交给被保险人。

(2)将应留存于财务部门的单证送至财务部门。

(3)对应留存于业务部门的单证按"发票→保单→投保单→其他材料"的顺序进行整理,并按照流水号码顺序装订成册,在规定时间内移交档案部门归档。

6.客户服务中心回访

客服中心在规定时间内对被保险人进行电话回访,以提高顾客满意度。

三、综合实训

(1)叙述保险公司的承保流程。

(2)叙述保险公司业务处理中心的核保流程。

(3)开展业人员初核工作都需要查验什么?

四、考核评价

考核评价见表5-11。

考 核 评 价 表 表5-11

| 项目名称: | 班级: | 日期: |
课题名称:	姓名:	页码:
客户徐女士在本市名车广场购买了一辆奔驰高级轿车,主要用于上下班代步,接送上小学的儿子上学放学,节假日经常全家人一起进行自驾游。徐女士家里有私人独立车库。请叙述一下对徐女士奔驰车的承保业务的基本流程		
考核评价: 签字:		

课 题 四 　汽车保险单证的管理

保险单证是保险业务活动中的重要凭证,由于其自身的属性及潜在的风险,保险单证的管理已被保险企业作为防范风险的重要环节,越来越受到重视。中国保监会自1999年起对全国的机动车辆保险单实行统一监制。这种模式对于规范市场,防止违规和不法经营起到了积极的作用,为保险公司强化对保险单证的管理提供了有利的条件。

一、汽车保险单证的类型

汽车保险的单证分为两大类:一类是正式的单证,包括投保单、保险单和批单;另一类是相关的单证,包括保险证和急救担保卡以及其他保险抢救卡。目前,保险单是由中国银保监会统一监制的,投保单、保险证和急救担保卡仍由各家保险公司根据需要自行印制。

1.交强险单证

交强险单证是指投保人与保险公司签订的,证明强制保险合同关系存在的法定证明文件,由银保监会监制,全国统一式样。交强险单证分为交强险保险单(表 5-12)、定额保险单和批单三种。交强险保险单和定额保险单均由正本和副本组成。正本由投保人或被保险人留存,副本包括业务留存联、财务留存联和公安交管部门留存联。公安交管部门留存联应由保险公司加盖印章后交投保人或被保险人,由其在公安交管部门进行注册登记、检验后交公安交管部门留存。交强险保险单及批单必须电脑出单;交强险定额保险单可以手工出单,但必须在 7 个工作日内据实补录到电脑系统内。除摩托车和农用拖拉机可使用定额保险单外,其他投保车辆必须使用交强险保险单。

2.交强险标志

交强险标志是指根据法律、法规有关规定,由保险公司向投保人核发的,证明其已经投保的标志。交强险标志由银保监会监制,全国统一式样。交强险标志分内置型(图 5-6)和便携型(图 5-7)两种。具有前风窗玻璃的投保车辆应使用内置型;不具有前风窗玻璃的投保车辆应使用便携型。

特别提示:实行了电子保单的地区,可以不用粘贴保险标志。

图 5-6　内置型交强险标志　　　　图 5-7　便携型交强险标志

3.商业保险单

某财产保险股份有限公司机动车保险单如表 5-13 所示。

4.保险证

某财产保险股份有限公司机动车保险证如表 5-14 所示。

表 5-12

机动车交通事故责任强制保险单

保险单号：

被保险人							联系电话		
被保险人身份证号码（组织机构代码）									
地址									
被保险机动车	号牌号码		机动车种类				使用性质		
	发动机号码		识别代码（车架号）						
	厂牌型号		核定载客		人		核定载质量		kg
	排量		功率				登记日期		
责任限额	死亡伤残赔偿限额		180 000 元				无责任死亡伤残赔偿限额		18 000 元
	医疗费用赔偿限额		18 000 元				无责任医疗费用赔偿限额		1 800 元
	财产损失赔偿限额		2 000 元				无责任财产损失赔偿限额		100 元
与道路交通安全违法行为和道路交通事故相联系的浮动比率									%
保险费合计（人民币大写）：		（¥：	元）	其中救助基金（	% ）			¥：	元
保险期间自			年	月	日零时起至	年	月	日二十四时止	
保险合同争议解决方式									
代收车船税	整备质量				纳税人识别号				
	当年应缴	¥：	元		往年补缴	¥：	元	滞纳金	¥： 元
	合计（人民币大写）：					（ ¥：	元）		
	完税凭证号（减免税证明号）					开具税务机关			

续上表

特别约定	
重要提示	（1）请详细阅读保险条款，特别是责任免除和投保人、被保险人义务。 （2）收到本保险单后，请立即核对，如有不符或疏漏，请及时通知保险人并办理变更或补充手续。 （3）保险费应一次性交清，请您及时核对保险单和发票（收据），如有不符，请及时与保险人联系。 （4）投保人应如实告知对保险费计算有影响的或被保险机动车因改装、加装、改变使用性质等导致危险程度增加的重要事项，并及时通知保险人办理批改手续。 （5）被保险人应当在交通事故发生后及时通知保险人。
保险人	公司名称： 公司地址： 邮政编码： 服务电话： 签单日期： （保险人签章）

核保：　　　　制单：　　　　经办：

某财产保险股份有限公司机动车保险单

表 5-13

保险单号：

鉴于投保人已向保险人提出投保申请，并同意按约定交付保险费，保险人依照承保险种及其对应条款和特别约定承担赔偿责任。

被保险人								
保险车辆情况	号牌号码		厂牌型号		机动车种类		已使用年限	年
	VIN 码	车架号						
	发动机号	核定载客	人	核定载质量	kg			
	初次登记日期	年平均行驶里程	公里	使用性质				
	行驶区域		新车购置价					
	承保险种	费率浮动		保险金额/责任限额（元）		保险费（元）		
保险费合计（人民币大写）：						（¥：		元）

续上表

保险期间自	年	月	日	时起至	年	月	日	时止

特别约定

保险合同争议解决方式

重要提示

（1）本保险合同由保险条款、投保单、保险单、批单和特别约定组成。

（2）收到本保险单，承保险种对应的保险条款后，请立即核对，如有不符或疏漏，请在48h内通知保险人并办理变更或补充手续；超过48h未通知的，视为投保人无异议。

（3）请详细阅读本保险条款，特别是保险条款、特别是责任免除，投保人被保险人义务，赔偿处理和附则。

（4）被保险机动车因改装、加装、改变使用性质等导致危险程度显著增加以及转卖、转让、赠送他人的，应书面通知保险人并办理变更手续。

（5）被保险人应当在交通事故发生后及时通知保险人。

保险人

公司名称：　　　公司地址：

邮政编码：　　　联系电话：

　　　　　　　　签单日期：

网址：www.××××.com.cn

（保险人签章）

核保：　　　　制单：　　　　经办：

某财产保险股份有限公司机动车保险证　　　表5-14

(一联)

【注意事项】
一、请您将本证随车携带,不得转借、涂改、伪造;如有遗失,请立即通知本公司。
二、本证内容如有更改,请您及时向本公司申请办理批改手续。
三、请您接受交通管理人员和本公司理赔人员查验。
四、如发生保险责任范围内的事故,请及时向公安交通管理部门和本公司报案。
五、本车发生保险事故后如需修理,您应事先会同本公司协商确定车辆的修整方式、项目和修理费用,否则本公司有权重新核定或拒绝赔偿。
六、发生第三者责任范围内的事故后,未经本公司书面同意,您自行做出的承诺或支付的赔偿金额,本公司有权重新核定或拒绝赔偿。
七、本车发生保险责任范围内的损失应由第三方负责赔偿的,未经本公司同意,不得自行放弃追偿权。

(二联)

保单号码:
被保险人:
号牌:　　　　　　　　　　　　　　　厂牌型号: 发动机号:　　　　　　　　　　　　　车架号: 保险期间:自　　年　　月　　日　　时起至　　年　　月　　日时止 客服电话: 报案电话: 报案地址:
××××财产保险股份有限公司(签章)

续上表

（三联）

【保险责任】			
险种名称	保额/限额	险种名称	保额/限额

二、汽车保险单证管理流程

每一保险合同项下保费进账的同时,带来的是保险人对被保险人所持保险合同上载明的自然灾害和意外事故所导致经济损失的补偿责任。保险单、批单、保费发票、投保单、保险证等共同构成了完整的保险合同,是保险经营得以实现的实物载体。因此,保险单证是保险经营的第一风险控制要点。由于单证管理失控而引发的问题屡见不鲜,如截留和侵吞保费、利用单证违规担保等情况时有发生。这给保险公司带来了严重的经济损失,应切实加强重要保险单证的印制、发放、使用、调拨、核销等实务的操作管理。

保险单证的管理贯穿于印刷、领用、核销和销毁4个环节。在管理过程中,应当注意各个环节的相互衔接,强化有关人员的责任,切实加强保险单证的管理工作。

1. 单证的印制

单证的印制是单证管理的基础。目前,各保险公司独立设立保险条款,印制保险单,应当加强对单证印制的管理。首先,对付印的清样要认真校对,防止发生错误;其次,防止单证从印刷厂丢失,严把验收和交接关;对单证统一编号,便于集中管理。

2. 单证的领用

应建立完善的保险单证领用制度,单证的领用制度包括领用单证的审批、领用单证的登记。建立登记簿对保险单证的发放进行管理,对每一次领用的单证的名称、数量、号码、经办人进行记录。

3. 单证的核销

单证的核销包括单证使用的审核和单证的回收。对领用的单证进行复核检查,按编号对保单的去向进行跟踪;对作废的单证必须进行回收,防止外流。单证作废主要有两种情况:一种是在使用过程中,由于单证填写等出现错误,造成单证作废;另一种是单证改版,旧单证作废。

4. 单证的销毁

加强对回收单证的管理,对作废单证进行集中的销毁,并登记销毁的单证。

三、综合实训

(1)汽车保险单证都有哪些?

(2)保险单证的管理有哪 4 个环节?

四、考核评价

考核评价见表5-15。

考 核 评 价 表   表 5-15

项目名称: 课题名称:	班级: 姓名:	日期: 页码:
完成对交强险单证(表5-12)和机动车保险单(表5-13)的填写		
考核评价: 签字:		

课 题 五   续保、批改和退保业务

一、续保

1. 续保定义

保险期满以后,投保人在同一保险人处重新办理保险机动车的保险的行为

称为续保。机动车保险业务中有相当大的比例是续保业务,做好续保工作对巩固保险业务来源十分重要。

2.续保的好处

(1)从保险人那里得到可靠的、连续的保障;

(2)可以享受保险人的无赔款优待;

(3)在保险费率方面享受续保优惠。

3.续保须提供的材料

(1)上一年度机动车辆保险单;

(2)保险车辆行驶证和车牌号;

(3)所需的保险费(保险费和保险金额要重新确定)。

4.续保的注意事项

(1)在机动车保险实务中,续保业务一般在原保险期到期前一个月开始办理。为防止续保以后至原保险单到期这段时间发生保险责任事故,在续保通知书内应注明"出单前,如有保险责任事故发生,应重新计算保险费;全年无保险责任事故发生,可享受无赔款优待"等字样。

(2)及时对保险标的进行再次审核,以免保险期间中断。

(3)保险人应根据上一年的经营情况,对承保条件与费率进行适当调整。

(4)如果保险标的的危险程度有变化,应对保险费率做出相应调整。

二、批改

在保险单证签发以后,因保险单或保险凭证需要进行修改或增删时所签发的一种书面证明,称为批单,也称背书。批改工作的结果通常用这种批单表示。

1.批改的内容

根据《保险法》规定,在保险合同有效期内,合同主体、客体及内容变更时,被保险人应事先书面通知保险人申请办理批改手续。批改工作的主要内容包括:

(1)保险金额增减;

(2)保险种类增减或变更;

(3)车辆种类或厂牌型号变更;

(4)保险费变更;

（5）保险期间变更；

（6）被保险人变更；

（7）保险车辆增减危险程度；

（8）保险车辆变更使用性质；

（9）增加或减少或变更约定驾驶人。

以上情况有变化时，被保险人都须申请办理批改手续。因此，一般机动车保险单上也注明"本保险单所载事项如有变更，被保险人应立即向本公司办理批改手续，否则，如有任何意外事故发生，本公司不负赔偿责任"的字样，以提醒被保险人注意。

被保险人填具批改申请书

⇩

出具批单给投保人存执，粘贴于投保人保险单正本背面，同时批改变动保险单上相关内容，并在变动处加盖保险人业务专用章

⇩

新的保险合同生效

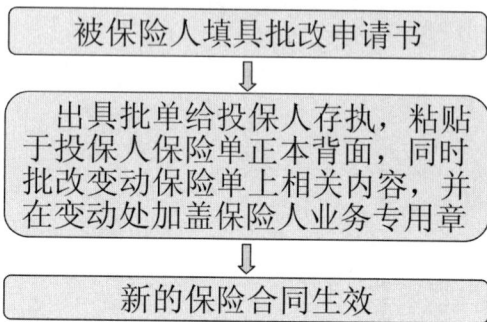

图5-8　批改的程序

2. 批改程序

批改程序如图5-8所示。

3. 批改的效力

批改的效力优于原文。如果存在多次批改，最近一次批改的效力优于之前的批改，手写批改的效力优于打印的批改。

三、退保

退保就意味着合同的解除，在本书项目五中提到了汽车保险合同解除的几种情况。《保险法》（2014版）第15条规定：除本法另有规定或者保险合同另有约定外，保险合同成立后，投保人可以解除合同，保险人不得解除合同，即投保人具有随时退保的权利。

表5-16是关于退保的原因、条件、流程和退保时应该提供的单证等退保实务。

退 保 实 务 内 容　　　　　　　表5-16

退保的原因	汽车按规定报废
	汽车转让，对方不愿进行保险直接过户
	汽车重复保险
	对保险公司不满，想换保险公司

续上表

退保的条件	需要在保险单有效期内	
	有效期内,车辆没有向保险公司报案或索赔过	
	合同中特别约定不得退保的情况	
退保须提供的单证	退保申请书	
	保险费发票	
	被保险人身份证明	
	证明退保原因的文件	因车辆报废而退保,须提供报废证明
		因车辆转卖而退保,须提供过户证明
		因重复保险而退保,须提供互相重复的两份保险单
退保流程	提交退保申请书和其他相应单证	
	保险公司对退保申请进行审核后,出具退保批单,批单上注明退保时间及应退保费金额,同时收回汽车保险单	
	持退保批单和身份证,到保险公司财务部门领取应退还的保险费	

四、综合实训

(1)批改的程序是什么?续保时需要提供哪些材料?

(2)客户续保会有哪些好处?

(3)退保车辆须符合哪些条件才能退保?退保时需要提供哪些材料?

五、考核评价

考核评价见表5-17。

考 核 评 价 表　　　　　　　　　表 5-17

项目名称： 课题名称：	班级： 姓名：	日期： 页码：
李某于 2018 年 2 月购买了一辆伊兰特轿车,主要用于上下班代步。2019 年,李某因下岗从而将私家车挂靠在本市某出租车公司的名下,从事个体出租营运。试回答下列问题: 　　(1)如果还在保险期内,李某应如何处理原保险合同? 　　(2)当保险期结束后,李某需要续保时,作为展业人员,应如何对保险车辆进行保险初核工作? 　　(3)为李某续保险种提供一份参考方案。		
考核评价: 　　　　　　　　　　　　　　　　　　　　　　签字:		

项目六 汽车理赔

📝 项目描述

本项目对整个理赔业务流程进行必要的描述,让学生了解理赔工作的实质,在汽车理赔业务中起到基础平台的作用。本项目重点描述了汽车理赔流程、主要的业务环节、理赔案件的处理及车险行业的服务规范。本项目重在培养学生对保险理赔基础知识的认知力、理赔流程的操作力、赔款理算的计算力、理赔业务的行动力。

📚 项目要求

1.知识目标

正确掌握理赔工作的模式、理赔业务的主要内容;掌握理赔各环节的工作重点及要求;掌握赔款理算的要点及注意事项、核赔的审核内容、理赔结案的书面文案;了解我国车险行业的服务规范。

2.技能目标

正确运用车险理赔流程来处理理赔业务;会灵活处理车险理赔特殊案件;能熟练地在仿真平台上完成车险理赔的典型案例操作,进行赔款理算、核赔及结案操作。

3.素养目标

培养学生独立工作的业务能力、与他人的合作力以及应用自动化办公软件进行工作的能力。

💿 建议课时

16 学时。

课 题 一 汽车理赔的工作流程

投保了汽车保险后,一旦发生事故受损,车主最关心的问题如图 6-1 所示。那么,车主如何获得保险公司的赔偿呢?

图 6-1 车主最关心的问题

一、理赔工作的程序

车险理赔工作的程序如图 6-2 所示。

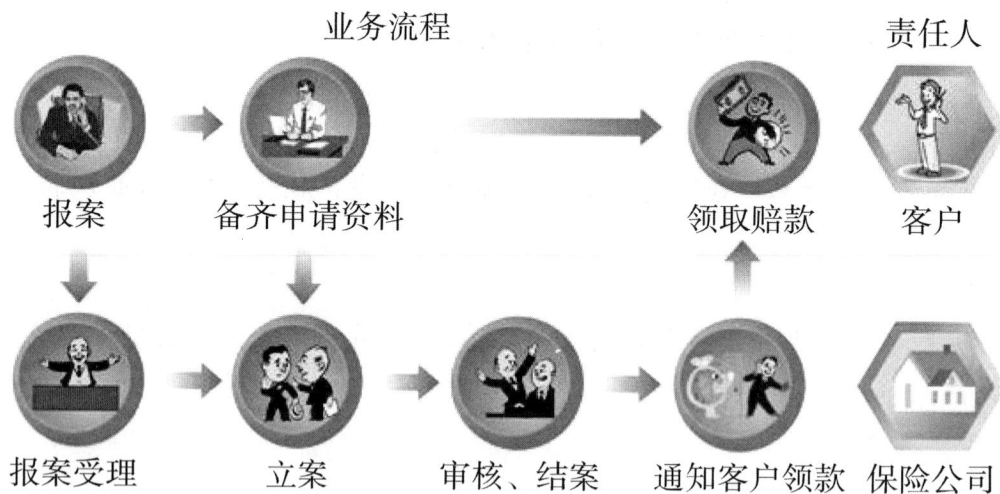

图 6-2 车险理赔工作的程序

二、理赔流程

被保险人使用投保车辆发生保险事故后,除了向交通管理部门报案外,还应向承保公司报案,同时保险公司立即启动理赔程序。车险理赔流程如图 6-3 所示。

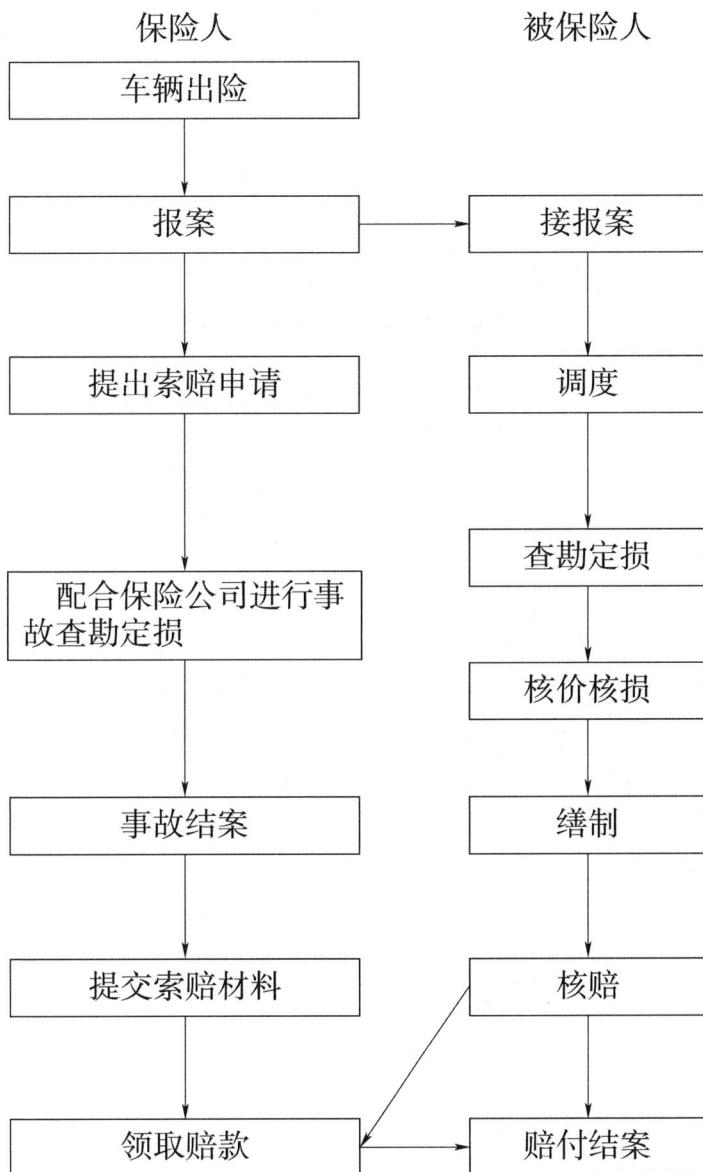

保险人　　　　　　　　　被保险人

```
        车辆出险
           │
           ▼
          报案 ──────────────→ 接报案
           │                    │
           ▼                    ▼
       提出索赔申请            调度
                                │
                                ▼
                             查勘定损
           │                    │
           ▼                    ▼
     配合保险公司进行事       核价核损
     故查勘定损                 │
           │                    ▼
           ▼                   缮制
        事故结案                │
           │                    ▼
           ▼                   核赔
       提交索赔材料             │
           │    ╲              │
           ▼     ╲             ▼
       领取赔款 ──────────→ 赔付结案
```

图 6-3　车险理赔流程

1.接报案

在报案处理时,接报案人员如实填写机动车辆出险时的保险报案记录单。填写完报案记录单后,及时进入保险理赔软件的操作页面。出险时的报案记录单如图 6-4 所示,进入理赔软件的操作页面如图 6-5 所示。

中国人寿财产保险股份有限公司
China Life Property and Casualty Insurance Company Limited

机动车辆保险报案记录(代抄单)   客户标识

报案号:

交强险保单号:		商业保险保单号:	
交强险承保公司:		报案时间:	
厂牌型号:		号牌号码:	
报案人姓名:		被保险人:	
报案人与被保险人的关系:		报案方式:□电话 □上门 □传真 □邮件 □其他	
驾驶人姓名:	准驾车型:	驾驶证号码:□□□□□□□□□□□□□□□□□□	
出险时间:	出险原因:□碰撞□倾覆□火灾□自燃□被盗抢□自然灾害□玻璃破碎□其他		
出险地点: 省 市 路段( ) 出险区域:□市内 □省内 □省外 □中国境外			
出险地点分类:□普通公路□高速公路 □城市道路 □乡村便道和机耕道 □场院及其他			
是否第一现场报案:□是 □否 伤亡人员:□第三者(伤__人 亡__人) □车上人员(伤__人 亡__人)			
事故处理部门:□交警 □派出所 □消防部门 □保险公司 □自行处理 □其他			
出险经过及损失情况:(行驶方向,避让措施,财物损坏部位等)			

商业保险基本信息	厂牌型号:	号牌号码:		发动机号:	
	新车购置价:	车架号(VIN):		核定载客____人 核定载质量____吨	
	行驶区域:	使用性质:	保险期限:		
	是否足额交费:	交费日期:	应收保费:	已使用年限	
	序号	承保险种(代码)	保险金额/责任限额	序号	承保险种(代码)	保险金额/责任限额

业务归属部门:		经办人:	出单人:		核保人:
特别约定					
保险单批改信息					
保险车辆出险信息					
查勘信息回复				查勘员签字: 时间:	
本单批改次数:	车辆出险次数:		赔款次数:	赔款总计:	
被保险人住址:				邮政编码:	
联系人:	固定电话:			移动电话:	

抄单人: 抄单日期: 年   月   日

图6-4 报案记录单

报案
金晓东 0天0小时0分
已处理

立案
金晓东 0天0小时1分
已处理

查勘调度
金晓东 0天0小时0分
已处理

查勘
金晓东 0天0小时0分
已处理

定损 标的:京FC5106
金晓东 0天0小时1分
已处理

财产定损
金晓东 0天0小时3分
已处理

人伤
金晓东 0天0小时2分
已处理

定损 三者:asfd
金晓东 0天0小时1分
已处理

核价 标的:京FC5106
金晓东 0天0小时0分
已处理

财产核损
金晓东 0天0小时0分
已处理

人伤核损
金晓东 0天0小时0分
已处理

核价 三者:asfd
金晓东 0天0小时0分
已处理

核损
金晓东 0天0小时0分
已处理

核损
金晓东 0天0小时0分
已处理

单证
金晓东 0天0小时1分
已处理

理算

计算书
金晓东 0天0小时0分
已处理

核赔
双核通过 0天0小时0分
已处理

结案
金晓东 3天7小时28分
已处理

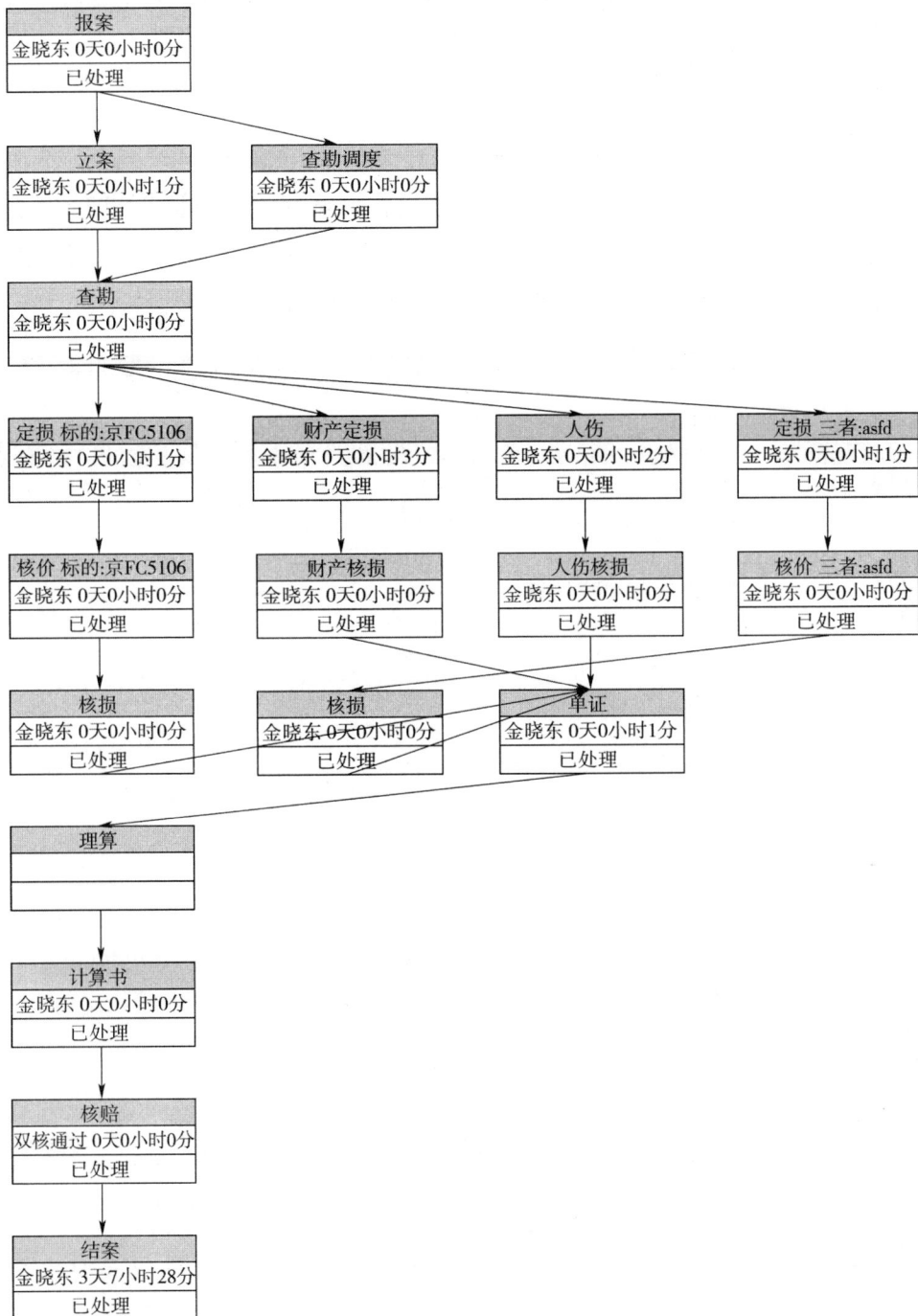

图6-5　理赔软件操作页面

特别提示:登记过程中应注意以下问题。

①是否重复报案。②出险日是否在起保日的7天内或在短时间内连续两次

以上出险。如果是的话,应进行重点核查并将有关情况告知查勘机构,要求在现场查勘时予以重点调查。③确认是否属于保险标的。

报案处理完成后提交给调度人员调度。以上工作在半个工作日内完成。

2. 调度

调度员在接到报案人员的接报案后,应了解案情,正确调度并确定派工方案,5min 内发出调度指令,提派查勘定损员告知案情风险点并前往查勘定损,登录系统界面录入信息发送查勘平台。调度登记界面如图6-6所示。

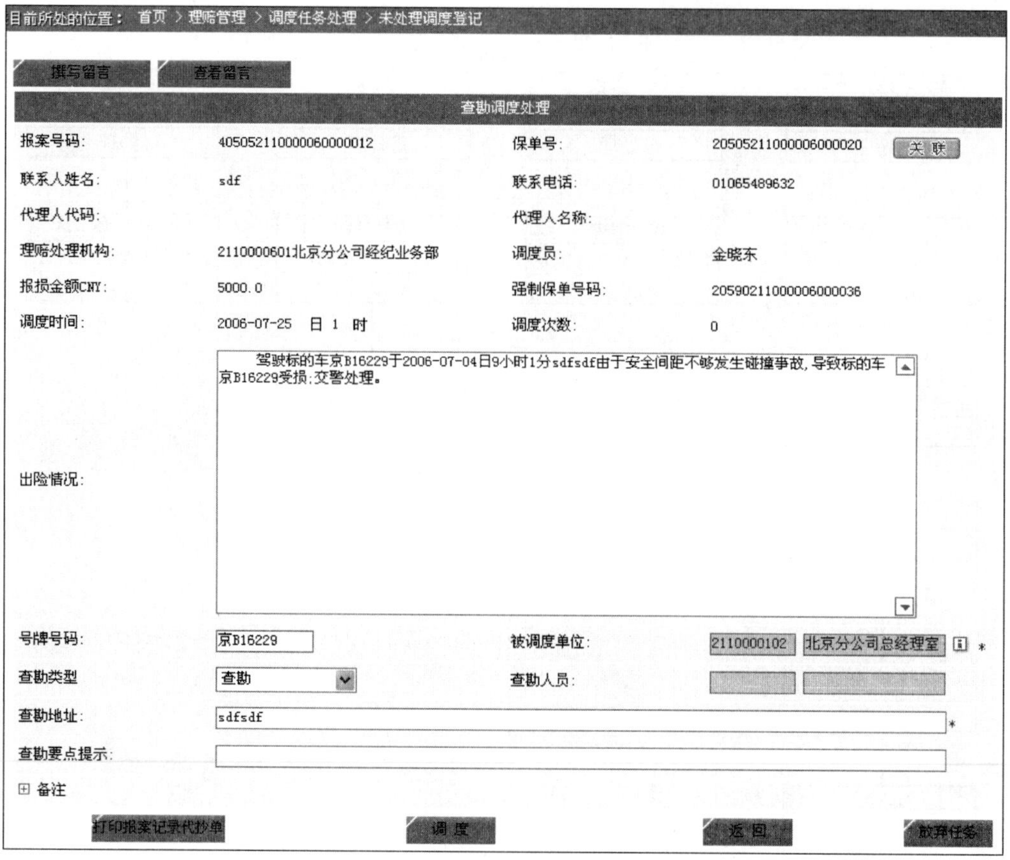

图6-6 调度登记界面

特别提示:如果由于客观原因查勘人员无法查勘,调度人员应及时安排其他查勘人员处理,同时在系统内完成任务的改派。

3. 查勘定损

(1)查勘人员接到调度通知后,准备相关的单证、资料及必要的查勘工具。

(2)在规定时间内联系客户,询问事故的简单情况、详细地址,并告知到达时间及前期处理方案。

（3）赶赴事故现场查勘，与被保险人当面核实事故情况，收集相关证据，确定施救方案并拍下"人车合影"留证。

（4）根据对事故现场真实性及保险责任的判断，决定是否受理案件。

（5）指导客户填写相关单证。

（6）初步确定损失项目及价格，出具定损报告。

（7）告知客户相关理赔事宜。

现场查勘记录单如图6-7所示。

经现场查勘，在核实事故车辆的相关信息后，对事故车辆进行定损。系统定损登记界面如图6-8所示。

4. 核价核损

核价核损是通过理赔系统及时、合理地审核。审核通过后上报案件。核价核损的主要任务是：

（1）判断事故真实性；

（2）核定更换项目、维修项目、修复费用、施救费等；

（3）确定物损赔偿费用。

5. 缮制

（1）签收审核索赔单证。

（2）对赔案赔款理算。所有赔案必须在3个工作日内理算完毕，交核赔人员复核。

（3）初步审核保险责任。若不属保险责任，应提出拒赔。

（4）结合系统做赔款理算。缮制人员对赔款理算可以直接在理赔系统中的缮制平台处理，缮制人员根据案件的损失情况直接在平台上录入赔款金额、责任比例、各种免赔等相关影响理算的因素，然后系统将自动计算，生成赔款计算书，很快即可得出赔款金额。

（5）上传单证到理赔系统，录入缮制信息（包括如索赔书、发票等），还必须录入相关特殊信息，如拒赔案件、诉讼案件等提交核赔。最后，缮制人员录入缮制意见，完成缮制工作提交核赔审核。

某保险公司的赔款计算书如图6-9所示。

6. 核赔

核赔人员的工作任务是审核图6-10中的内容。

中国人寿财产保险股份有限公司
China Life Property and Casualty Insurance Company Limited

机动车辆保险事故现场查勘记录

客户标识

报案号：　　　　　　　　交强险保单号：　　　　　　　　交强险立案号：

被保险人：　　　　　　　商业保险保单号：　　　　　　　商业保险立案号：

保险车辆	厂牌型号：		发动机号：	车辆已行驶里程：		已使用年限：
	号牌号码：		车架号(VIN)：□□□□□□□□□□□□□□□□□			初次登记日期：
	驾驶人员姓名：		性别：□男 □女	年龄：		准驾车型：□A □B □C □其他_____
	初次领证时间：　　年 月 日		驾驶证号码：□□□□□□□□□□□□□□□□□			

职业分类	□职业驾驶员 □国家社会管理者 □企业管理人员 □私营企业主 □专业技术人员 □军人	文化程度：□研究生及以上 □大学本科
	□个体工商户 □商业服务业员工 □产业工人 □农业劳动者 □办事人员 □其他	□大专 □中专 □高中 □初中及以下

查勘时间：　　年 月 日 时　　　　查勘地点：　　　　　　　　是否第一现场：□是 □否

赔案类别：□一般 □特殊(□快速处理 □玻璃 □其他　) □双代(□委托外地查勘 □外地委托查勘)

出险时间：　　年 月 日 时　　　　出险地点：　　省　　市　　县

第三方车辆	交强险保单号：		交强险承保公司：		车辆已行驶里程：
	厂牌型号：	号牌号码：	有无商业保险：□有 □无		商业保险承保公司：
	驾驶人员姓名：	驾驶证号：□□□□□□□□□□□□□□□□			车辆初次登记日期：
	初次领证日期：	准驾车型：□A □B □C □其他	职业：		车辆已使用年限：

现场查勘时请按右侧所列内容仔细查验并认真完整填写	1. 出险原因：□碰撞 □倾覆 □火灾 □爆炸 □自燃 □外界物体倒塌 □外界特体坠落 　　　　　　 □雷击 □暴风 □暴雨 □洪水 □雹灾 其他(　　　　) 2. 事故原因：□制动失灵 □转向失灵 □其他机械故障 □疲劳驾驶 □超速行驶 □违章并线 　　　　　　 □逆向行驶 □安全间距不够 □违章装载 □违章违章行驶 □疏忽大意、措施不当 □其他 3. 是否在我公司投保了交强险：□是 　　□否(交强险承保公司是否要求我公司代查勘　□是 　□否) 4. 事故所涉之商业保险：□车损险 □三责险 □盗抢险 □玻璃单独破碎险 □自燃损失险 　　　　　　　　　　　 □车上人员责任险 □车上货物责任险 □其他(　　　　) 5. 保险车辆的号牌号码、发动机号、车架号与保险单上所载明的是否相符 　□是 　　□否 6. 出险时间是否在保险有效期限内 　　　　　　　　　□是 　　□否 7. 是否属于追偿案件 　□是(是否属于交强险的垫付案件 　　□是,垫付种类 　　□否) 8. 出险时间接近保险起讫期的,有无相应时间证明 　□有 　　　□无 9. 出险地点：(1)分类：□高速公路 □普通公路 □城市道路 □乡村便道和机耕路 □场院及其他： 　　　　　　 (2)与报案人所报是否一致：□是 　　　□否 10. 实际使用性质与保险单上所载明的是否一致 　□是 　　□否 11. 保险车辆驾驶人员情况与报案人所述是否一致 　□是 　　□否 12. 保险车辆驾驶人员的驾驶证是否有效 　　□是 　　□否 13. 保险车辆驾驶人员准驾车型与实际驾驶车辆是否相符 　□是 　　否 14. 使用各种专用机械车、特种车的人员是否有国家有关部门核发的有效操作证 　□是 　　否 15. 驾驶营业性客车的驾驶人员是否有国家有关部门核发的有效资格证书 　□是 　　否 16. 保险车辆驾驶人员是否为被保险人允许的驾驶人员 　□是 　　否 17. 保险车辆驾驶人员是否为保险合同约定的驾驶人员 　□是 　　否 　□保险合同未约定 18. 保险车辆驾驶人员是否酒后驾车 　□是 　　否 19. 事故车辆损失痕迹与事故现场痕迹是否吻合 　□是 　　否 20. 保险车辆安全配置情况：□安全气囊 □ABC □倒车雷达 □卫星定位 □其他防盗装置(　　) □停车场 21. 第三者车辆是否在其他保险公司参加保险 　□是(索赔 　□是 　　□否) 22. 事故是否涉及第三方人身伤亡 　□是(伤 人,亡 人,是否在交强险限额内 □是 □否 □特确定) 　□否 23. 事故是否涉及第三方财产损失 　□是(是否在交强险额内 □是 □否 □特确定) 　□否 24. 事故是否涉及本车上人员伤亡 　□是(伤 人,亡 人,是否在交强险额内 □是 □否 □特确定) 　□否 25. 确定或预计责任划分： 26. 保险车辆损失程度：□全部损失 □部分损失 27. 是否属于交强险的保险责任：□是 　□否 　□特确定(原因是　　　　) 28. 是否属于商业保险的保险责任：□是 　□否 　□特确定(原因是　　　　) 29. 其他需要说明的内容：

估计损失	1. 标的车辆：车辆损失_____元,吊车费_____元,拖车费_____元,其他施救费_____元。
	2. 本车人员：住院人数_____人,预计费用_____元,未住院人数_____人,序计费用_____元。
	3. 对方车辆：车辆损失_____元,吊车费_____元,拖车费_____元,其他施救费_____元。
	4. 本车人员：住院人数_____人,预计费用_____元,未住院人数_____人,序计费用_____元。
	5. 其他损失评估：

风险标识：□常规 □延迟报案 □无法证证 □损失鉴定的风险 □车辆修理的风险 □领取赔款的风险

查勘人意见(包括事故经过简单描述和初步责任认定)： 　　　　　　　　　　　　　　查勘人签字：	询问笔录　　张
	事故照片　　张

说明：①估计损失金额单位为人民币元；②第三方车辆不止一辆的,可增加《机动车辆现场查勘记录》用纸。

图6-7　现场查勘记录单

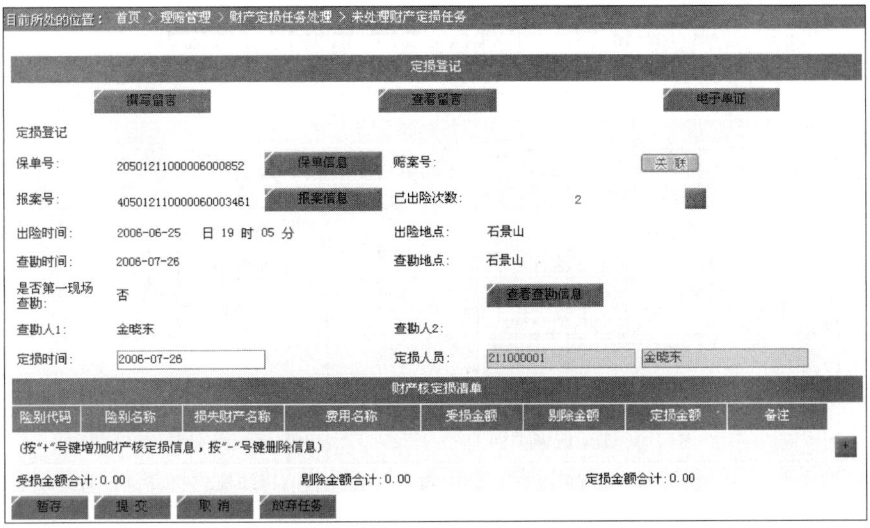

图 6-8 定损登记界面

7. 赔付结案

结案登记。赔案按分级权限审批后，业务人员根据核赔的审批金额填写《机动车辆保险领取赔款通知书》，并将赔案编号填写在赔款计算书上。然后，通知被保险人领取，理赔内勤须打印赔款收据，赔款收据加盖公司"理赔专用章"后即视作财务可支付状态。赔款收据转交财务部后，财务人员即可支付赔款。在被保险人领取赔款时，业务人员应在保单正、副本上加盖"×年×月×日出险，赔款已支付"字样的条形印章。理赔结案界面如图 6-11 所示，赔款收据如图 6-12 所示。

特别提示：材料齐全的案件，10 日内赔付。1 000 元以上的赔款通过非现金方式支付。

被保险人领取赔款后，业务人员按照赔案编号，录入《保险车辆保险已决赔案登记簿》，同时在《机动车辆保险报案、立案登记簿》备注栏中注明赔案编号与日期，作为续保时是否给付无赔款优待的依据。

8. 客户回访

为了更好地提高理赔服务水平，赔付结案后保险公司一般会对客户进行服务满意度回访，及时发现理赔服务中存在的问题，并予以改进提高。

9. 归档

（1）单据清分。赔付结案后，应进行理赔单据的清分。一联赔款收据交被保险人，一联赔款收据连同一联《机动车辆赔款计算书》或《机动车辆保险赔案审批表》交财会部门作为已付款的凭证，一联赔款收据和一联《机动车辆赔款计算书》或《机动车辆保险赔案审批表》连同全案的其他材料作为赔案案卷。

中国人寿财产保险股份有限公司
China Life Property and Casualty Insurance Company Limited

机动车交通事故责任交强险赔款计算书

客户标识

承保公司(签章):　　　　　　　　　　交强险赔款计算书号:

被保险人				交强险保单号	
厂牌型号		号牌号码		交强险批单号	
出险原因		事故责任		责任比例	
出险时间		行驶区域		事故处理部门	
指定驾驶员		出险地点			
出险驾驶员		出险区域类别		出险区域类别	
人员伤亡情况		保险期限	自　年　月　日零时起至　年　月　日二十四日止		
赔款计算公式					
赔款计算					
已预付次数		已预付金额:		损余物资/残值金额:	元
检验费		代查勘费:	元	诉讼、仲裁费:	元
查勘费		公估费:		其他费用:	元
本次实付赔款(人民币大写):			元	(¥: 元)	
赔款总计(人民币大写):			元	(¥: 元)	
初级核赔人意见:　　　　　年　月　日		中级核赔人意见:　　　　　年　月　日		高级核赔人意见:　　　　　年　月　日	
上级审批意见:　　　　　　　　　　　　　　　　年　月　日					

理算员:　　　　　　　　　打印日期:

图 6-9　赔款计算书

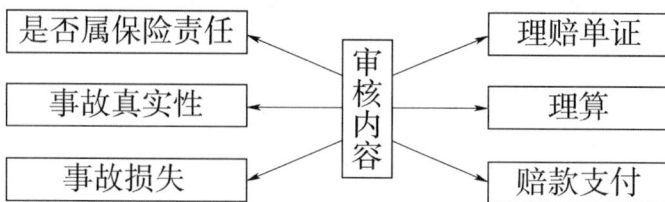

图 6-10　审核内容

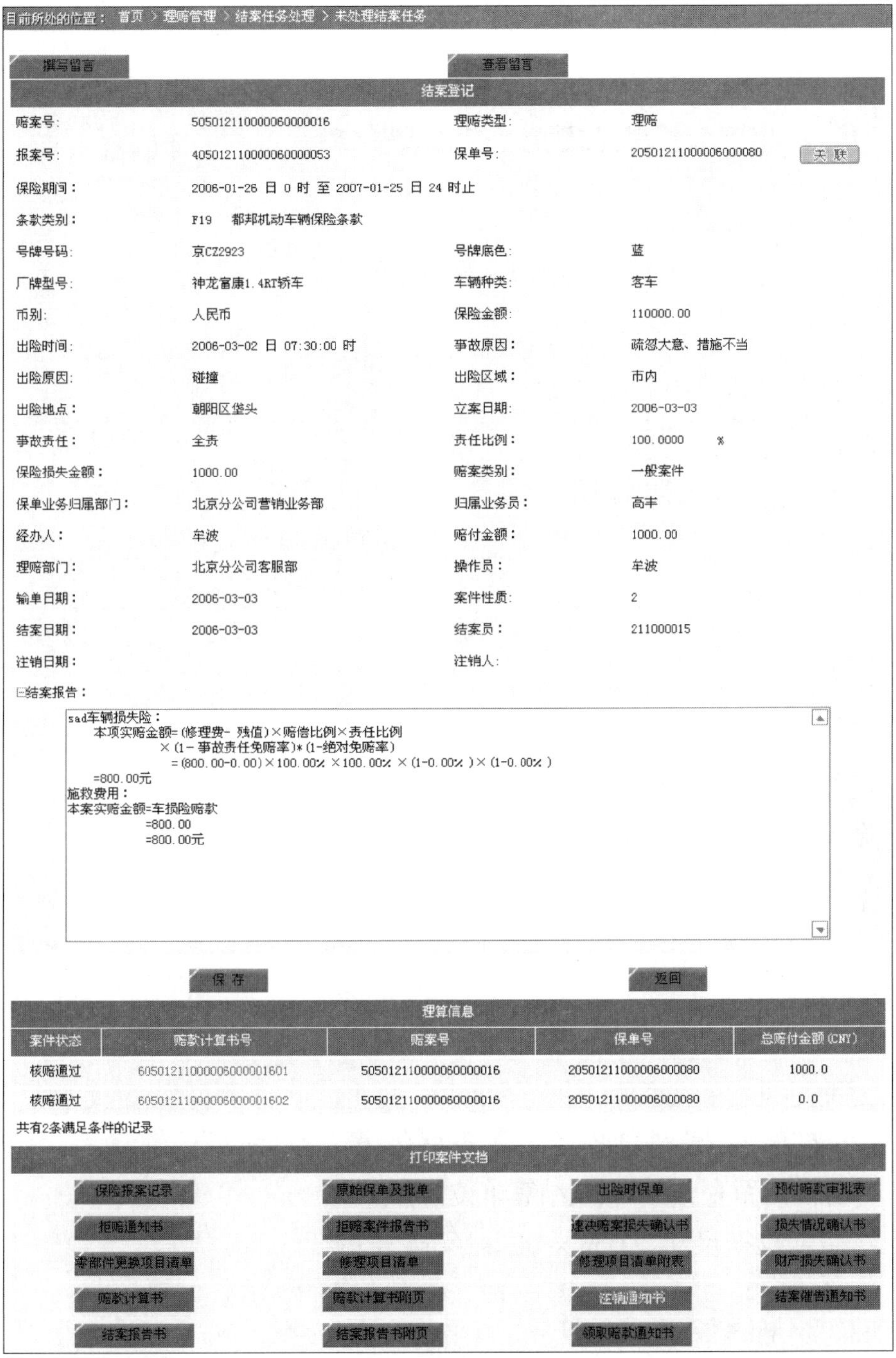

目前所处的位置：首页 ＞理赔管理 ＞结案任务处理 ＞未处理结案任务

| 撰写留言 | 查看留言 |

结案登记

赔案号：	50501211000006000016	理赔类型：	理赔
报案号：	40501211000006000053	保单号：	20501211000006000080 关联
保险期间：	2006-01-26 日 0 时 至 2007-01-25 日 24 时止		
条款类别：	F19 都邦机动车辆保险条款		
号牌号码：	京CZ2923	号牌底色：	蓝
厂牌型号：	神龙富康1.4RT轿车	车辆种类：	客车
币别：	人民币	保险金额：	110000.00
出险时间：	2006-03-02 07:30:00 时	事故原因：	疏忽大意、措施不当
出险原因：	碰撞	出险区域：	市内
出险地点：	朝阳区堡头	立案日期：	2006-03-03
事故责任：	全责	责任比例：	100.0000 ％
保险损失金额：	1000.00	赔案类别：	一般案件
保单业务归属部门：	北京分公司营销业务部	归属业务员：	高丰
经办人：	牟波	赔付金额：	1000.00
理赔部门：	北京分公司客服部	操作员：	牟波
输单日期：	2006-03-03	案件性质：	2
结案日期：	2006-03-03	结案员：	211000015
注销日期：		注销人：	

结案报告：

```
sad车辆损失险：
  本项实赔金额=(修理费－残值)×赔偿比例×责任比例
    ×(1-事故责任免赔率)*(1-绝对免赔率)
    =(800.00-0.00)×100.00%×100.00％×(1-0.00％)×(1-0.00％)
  =800.00元
施救费用：
  本案实赔金额=车损险赔款
    =800.00
    =800.00元
```

| 保 存 | 返 回 |

理算信息

案件状态	赔款计算书号	赔案号	保单号	总赔付金额(CNY)
核赔通过	60501211000006000001601	50501211000006000016	20501211000006000080	1000.0
核赔通过	60501211000006000001602	50501211000006000016	20501211000006000080	0.0

共有2条满足条件的记录

打印案件文档

保险报案记录	原始保单及批单	出险时保单	预付赔款审批表
拒赔通知书	拒赔案件报告书	速决赔案损失确认书	损失情况确认书
零部件更换项目清单	修理项目清单	修理项目清单附表	财产损失确认书
赔款计算书	赔款计算书附页	注销通知书	结案催告通知书
结案报告书	结案报告书附页	领取赔款通知书	

图 6-11 理赔结案界面

（2）案卷管理。理赔案卷必须一案一卷进行整理、装订、登记、保管。案卷要做到单证齐全、编排有序、目录清楚、装订整齐。归档案卷要按赔案号整齐放入，由专人保管，注意防火、防潮、防虫蛀，确保理赔案卷的安全可靠。

中国人寿财产保险股份有限公司
China Life Property and Casualty Insurance Company Limited

印刷流水号

赔款收据

中国人寿财产保险股份有限公司_____分公司:

被保险人_____兹收到_____(保险单号码)

_____(出险日期)的_____(出险

标的)_____(赔款险种),赔款_____(币种,

小写)_____元,(大写)_____元。

此致。

被保险人开户银行:　　　　　　　　　　　账号:
被保险人身份证号码(个人用):

　　　　　　　　　　　　被保险人(签名或签章):

付款人:　　　　　　　　　　　　　_____年_____月_____日

注:1.一式四联:第一联保险公司财务留存,第二联保险公司业务留存,第三联被
　　保险人留存,第四联代结算单位留存。
　2.赔款收据尺寸:21cm×14cm,无碳复写纸。

图6-12　赔款收据

三、车险理赔的基本原则

保险公司在机动车辆保险工作处理过程中,特别是在对机动车辆事故进行查勘工作过程中,一定要坚持以下原则。

(1)树立为保户服务的指导思想,坚持实事求是原则。

（2）重合同,守信用,依法办事。

（3）坚持八字方针:主动、迅速、准确、合理。

特别提示:目前,各保险公司为提高服务水平都加快了结案速率,以天平汽车保险为例,对于损失 3 000 元以下的纯车损案件被保险人递交完材料后半小时内可以支付现金。

四、综合实训

1.当保险公司接到出险通知后该如何做(图6-13)?

(1)_____

(2)_____

(3)_____

(4)_____

(5)_____

(6)_____

(7)_____

图 6-13　联系保险公司

2.在理赔软件上,模拟理赔人员完成理赔流程的各环节操作。

五、考核评价

考核评价见表6-1。

考 核 评 价 表　　　　　　　表 6-1

项目名称: 课题名称:	班级: 姓名:	日期: 页码:
	王先生于2018年5月购买了一辆私家车,并投保了车损险、第三者责任险和不计免赔特约险,保险期限为一年。2019年3月,行至某路段变更车道,与旁车互碰,两车均有不同程度的损伤。请问:如果你是保险公司的接报案人员,应该怎样做?	
考核评价:		
		签字:

课题二 车险理赔案的处理

一、特殊理赔案件处理

对于不同情节的车险理赔案件,处理方式略有不同。特殊理赔案件见表6-2。

特殊理赔案件 表6-2

种 类	各 环 节	细 目
简易赔案	定义	在实际工作中,很多案件案情简单,出险原因清楚,保险责任明确,事故金额低,可在现场确定损失。为简化手续,方便客户,加快理赔速度,可根据实际情况对这些案件实行简易处理,称之为简易赔案
	实施条件	(1)不涉及第三者,只是保险人单方车辆损失的案件; (2)车辆损失为保险条款列明的自然灾害和被保险人或允许的合格驾驶人或约定的驾驶人单方肇事导致的车损险案件; (3)案情简单,出险原因清楚,保险责任明确,损失容易确定; (4)一次事故损失金额在5 000元以下; (5)车损部位可以一次核定,且受损的零部件可以准确、容易地确定金额
	理赔程序	接受报案;现场查勘、施救、确定保险责任和初步损失;查勘定损人员定损;填写《简易赔案协议书》报相关处理中心;办理赔款手续;支付赔款
疑难案件	分类	争议案件是指保险人和被保险人对条款理解有异议或责任认定有争议的案件,在实际操作中应采用集体讨论、聘请专家论证和向上级公司请求等方式解决,保证案件圆满处理

续上表

种　类	各　环　节	细　　目
疑难案件	分类	疑点案件是指赔案要素不全、定损过程存在疑点或与客户协商不能达成一致的赔案
	调查方式	（1）由查勘定损人员对在查勘定损过程中发现的有疑点案件，通过认真询问当事人和见证人等方式进行调查，并做好笔录，对疑点问题必须调查落实； （2）由客户服务中心综合岗对在赔案制作和审批过程中发现有疑点的案件，通过熟悉案情、拟定调查方案、实施调查等步骤进行调查； （3）由监察部门或专门人员对群众举报的骗赔、错赔案件和虚假赔案进行调查； （4）由客户服务中心综合岗对重大伤人案件调查
注销案件	定义	注销案件是指保险车辆发生保险责任范围内控事故，被保险人报案、立案后未行使保险金请求权致使案件失效注销的案件
	分类	对超出索赔时效注销，即被保险人知道保险事故发生之日起两年内未提出索赔申请的案件，由业务处理中心在两年期满前 10d 发出"机动车辆保险结案催告、注销通知书"。被保险人仍未索赔的，案件报业务管理部门后予以注销处理
		对主动声明放弃索赔权利注销的案件，在业务处理中心发出"机动车辆保险结案催告、注销通知书"后，由被保险人在回执栏签署放弃索赔权利意见。案件报业务管理部门后予以注销处理
拒赔案件	原则	对有些案件，根据《保险法》《机动车辆保险条款》等有关规定不属于赔偿范围的，应予以拒赔

续上表

种 类	各 环 节	细 目
拒赔案件	实施条件	(1)必须具有确凿的证据和充分的理由; (2)拒赔前,应向被保险人明确说明原因,认真听取意见并向被保险人做好解释工作
	分类	立案前拒赔是指受理报案时,根据查阅的底单信息,对于超出保险期限、未投保险种出险等明显不属于保险责任的情形,明确告知报案人拒赔理由的拒赔案件
		立案后拒赔是指案件确立后,由客户服务中心查勘定损人员经查勘后发现不属于保险责任,或由业务处理中心在赔款理算过程中发现不属于理赔责任,并经业务管理部门最终审批确定应拒赔的案件,给予拒赔处理
预付赔案	定义	预付赔案是指某些特殊案件需要预付部分赔款
	分类	可确定最低金额预付案件是指根据《保险法》的规定,保险人自收到赔偿或者给付保险金的请求和有关证明、资料之日起60d内,对其赔偿或者给付保险金的数额不能确定的,应当根据已有证明和资料可以确定的最低数额先予支付;待保险人最终确定赔偿或者给付保险金的数额后,再支付相应地差额部分
		重大赔案预付案件是指伤亡惨重、社会影响面大,被保险人无力承担损失的重大案件,经审核确定为保险责任,但赔偿金额暂不能确定的,可在估计赔偿金额的一定比例范围内先行预付,最终确定赔偿金额后,支付相应的差额
救助案件	定义	救助案件是指对投保机动车辆保险附加救助特约险保险责任范围内出险车辆实施救助理赔的案件

种　　类	各 环 节	细　　目
救助案件	救助处理过程	接受报案并抄单;通知救助协作单位;救助单位实行救助并反馈,被保险人予以确认;立案;核对并缮制赔案;支付赔款;救助协作单位;财务中心支付预付款
代位追偿案件	定义	代位追偿案件是指在汽车保险中,由于第三者过错致使保险标的发生保险责任范围内的损失,保险人按照保险合同给付了保险金后,依法取得向对损失负有责任的第三者进行追偿权利的案件
	实施原则	(1)代位追偿必须是发生在保险责任范围内的事故; (2)代位追偿是《保险法》和《机动车辆保险条款》规定的保险人的权利,根据权利义务对等的原则,代位追偿的金额应在保险金额范围内,根据实际情况接受被保险人全部或部分权益转让; (3)履行代位追偿以后,追偿工作必须注意债权债务法律时效问题
	处理程序	被保险人向第三者提出书面索赔申请;被保险人向保险人提出书面索赔申请,签署《权益转让书》;业务处理中心将赔案资料转业务管理部门;业务管理部门组织进行代位求偿;业务处理中心整理赔案,归档;财务中心登记、入账
损余物资处理	定义	损余物资处理是指对车损换件、全损残值和盗抢追回车辆等的处理

续上表

种　类	各　环　节	细　目
损余物资处理	损余物资处理流程	

做一做

你能说出 5 种其他的特殊理赔案件吗?

(1) _____

(2) _____

(3) _____

(4) _____

(5) _____

图 6-14　自驾游出险

二、综合实训

自驾游出险如图 6-14 所示。请问,这起案件属于特殊理赔案件吗?你能说出它的名称吗?

三、考核评价

考核评价见表6-3。

考核评价表 表6-3

项目名称：	班级：	日期：
课题名称：	姓名：	页码：
李先生开着自己的本田飞度在上班的途中与一辆摩托车发生轻微的碰撞,导致左前照灯破裂。摩托车损坏严重,车主左腿骨折,摩托车主负主要责任。请问李先生的这起交通事故属于简易赔案吗?为什么?		
考核评价： 　　　　　　　　　　　　　　　　　　　　　　　　签字：		

课题三 我国车险行业的服务规范

一、我国汽车理赔的服务模式

车险是我国国内保险市场上规模最大的单险种业务,也是我国财产保险业务的骨干险种。要求保险公司在经营,特别是在提供服务方面要建立和完善与汽车特点相适应的服务体系或者服务机制,做好汽车出险后的处理工作。

目前,我国较为成熟和流行的模式是以保险公司自主理赔为主导的理赔服务模式,保险公司的理赔服务模式如图 6-15 所示。其特点为:

(1)各自建立自己的服务热线,对被保险人实行全天候、全方位的服务,通过热线接受报案;

(2)各自建立自己的查勘队伍,自身配

图 6-15 保险公司理赔服务模式

备齐全的查勘车辆和相应设备,接受自身客户服务中心的调度和现场查勘定损;

(3)各自建立自己的车辆零配件报价中心,针对车险赔付项目所占比重高,对车险赔付率和经营利润影响大,同时又是最容易产生暴利的零配件赔款,各家保险公司都非常重视,往往组织专人从事汽车配件价格的收集、报价和核价工作;

(4)查勘定损的某个环节或服务辐射不到的某个领域,才交由公估公司、物价部门、修理厂、调查公司等外部机构去完成。

二、我国车险行业的服务规范

近些年来,由于国家相关政策的扶持,保险行业日趋规范。在新的金融行业发展形势下,保险服务创新已经成为保险公司在市场竞争中取胜的法宝和提高公司核心竞争力的重要手段。服务贯穿于整个活动的全过程,服务质量、水平的高低优劣,直接影响和决定了公司的生存和发展。因此,国家对车险行业的服务规范做了具体部署,以确保可持续性发展。我国车险行业的服务规范如图6-16所示。

图6-16 我国车险行业的
服务规范

1. 总体要求

(1)服务理念:建立以客户为导向的服务体系,实施客户满意战略。

(2)服务体系:在分公司层面上集中管理的服务体系。

(3)细分服务:通过细分客户、细分案件创建差异化服务。

细分客户:突出VIP客户服务,使VIP客户感受到与众不同的VIP服务。

细分案件:完善绿色通道服务,加快小额案件的快速理赔服务。

(4)《服务规范》的执行。

服务宗旨:诚信第一、效率第一、客户至上、服务至上。

服务目标:突出服务、支持业务。

服务品质的评估:360°全方位、多层次评估;评估后即时改进量化考核,投诉处理。

2. 具体内容

目前,随着车险行业在险种结构、保费费率、价格等方面趋于统一,服务也就成为客户投保时的首选。

《保险行业车险理赔服务规范》的实施,进一步提升行业车险理赔服务质量,建设标准化客户服务体系,强化行业服务意识、统一行业服务形象、规范行业服务行为。

(1)对客户服务人员的要求(表6-4)。

对客户服务人员的要求 表6-4

项　　目	标　　准
仪容	服务人员仪容应保持干净整洁,仪表端正
着装	上班时间,服务人员应着公司统一工装,大方得体,整齐清洁。查勘定损人员和服务网点内的公司服务人员上班时间必须佩戴胸牌,并不得拒绝客户提出的查询工号的要求
仪态	服务人员举止需平稳端庄、面带微笑、积极主动、热情大方
工作环境	文件、单证摆放整齐,严谨有序,不从事与工作无关的个人活动
交流礼仪	声音平稳,使用简单易懂的语言,使用礼貌用语,耐心倾听客户谈话,营造和谐的交流氛围。接听电话的客服人员应规范使用电话礼仪,语言简洁、清晰

(2)理赔服务规范。

理赔服务的人员,包括接报案、调度、查勘、定损、核损、理算、核赔等岗位人员。

①职业道德。

a.理赔服务人员须"积极主动,公平公正",及时调查、客观公正地评估和处理赔案。面对客户有关理赔的咨询,须迅速准确地予以回复。

b.理赔服务人员须根据条款及相关理赔实务力行合理的理赔标准,不得"惜赔、拖赔",避免故意延误引起不必要的理赔投诉,提高理赔效率。

c.公司理赔服务人员应严格遵守理赔纪律,工作时间不饮酒,不办理本人、亲属的赔案,不借客户索赔之际委托索赔客户及相关单位办理个人事务,不接受与理赔工作有关的单位、个人的宴请和礼品。

②理赔各环节服务(表6-5)。

理赔各环节服务　　　　　　　　　　　　表 6-5

环　　节	细　　则
接报案	公司设立 365d×24h 理赔服务专线电话,随时接受理赔报案、咨询和投诉。专线电话号码向社会公示,并明示于公司保单、保险卡等处,不得随意变更。 　　理赔服务专线值班人员须始终保持"热情、专业、高效"的工作态度,接报案时应规范使用电话礼仪,语言简洁、清晰,及时做好报案登记工作,准确记录客户姓名、车号、出险时间、地点、联系人及联系方式,并告知后续索赔要领
调度	报案成功后,调度人员须立即进行案件派工,5min 内清晰准确地将案件信息告知查勘人员
查勘	查勘人员工作期间须着公司统一查勘服装,佩戴工牌,在工作时间内保证手机电话畅通,工作日中午以及值班期间不允许饮酒。 　　查勘人员在接到调度命令后,须在 5min 内主动联系客户,了解案件具体情况,明确告知客户后续处理方式。 　　查勘人员(含委托的公估公司工作人员)须保证城区 30min 内到达事故现场,城区以外地区 1h 内到达事故现场。 　　车辆在省外出险的,公司 2h 内安排好代查勘事宜,并明确告知客户代查勘相关情况。 　　查勘人员到达现场时须主动问候并表明身份,查勘过程中保持主动热情、文明礼貌。查勘人员在现场查勘时,须采用规范统一的查勘操作流程,向客户提供标准化的服务。客户对查勘结论提出异议或情绪激动时,查勘人员应虚心倾听、耐心解释,做好客户安抚工作,以确凿证据、相关法律法规或执法参与等辅助工具来合理证明查勘结论。查证事故情况后,须向客户告知理赔所需手续。 　　查勘人员应熟知法律法规、当地监管政策、公司理赔流程和相关规定,对于涉及理赔的咨询问题须迅速准确地回复。

续上表

环 节	细 则
查勘	对于事故现场中不能移动的车辆,理赔查勘人员须主动询问客户是否需要协助处理。在征得客户同意的情况下,可联系相关单位提供救援服务。如需要客户支付救援服务费用,须事先向客户说明。 公司不得指定修理厂或配件供应商,但可向客户推荐具有机动车辆维修管理部门核定的具有二类以上维修资质的修理厂
定损、核损	定损人员外出定损时,须事先与客户预约好时间,严格遵守,不故意拖延。无法及时定损的,应向客户做好解释说明。定损完毕后做好事故车辆的指引。 定损过程中,定损人员须按照理赔实务向客户提供标准化的定损服务。定价时应与客户进行充分的协商,尽量取得共识,达成一致意见。对不属于保险责任或应由客户自行承担的损失,定损人员须明确告知客户,并提前做好解释工作。 定损、核损人员需要在公司规定时效内完成核损任务,不得无故拖延。 对重大复杂,一次难以完成查勘或定损难度大、双方意见分歧较大的案件,经双方当事人约定,可约定再次查勘的时间或请公估人、专家共同定损
单证收集	建立 $365d \times 8h$ 理赔受理制度,保证 8h 受理客户理赔资料,为客户提供事故处理指导服务。 客户递交理赔资料时,公司应由专人接收资料,并签发接收回执。收取客户索赔材料和手续时,单证收集人员须认真检查核实,确保资料准确和齐全。当客户提交资料不全时,须主动与客户沟通,并书面一次性通知客户需要补齐的材料明细,避免让客户就同一赔案多次往返提交资料

续上表

环　　节	细　　则
核赔	核赔通过后,须在客户服务承诺时限范围内与客户达成赔付协议。 　　20万元以下(含20万元)的车辆事故案件,在事故责任和保险责任明确,单证齐全、真实的条件下,自收到被保险人或者受益人的索赔申请书时日起,公司应在十个工作日内达成赔付协议。确属疑难案件或是双方存在异议未达成赔付协议的,应由案件所属市级或市级以上保险机构分管负责人同意,适当延长赔付时间,但需要在10个工作日内明确告知客户。 　　2 000元以下不涉及人员伤亡的车辆事故案件,在事故责任和保险责任明确,单证齐全、真实,已达成损失确认协议的条件下,公司应在两个工作日内进行赔付。 　　对已达成赔付协议的案件,理赔服务人员须将核赔结果通知被保险人或者受益人,对属于保险责任的,公司应在3个工作日内支付赔款。 　　对案件核定后不属于保险责任的拒赔案件,须自作出核赔决定之日起三日内向客户发出拒赔通知书,列明具体事件及不予赔付所依据的条款和理由。对于客户提出异议的,须做好说明解释工作。 　　公司自收到索赔申请书和有关证明、资料之日起六十日内,对赔偿金额不能确定的,须根据已有的证明和资料可以确定的数额先行予以支付;在最终确定赔偿金额后,支付相应的差额。 　　如保险合同对理赔期限有约定,理赔服务人员须按照合同约定期限赔付
异地出险案件	异地出险案件的沟通须在公司内部进行,禁止让客户在两地机构之间代为传话。 　　异地出险车辆的送修,公司须与客户协商,在合理、适当的前提下遵从被保险人的意愿。 　　禁止向客户直接收取代勘费用,相关费用的结算须通过公司内部机制解决

（3）服务禁语。

各级机构人员在为客户提供服务过程中，严禁出现以下或与之含义、语气接近的服务用语（表6-6）。

服 务 用 语

表6-6

服务用语	禁　　语	礼 貌 用 语
通用	不知道，不清楚。没到上班时间，急什么。着什么急，没看见我正忙着。人不在，等一会儿。保险公司又不是你家开的，说怎样就怎样。我解决不了，你愿意找谁找谁去，找领导去，那不有意见簿吗？这个问题我们不清楚，要咨询，你打客服电话好了	请问您需要帮助吗？我能为您做些什么？这个问题是这样的……您的保单上只投保了这一项，对不起，很抱歉……
接报案服务	这个问题你自己打×××。我们这很忙，你快点说；现在跟你说不清楚，以后再讲吧！我再说一遍，你这个案子必须×××。查勘员还有别的现场，你等着吧。没有保单号、赔案号，怎么查？	请稍等，这是其他部门负责的，我帮您联系一下。您好，我现在就联系查勘员，尽快到您那里……
查勘服务	我正在查勘案件，没空。这么一点钱还赔什么赔啊	请等我5min，我很快就到您那里。我正在处理另一查勘现场，我和调度员联系一下，另派一名查勘员到您那里……
定损服务	这零件根本没坏，不能赔。所有数据都是计算机自动生成的，怎么会错呢？定损价格这么高，你还说修不了？定损和修车的事情你不懂，我们是专家，听我们的就行了	先生、女士，据查勘定损，这零件没有损坏，因此不在赔偿范围内。您看，这些数据您是否同意，如果有问题我们解决一下……

续上表

服务用语	禁　语	礼貌用语
单证收集服务	没看到别人在排队啊？差这差那的,把资料带全了再来。不要问我可以赔多少,该赔的我们不会少给你。又不是我算的,我怎么知道赔多少。赔这么多可以啦,还嫌少	这些是取赔款时需要出示的单证,请准备齐全。好的,我帮您查看一下该赔多少。这是公司的理赔规定,您看一下,比照您的,看看哪里不满意
处理外部投诉服务	现在解决不了,你回去等着吧,解决了再通知你。你爱找谁找谁吧,随便告。我们也没办法,你只能去找×××	我帮您联系其他部门,一解决问题就马上通知您
内部服务	这个规定难道你们都不知道吗？文件写着呢,自己看。你不愿意,我还不想干了呢！这点事都做不好,要你来干吗？	这是公司的明文规定,大家看一看,哪部分需要改进,大家讨论一下,您已经尽力了,下次会更好的

三、综合实训

学生分成几个小组,模拟理赔服务各环节,学习服务规范,并强化服务标准。

四、考核评价

考核评价见表6-7。

考核评价表　　　　　　　　　　　　　　　　表6-7

项目名称：ﾠﾠ课题名称：	班级：ﾠﾠ姓名：	日期：ﾠﾠ页码：
车险行业的服务规范有哪几方面?		
考核评价：		
		签字：

项目七 机动车辆交通事故现场查勘与责任认定

项目描述

道路交通事故的鉴别，事故责任的认定，现场查勘对比后的定损工作、理赔赔款工作、减少纠纷等都是非常重要的。此项目完成的任务对理赔工作也起到了举足轻重的作用，对保险人与被保险人的利益至关重要，也是维护社会和谐的保障。本项目重在培养学生在理赔案中对事故现场的查勘力、对事故责任认定的准确力以及完成交通事故责任书编制操作力。

项目要求

1.知识目标

掌握机动车保险事故现场查勘方法和特殊事故的现场查勘方法；掌握道路交通事故现场查勘流程；掌握正确叙述交通事故处理与事故责任认定的方法。

2.技能目标

熟悉典型的交通事故处理与责任认定操作方法；会进行交通事故责任分析，准确进行事故的责任认定；正确熟练地进行交通事故现场的查勘工作及证物的提取工作；正确处理特殊事故的现场查勘工作；能熟练在仿真平台上完成现场查勘记录单的填写等工作。

3.素养目标

培养学生良好的与人沟通能力，以及熟练自如地应用自动化办公软件进行工作的能力。

建议课时

18学时。

课 题 一　事故车辆的现场查勘

事故车辆的现场查勘一般在保险事故的现场进行,而出险现场又比较复杂,查勘工作是保险理赔承上启下的重要环节,是确定保险责任的关键步骤,是开展核损工作的主要依据,也是保险公司控制风险的前沿阵地。现场查勘如图7-1所示。

图7-1　现场查勘

一、现场查勘概念

现场查勘是指对事故定性、定责的过程,即通过仔细了解现场情况,确定损失原因以及是否属于保险责任。这项工作主要由保险公司或公估公司的查勘人员完成。查勘人员在接到调度指令后,应第一时间赶赴事故发生现场,对事故的真实性进行核实,协助客户处理现场,并告知客户相关索赔事项。

二、现场查勘的目的

现场查勘是证据收集的重要手段,是准确立案、查明原因、认定责任的依据,也是保险赔付、案件诉讼的重要依据。其目的包括定性、定责和定损三项(图7-2)。

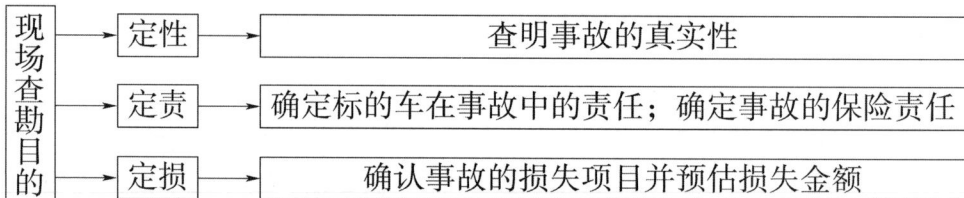

现场查勘目的		
	定性	查明事故的真实性
	定责	确定标的车在事故中的责任;确定事故的保险责任
	定损	确认事故的损失项目并预估损失金额

图7-2　现场查勘的目的

三、现场查勘的要求

现场查勘的要求如图7-3所示。

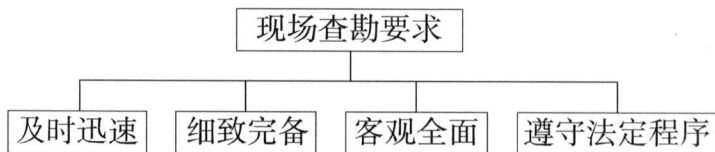

现场查勘要求			
及时迅速	细致完备	客观全面	遵守法定程序

图7-3　现场查勘要求

四、现场查勘流程

查勘人员接到调度员的派工赶到事故现场,调查事故车的基本情况,调查当事人,询问事故发生的经过,拍摄现场照片,做好现场笔录,缮制查勘报告。

现场查勘的流程如图7-4所示。

图7-4 现场查勘的流程

1.查勘前的准备

1)物品准备

在赶赴查勘现场之前,必须携带必要的查勘工具和救护用具,准备好查勘单证及相关资料。查勘前的准备见表7-1。

查勘前的准备 表7-1

准 备 材 料	细 目
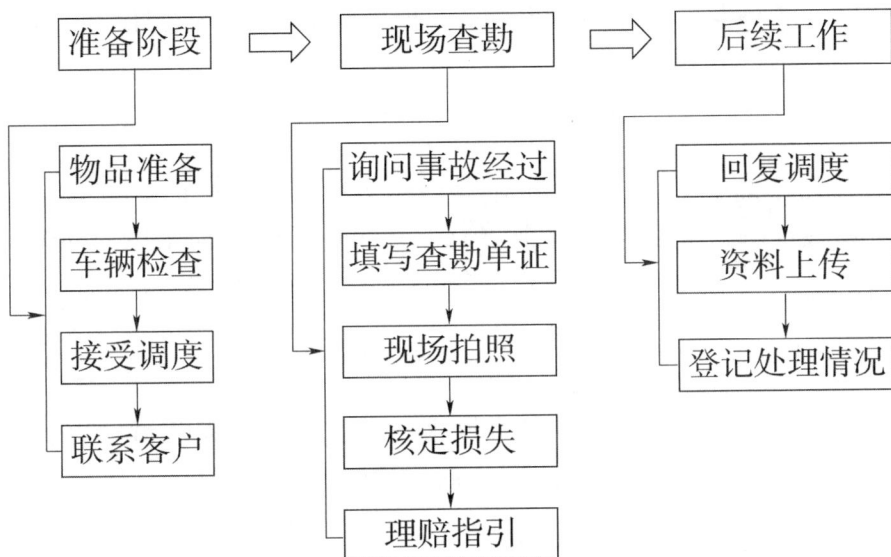 工具	施救工具:备胎、油桶、拖车绳、千斤顶,过江龙等。安全警示装置:反光背心、事故警示牌、手套等。记录用的签字笔、印油、书写板、三角板等文具。夜间查勘需要准备手电筒。雨天查勘需准备雨伞、胶靴等。新手查勘还需要准备事故现场所在地的地图备查

续上表

准备材料	细　目
仪器	4G 或 5G 手机、相机、录音笔、钢卷尺或皮尺、电池及充电器,重大案件须携带录像机
医疗用品	可常备创可贴、云南白药、碘酒、十滴水、风油精、正气水、药棉、纱布、绷带或医用胶带等常用医疗用品
相关资料	现场查勘报告单、定损单、索赔指导书、出险通知书、赔款收据、事故快速处理书、旧件回收单、隐损件专用贴纸(标签)和其他委托单位要求在现场派发或收集的资料
车辆	查勘车辆

特别提示:4G、5G 移动智能手机在查勘定损工作中得到了极大的应用,通过手机和理赔系统的链接,手机可具有"自动短信通知、流程监控、手机定位、照片上传"等功能,通过实时的移动通信网络实现对理赔工作人员定位、现场拍照、后台审核等事故现场任务处理环节的快速完成。信息化技术在保险行业的应用,是提高保险公司工作效率、经营水平的最科学办法。

2)检查查勘用车

出发前,检查查勘车辆车况、仪表、灯光、燃油、离合器、制动器性能是否良好、备胎情况及更换工具是否随车携带,燃油油量能否满足当天查勘要求;检查相机等查勘工具、救护用具、作业资料等是否完备;检查各类电子设备电量是否充足。

3)接受查勘调度

查勘员接受调度如图 7-5 所示。接受调度时要使用以下标准用语,以便准确、完整地记录好调度提供的案件信息,了解出险车辆的承保及出险情况:

您好！我是查勘员某某。

请稍等(准备记案本,笔)……

请介绍案件情况……

谢谢,我马上联系客户。

4)联系客户

查勘员在接受调度后要及时主动的联系客户。查勘员联系客户场景如图 7-6 所示。

图 7-5　接受调度

图 7-6　查勘员联系客户场景

(1)联系时间:3min 内电话联系,之后每 10min 左右联系一次。

(2)联系内容:自我介绍,说明来意。确认事故情况及地点,简要指引处理现场,告知自己所处位置和大概到达时间(因特殊原因不能按约定时间到达现场的,应及时与客户联系并向客户说明原因)。安抚客户情绪,提醒客户注意安全,说服客户等。

(3)态度:礼貌、耐心,面带微笑。

2. 现场查勘

1)现场查勘的首要任务

(1)首先打开录音笔,使用标准服务话术(同时递上名片)向事故当事人进行自我介绍。对于未按要求或约定的时间到达现场的,必须致歉。

(2)询问事故经过,指导标的车的事故当事人正确填写《机动车辆保险索赔申请书》,并要求客户签字确认。对客户不明白的事项进行详细解释。《机动车辆保险索赔申请书》如图 7-7 所示。

中国人寿财产保险股份有限公司
China Life Property and Casualty Insurance Company Limited

机动车辆保险索赔申请书(代出险通知书)　　目标客户标识

商业保险保单号：　　　　　　　　　　交强险保单号：
商业保险报案号：　　　　　　　　　　交强险报案号：

被保险人：			交强险承保公司：	
厂牌型号：		号牌号码：	牌照底色：	车辆种类：
出险时间：			出险原因：	
报案人：			报案时间：	
报案方式：□电话　□传真　□上门　□其他			是否第一现场报案：□是　　　□否	
联系人：			联系电话：	
出险地点：				
处理部门：□交警　□其他事故处理部门　□保险公司　□自行处理				
驾驶人员姓名：			初次领证日期：　　　年　月　日	
驾驶证号码：□□□□□□□□□□□□□□□□□□				
准驾车型：□A　□B　□C　□其他			性别：□男　□女	年龄：

事故经过：(请您如实填报事故经过。报案时的任何虚假、欺诈行为，均可能成为保险人拒绝赔偿的依据。)

　　　　　　　　报案人签章：　　　　　　　　　　　年　月　日

中国人寿财产保险股份有限公司：

　　本人的保险车辆发生的上述事故已结案,相关的索赔材料已整理齐全,现特向贵公司提出索赔申请。

　　本人声明:以上所填写的内容和向贵公司提交的索赔材料真实、可靠,没有任何虚假和隐瞒。

　　此致!

　　　　　　　　被保险人签章：　　　　　　　　　　年　月　日

图7-7　机动车辆保险索赔申请书

特别提示:①如果保险标的或受伤人员尚处于危险中,应立即协助客户采取有效的施救、保护措施,避免损失扩大;②对于损失超过交强险责任限额或涉及人员伤亡的案件,应提醒事故当事人向交通管理部门报案。

2)现场查勘的主要内容

(1)查核保单信息。查核保单信息情况见表7-2。

查核保单信息情况　　　　　　　　　　表 7-2

查 验 内 容	目　　　的	查 验 结 果
投保险别	初步判断事故是否属于保险责任	属 于 保 险 责任,尽快立案; 　不 属 保 险 责任,拒赔并书面形式说明理由
保险金额	看是否足额投保	
保险期限	看是否处于保险期间	
交费情况	交费是合同生效的重要条件	

（2）查明肇事驾驶人和报案人情况。肇事者与报案人身份的确定如图 7-8 所示。

①确认肇事驾驶人和报案人身份,核实其与被保险人关系。

②查验肇事驾驶人的驾驶证。确认驾驶证是否有效;驾驶的车辆是否与准驾车型相符;驾驶人是否是被保险人或其允许的驾驶人;驾驶人是否为保险合同中约定的驾驶人;特种车驾驶人是否具备国家有关部门核发的有效操作证;营业性客车的驾驶员是否具有国家有关行政管理部门核发的有效资格证

图 7-8　肇事者与报案人
　　　　　身份的确定

书。若前述证件有不合格的应当用数码相机拍照,取得证据。

③若发现标的车驾驶人有饮酒或者吸食或注射毒品、被药物麻醉嫌疑且当时未向交管部门报案的,应主动要求肇事驾驶员和报案人立即向交管部门报案（若标的当事人不配合报交管部门需说明利害关系,必要的时候代为报案）,并做好询问及取证工作。

④准确记录被保险人或驾驶人的联系方式。

（3）查验出险车辆情况。

①查验保险车辆信息。保险车辆信息见表 7-3。

保 险 车 辆 信 息　　　　　　　　　　表 7-3

保 险 车 辆	目　　　的
车型、车牌号码、牌照底色、发动机号、VIN 码、车辆颜色等信息	与保险单以及行驶证和保险标志所载内容进行核对

续上表

保 险 车 辆	目 的
保险期限	是否有效
出险时的使用性质	与保单载明的是否相符
车辆结构	有无改装或加装,是否有车辆标准配置以外的新增设备
装载货物	是否运载危险品
装载质量	是否有超载情况

②查验第三方车辆信息。

a.查验并记录第三方车辆的车牌号码、车型,交强险和商业险的承保公司。

b.记录第三方驾驶人姓名、联系方式等信息。

c.核对交强险标志与保单内容是否相符并拍照。

(4)查明出险经过(图7-9)。

(5)核定损失。

①剔除非事故或非保险责任内损失。

②核定事故车辆损失。

③清点财产损失情况。

④确定人员伤亡情况。

(6)判定事故责任。查勘员可根据现场查勘情况,依据《道路交通安全法》和《道路交通安全法实施细则》的相关规定对事故责任作出判定。责任判定如图7-10所示。

判定事故责任后,应了解交警对责任划分的情况。如果双方对事故责任的判定相近,则要查清事故各方所承担的责任比例,同时还应注意了解保险车辆有无在其他公司重复保险的情况;如果双方对事故责任的判定有明显出入,则应收集足够的证据,为以后保险公司采用诉讼办法不采信事故责任认定书做准备。

如果标的车辆在事故中没有责任,可以直接开始缮制《现场查勘报告》,在报告中注明标的车无责,并告知客户向有责任的一方索赔的程序后,可结束查勘工作。

(7)出具《交通事故快速处理书》。若事故所在城市实施了交通事故快速处理、快速理赔机制,且委托单位授权查勘人员的,查勘人员要根据现场情况,在授权范围内向事故当事人出具《交通事故快速处理书》。

核实出险时间	对出险时间接近保险起讫期出险的案件，应认真查实
	了解车辆启程或返回的时间、行驶路线、委托运输单位的装卸货物时间、伤者住院治疗的时间等，以核实出险时间
	核对报案时间是否超过出险时间48h以上

核实出险地点	查验出险地点与保险单约定的行驶区域范围是否相符
	对擅自移动现场或谎报出险地点的，须进一步深入调查
	查验事故现场是否存在碰撞散落物、碰撞痕迹是否吻合等，以此判断是否为事故第一现场
	盗抢险案应在车辆被盗地点周围进行调查询问，以确定出险时间内车辆是否被真实停放过

查明出险原因	是判断保险责任的关键，对原因的确定应采取深入调查，对事故原因的认定应有足够的事实依据
	对损失原因错综复杂的，应运用近因原则。凡是与案情有关的重要情节都要尽量收集、记载，以反映事故全貌，同时，应获取证明材料，收集证据
	对可能存在酒后驾车或无证驾驶、驾驶执照的准驾车型与实际车型不符等情况，应立即同公安交警部门获取相应证人证言和检验证明

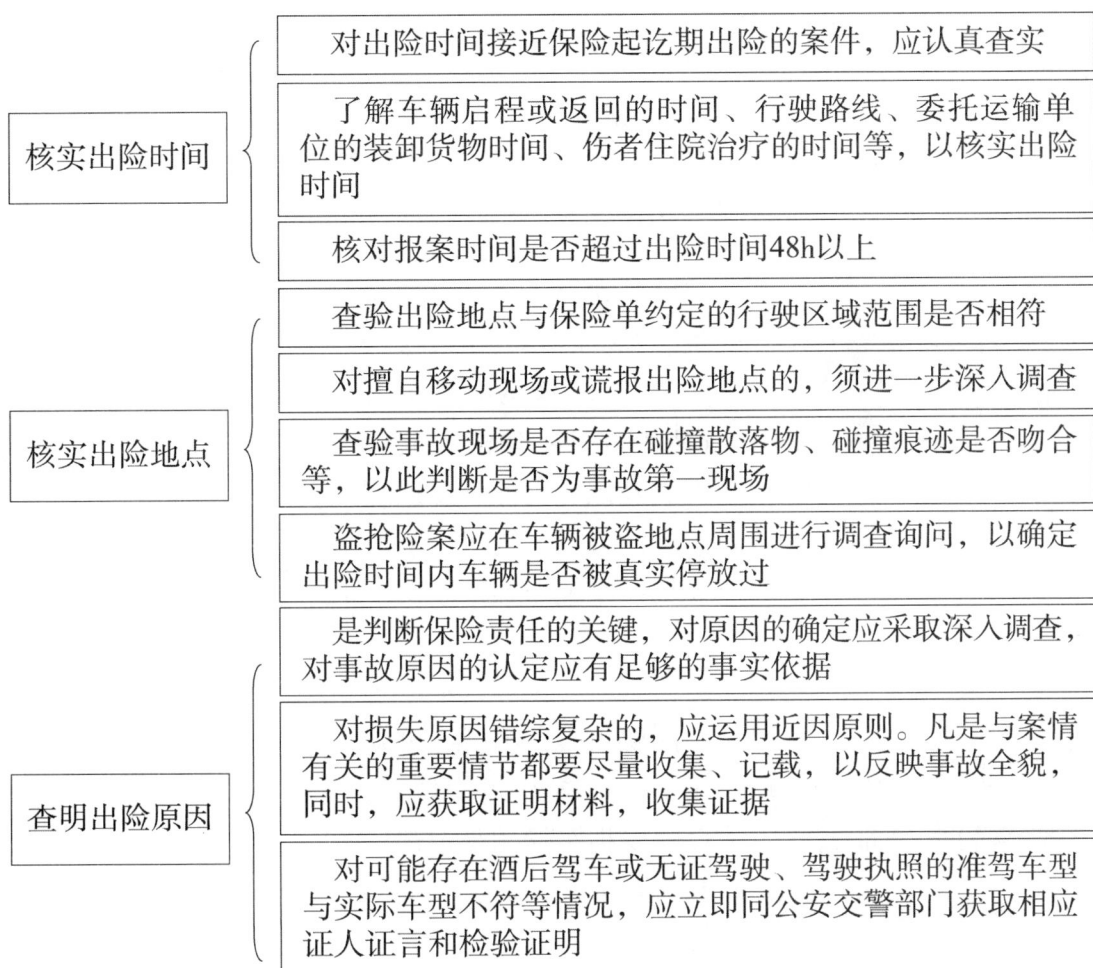

图 7-9　查明出险经过

需要注意的是，向事故当事人出具《交通事故快速处理书》，只是证明事故的真实性和确定事故责任，并不代表委托单位就必须要承担相应的赔偿责任。

3）现场查勘的主要工作

（1）拍摄现场照片。由于事故现场极易被破坏，故在了解事故现场概况的同时，查勘员应及时拍取现场照片。相片必须清晰（显示车牌

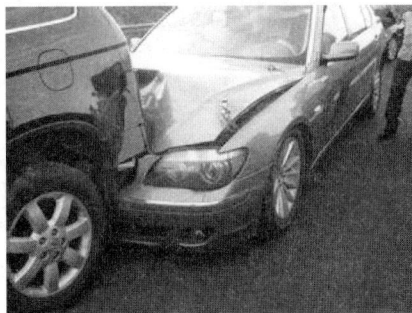

图 7-10　责任判定

号码、车架号码、发动机号码、车损部位）、完整（能全面反映事故情况、损失情况），必须带有日期。照片应有反映事故现场全貌的全景照片（方位照片），还要有反映受损车辆号牌及受损财产部位和程度的近景照片。数码相机的照片大小

调整为 640 像素×480 像素;尽量避免使用立式拍摄,严禁使用对角拍摄。现场拍照见表 7-4。

现 场 拍 照

表 7-4

拍照顺序	要　　求	拍 摄 方 法
 第 1 幅拍摄全景照	反映事故全貌、标的号牌、现场遗留物、事故接触部位、事故现场明显标志(路牌、门牌、建筑物),使人见到照片时能认出或明了事故发生的地点、事故现场及车辆全照	面对事故碰撞部位呈 45°角拍摄远景照。如果是在第一现场拍摄,还应拍现场照片,应从远距离采用俯视角度拍摄和从中远距离采用平视角度拍摄的方法确认事故现场
 第 2 幅拍摄全车外观照	能够反映车牌号、出险车整体面貌及碰撞位置,反映受损车辆的受损部位和完好部位,以车为主、环境为辅	面对损失最为严重的部位呈 45°角拍摄全车外观照,最好从前、后两个角度拍摄
 第 3 幅拍摄中心照片 (事故车辆损失部位照)	反映受损部位的整体状况和碰撞点(接触点),便于直观判断损坏程度,要把损失部位及四周关联物体都拍摄在内	以碰撞点为中心,以适中的距离拍摄能够反映碰撞点、损失部位整体情形的照片,先整体后局部,由里及外
 第 4 幅拍摄事故车辆损失部位局部照	反映受损部位的局部状况,为修换标准提供技术支持	进行局部放大方式拍照。为了反映与其他部位的联系,拍摄距离也不宜过近

续上表

拍 照 顺 序	要　　　求	拍 摄 方 法
第5幅拍摄标的17位编码照(或车架号照片)	将17位代码反映清晰,易于辨认	整幅近照
第6幅拍摄三者事故损失部位照	反映事故接触点、受损部位、受损程度、标的号牌	由远及近,由里及外,先整体后局部
第7幅拍摄事故当事人驾驶证	反映有效期限、年审时间,且要求易于辨认	整幅近照,先核对后拍照
第8幅拍摄事故车辆行驶证	反映车主、号牌、VIN码、年审时间	整幅近照,先核对后拍照

注:1. 玻璃破碎的拍照要求。破碎不明显的,客户坚持更换的,现场敲碎后拍照;在玻璃拆除后进行拍照,反映标的号牌;在玻璃破碎处涂着色剂或颜料后拍照,反映标的号牌。

　　2. 隐损件的拍摄要求。涉及隐损的零件及容易扩大损失的零件(如前照灯、散热网、水箱等)需要贴标签拍摄,标签上必须签署查勘员姓名和查勘时间。

特别提示：对套牌车或改装车,还须拍摄铭牌和发动机号。

单方事故照片要有固定静止物被剐、擦、撞痕迹的近景照。

对于底盘损坏的车辆,应在车辆提升后或在维修槽里进行拍摄,并保证有足够的光线。

大件损伤不明确的,应拆下来单独拍摄全景照,并拍摄损伤细节处照片。

可修可换部件的照片应能详细反映损伤程度;穿孔部件照片不能清晰反映损伤情况的,可以插上钥匙再拍,断裂处可用手指指明再拍。

对于拖带车辆(含挂车)或拖带其他物体的,应拍摄所有车辆及拖带物,并做出必要说明。

照片的具体数量根据事故类型和损失程度确定。

照片均应配以文字标注,对损坏部件用红笔画小圈,再用蓝、黑笔在照片侧用文字说明。

照片的上传原则上按前述拍照的顺序传送,但方位照片应系统、连贯地反映现场概况。

(2)提取现场物证。交通事故物证能够证明事故真实情况。现场物证的类型主要有散落物、附着物、痕迹等。现场痕迹物证的提取方法及注意事项见表7-5。

现场痕迹物证的提取方法及注意事项　　　　　表7-5

类别	方法及注意事项
物品痕迹物证提取	提取要准确
	须检验的痕迹物证应及时、准确地送有关部门进行检验鉴定,特别是人体组织、血液、呕吐物
	在提取衣物、鞋帽等小件物品上的痕迹和附着物须包装时,不准用粉笔在痕迹上做标记,要用洁净白纸将痕迹部分隔开折叠,装入透明塑料袋内,以免衣物、物品和痕迹部分相互接触摩擦,影响检验效果
	油质附着物不能用纸包装,要用洁净的试管或塑料袋包装,以免发生质地变化

续上表

类别	方法及注意事项	
物品痕迹物证提取	对于要送检的各种痕迹物证,应按技术鉴定部门的规定和要求分门别类填写送检报单,并详细介绍送检物的提取方法及有关情况,注明案由、送检要求和目的。技术鉴定部门做出鉴定结论后,事故处理部门仍需暂留痕迹物证原件,供事故处理和进行诉讼活动时备查	
指纹痕迹提取	指纹、手印的重点检查部位:机动车转向盘、变速杆手柄、车门把手、车门板、仪表板、风窗玻璃框、后视镜等;现场不能移动的物体,如交通标志、隔离设施以及伤亡人员携带物;当事人各种证件及携带品	
	手印查寻方法	手上沾有油污、带颜色的物质时留在物体上的手印,称为立体手印;用手接触门把手、车体等光滑的表面时,在这些表面留下的汗液手印称为无色手印;对木质结果部分或各种证件上的汗液手印,需用物理或化学方法加以处理,进行染色显现后才能看到
	显现汗液指纹的常见方法	熏染法、粉末显示法、光检测法、利用化学药品显现指纹
鞋印痕迹提取	根据鞋印的位置,确认遗留在驾驶室内的鞋印是否为驾驶人的。一般,在转向盘下方的鞋印是驾驶人的,而在侧位的鞋印应是乘车人的。应结合转向盘上的指纹及人体伤害情况确认驾驶人	
	勘测驾驶室内遗留的鞋印,与驾驶人当时所穿鞋的鞋底花纹进行对比鉴定,确定驾车嫌疑人	
	勘测驾驶室内遗留鞋印的尺寸,与驾驶人当时所穿鞋的号码尺寸进行对比鉴定,确定驾车嫌疑人	
	勘测驾驶室内遗留鞋印的土质,与驾驶人当时所穿鞋上黏附的土进行检验鉴定,确定驾车嫌疑人	
	将从驾驶室内提取的鞋印的形态特征,与驾驶人嫌疑人的鞋底特征进行对比,确定驾车嫌疑人	

（3）查勘现场。查勘现场就是要确认事故的真实性、标的车在事故中的责任、事故或损失是否属于保险责任范畴。在事故查勘现场，要注意做到：

①认真观察碰撞、剐蹭痕迹的位置、高度（可用卷尺测量）是否相吻合，以及造成的损失是否合理、相对等。

②观察碰撞位置是否有对方车身颜色的油漆或物体的脱落物（如树皮、人员的毛发等）。若碰撞后有漆面脱落，但现场及对方的车身一均找不到脱落的油漆，或虽有油漆但颜色不吻合，说明碰撞情况不实。

③观察现场是否有制动痕迹或轮胎拖印。若现场无任何制动痕迹但造成损失却较大，这显然是不可能的。

④观察现场是否有碰撞造成损坏的散落物（如漆面、塑料碎片、灯具玻璃碎片等）。根据散落物的位置可以初步判断碰撞的第一接触点和碰撞后的运动路线，必要时应将散落的玻璃碎片进行拼合，若有残缺无法拼合，则表明不是第一现场。

⑤对于停放车辆被撞的情况，可检查车辆水温是否处于较低温度或发动机是否发热，以判断报案情况是否属实。

⑥对于非碰撞造成的事故，同样可以根据现场情况，分析事故成因及事故的真实情况。如：对于翻车事故，可以根据现场的制动痕迹、抛出物的方向、车辆装载情况及出险时的天气、路面情况等判断事故真实情况。

（4）小额事故的现场定损。对符合现场定损条件的小额事故，现场与客户协商定损，当场出具损失确认书，双方当场签字确认后，推荐客户到公司合作网点或集中定损点修理。

①剔除非事故或非保险责任内损失。现场查勘时，查勘员要确认事故车辆的损失部位。对非本次事故造成的损失（或非保险责任范畴内的损失）要予以剔除，并做好客户的沟通解释工作，取得客户理解和确认。

②核对事故车辆损失。对于责任明确、车损较小、没有隐损件的事故，查勘员要在现场核定维修工时和配件价格，出具《定损单》，并在需要回收的受损零部件上粘贴回收标签，告知客户妥善保管核准更换的受损零部件，以备回收。

③清点财产损失情况。对于造成其他财产损失的案件，查勘员应现场确认第三方财产损失的型号、数量等；对于货品及设施的损失，应核实数量、规格、生产厂，并按损失程度分别核实；对于车上货物，还应取得运单、装箱单、发票、核对装载货物情况；对于房屋建筑、绿化带、农田庄稼等，要第一时间丈量损失面积，告知客户提供第三方财产损失清单，并对受损财产仔细拍照。现场清点后，要列

出物损清单,并要求事故双方当事人在清单上签名确认。

(5)缮制查勘报告。一般查勘报告的样式见表7-6。

填写查勘报告的要求:

①根据查勘情况,认真、详尽地填写查勘报告,肇事驾驶人或报案人应在查勘报告上签字确认。

②涉及人员伤亡的,要分别登记保险车辆车上人员和三者车辆、车外人员的死亡、受伤人数。

③对于多车互碰的案件,应对所有三者车辆的基本情况逐车进行记录。

④对事故中受损的财产,详尽记录受损物的名称、类型、规格、数量、质量等。

⑤对于重大、复杂或有疑点的案件,应在询问有关当事人、证明人后,在《车险事故查勘询问笔录》中记录,并由被询问人签字确认,并及时上报公司相关负责人。

⑥对查勘中发现的问题,须提醒下一步理赔环节注意的问题,应在查勘报告中详细注明。

⑦严格按《道路交通事故现场图形符号》绘制现场草图,现场草图应基本能够反映事故现场的道路、方位、车辆位置、肇事各方行驶路线、外界因素等情况。

机动车辆保险现场查勘报告(正面)　　　　　表7-6

出险情况	出险地点		是否第一现场		现场挪动原因	
	出险时间		出发起程日期		行驶路线	
	出险原因		主观原因		客观原因	
	驾驶人		驾驶证号		准驾车型	
	酒后驾驶		驾驶证是否有效		驾驶人年龄	
	出险险别		车上人员伤亡		第三者人员伤亡	
	第三者财产损失		施救方式		同车人员姓名	

续上表

车辆情况	制动性能		轮胎情况		出事后手柄位置	
	行驶证号		年检情况		车主	
	核定座吨位		实载座吨位		车架号	
	厂牌型号		登记日期		发动机号	
	车载货物		车况		车辆产地	
道路情况	路面情况		路面附着情况		弯道或弧度	
	车辆通行量		人车是否混行		路面障碍	
	车辆紧急制动印长		现场遗留物		气候	
报案情况	向公安机关报案时间		交警是否出现场		交警姓名	
	定责初步意见		交警处理意见		标的的交强险承保公司	
	标的是否承保交强险		三者是否承保交强险		三者交强险承保公司	
查勘分析						

查勘人签字：		年　　月　　日

续上表

机动车辆保险现场查勘报告(反面)

事故现场示意图
北 西————→东 南
简单的问题询问
被调查人签字：　　　　　　　　　　年　月　日

（6）索赔告知。

①讲解理赔流程和宣传公司特色服务。

②发放索赔须知及索赔申请书。

③指导客户填写《机动车辆保险索赔申请》，要求当事人填写详细出险经过，当事人必须签字确认。

（7）告别客户离开现场。在告知客户事故程序和索赔流程后，查勘员就可以离开现场。

（8）上传材料。查勘员必须在规定时间内将现场查勘的所有相关材料上传至车险理赔系统，遇有疑难问题，与搭档沟通达成一致意见后及时与核赔员沟通，将沟通意见上传至车险理赔系统。并在规定时效内，向内勤人员移交查勘定损单证。查勘员上传材料如图7-11所示。

五、综合实训

（1）2018年1月7日，被保险人曾××驾驶一辆牌号为川R×××××的长城汽车在上海市松江北松行驶时,与迎面驶来的牌号为豫 B××××× 的载货汽车相撞,造成两车受损(图 7-12)。长城汽车的左前车头撞击载货汽车左侧中桥轮胎处。长城汽车左前车头严重受损且驾驶员受伤,载货汽车左慨中桥处受损。交警判定长城汽车驾驶员负全责。经成都太保委托,由民太安保险公估有限公司的查勘员陈××前往永强汽修厂查勘。作为保险公司的查勘员,在接到调度的派工后,应该做什么?

图 7-11　查勘员上传材料　　图 7-12　事故现场

(2)请拍摄校内实习车的车架号照片,熟悉拍摄照片的方法。

六、考核评价

考核评价见表 7-7。

考核评价表　　　　　　　　　　　表 7-7

项目名称: 课题名称:	班级: 姓名:	日期: 页码:
请仔细观看下面的事故车辆照片,结合我们学习的事故现场照相目的和要求,说一说这张照片有什么不足之处 		
考核评价: 　　　　　　　　　　　　　　　　签字:		

课题二　道路交通事故处理与责任认定

一、交通事故处理管理部门的职责

处理交通事故是公安机关交通管理部门的主要职责之一,具体地说主要有4个方面的职责:一是处理交通事故现场;二是认定交通事故责任;三是处罚交通事故责任者;四是对损害赔偿进行调节。

凡是交通事故都必须由交通管理部门处理。凡是属于非道路交通事故的,可向当地公安管理部门(如派出所)报告。

《中华人民共和国道路交通安全法》(2013年版)第77条规定:车辆在道路以外通行时发生的事故,公安机关交通管理部门接到报案的,参照本法有关规定办理。也就是说,公安机关交通管理部门对道路以外的事故亦有管辖权,但前提是必须接到报案。

二、处理道路交通事故的方法

当车辆发生道路交通事故时,车主及交警选择处理的方法如图7-13所示。

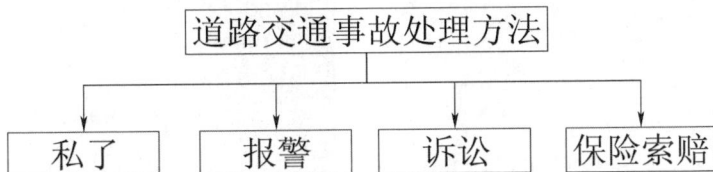

```
          道路交通事故处理方法
    ┌───────┬───────┬───────┬───────┐
   私了      报警      诉讼     保险索赔
```

图7-13　道路交通事故的处理方法

发生交通事故后,除了用私了、报警和诉讼的方法外,机动车的投保人还可以向保险公司提出申请,要求赔偿。

三、道路交通事故责任认定

道路交通事故的责任认定,就交通事故处理而言,处于承上启下的中心环节。在对交通事故损害赔偿调解时,交通事故责任是承担相应赔偿量的根据。所以,道路交通事故责任认定在处理交通事故过程中具有相当重要的地位。

想一想

(1)儿童违章穿越道路需要承担交通事故责任吗?

(2)交通事故责任与法律责任一样吗?

(3)交通事故责任与交通事故损害赔偿责任一样吗?

所谓道路交通事故责任是指公安机关在查明交通事故责任后,依据道路交通管理的法律、法规和部门规章,对当事人的违章行为与事故之间的因果关系以及违章行为在交通事故中所起的作用作出的结论。

1. 交通事故责任的类型

交通事故责任的类型如图7-14所示。

图7-14　交通事故责任的类型

2. 图解典型的交通事故责任认定

(1)追撞前车尾部的,如图7-15所示,A车负全责。

(2)变更车道时,未让正在该车道内行驶的车先行的,如图7-16所示,则A车负全责。

图7-15　追撞前车尾部

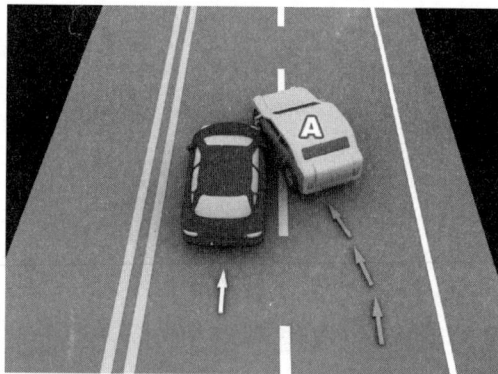

图7-16　变更车道未让该车道内直行车先行

(3)通过没有交通信号灯控制或者没有交通警察指挥的交叉路口时,未让交通标志、交通标线规定优先通行的一方先行的,如图7-17所示,A车负全责。

(4)通过没有交通信号灯控制或者没有交通警察指挥的交叉路口时,在交通标志、标线未规定优先通行的路口,未让右方道路的来车先行的,如图7-18所示,

A 车负全责。

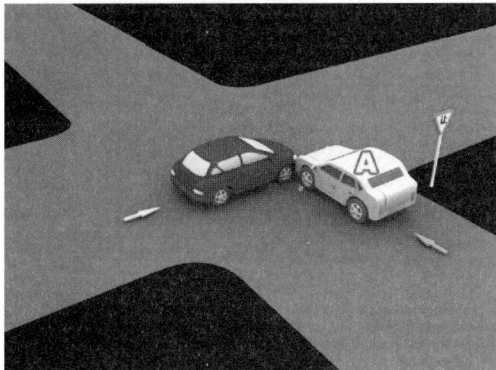

图 7-17　未让优先通行的一方先行　　　图 7-18　未让右方道路的来车先行

（5）通过没有交通信号灯控制或者没有交通警察指挥的交叉路口，遇相对方向来车，左转弯未让直行车先行的，如图 7-19 所示，A 车负全责。

（6）通过没有交通信号灯控制或者没有交通警察指挥的交叉路口时，相对方向行驶的右转弯车未让左转弯车的，如图 7-20 所示，A 车负全责。

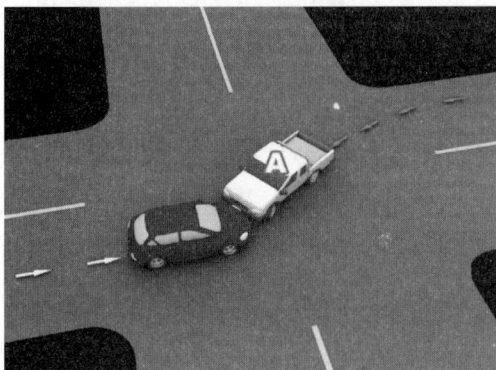

图 7-19　左转弯未让直行车先行　　　图 7-20　右转弯车未让左转弯车

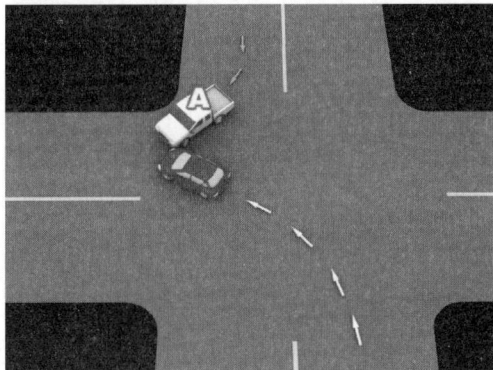

（7）绿灯亮时，转弯车未让被放行的直行车先行的，如图 7-21 所示，A 车负全责。

（8）在没有中心隔离设施或者没有中心线的道路上会车时，有障碍的一方已驶入障碍路段，无障碍一方未驶入时，无障碍一方未让有障碍一方先行的，如图 7-22 所示，A 车负全责。

（9）在没有中心隔离设施或者没有中心线的道路上会车时，下坡车未让上坡车先行的，如图 7-23 所示，A 车负全责。

（10）在没有中心隔离设施或者没有中心线的道路上会车时，下坡车已行至中途而上坡车未上坡时，上坡车未让下坡车先行的，如图 7-24 所示，A 车负全责。

图 7-21　转弯车未让被放行的
直行车先行

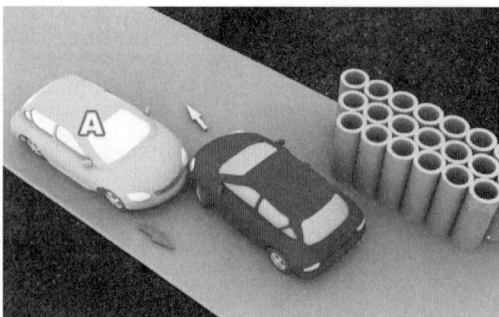

图 7-22　无障碍一方未让有障碍
一方先行

图 7-23　下坡车未让上坡车先行

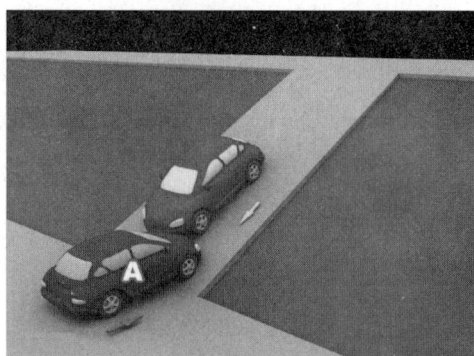

图 7-24　上坡车未让下坡车先行

(11)在没有中心隔离设施或者没有中心线的狭窄山路上会车时,在两车难以通过的情况下,靠山体的一方未采取减速或停车等避让措施让对方先行的,如图 7-25 所示,则 A 车负全责。

(12)进入环行路口的车未让已在路口内的车先行,如图 7-26 所示,则 A 车负全责。

图 7-25　靠山体的一方未让
对方先行

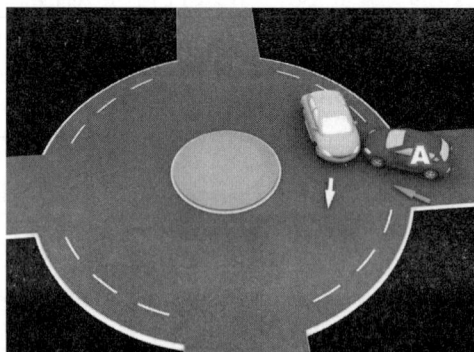

图7-26　进入环行路口车未让已入
路口的车先行

（13）逆向行驶的，如图 7-27 所示，则 A 车负全责。

（14）超越前方正在左转弯的车，所图 7-28 所示，则 A 车负全责。

图 7-27　逆向行驶

图 7-28　超越前方正在左转弯的车

（15）超越前方正在掉头的车，如图 7-29 所示，则 A 车负全责。

（16）超越前方正在超车的车，如图 7-30 所示，则 A 车负全责。

图 7-29　超越前方正在掉头的车

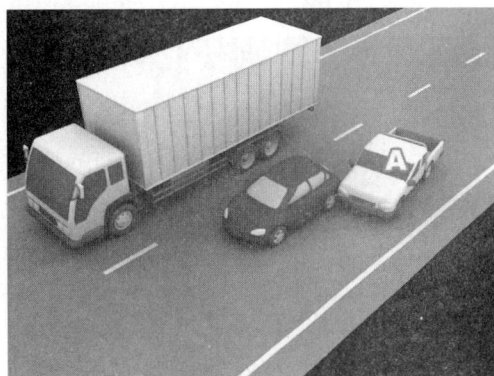

图 7-30　超越前方正在超车的车

（17）与对面来车有会车可能时超车的，如图 7-31 所示，则 A 车负全责。

（18）行经交叉路口、窄桥、弯道、陡坡、隧道时超车的，如图 7-32 所示，则 A 车负全责。

（19）在没有中心线或者同一方向只有一条机动车道的道路上，从前车右侧超车的，如图7-33所示，则 A 车负全责。

（20）在没有禁止掉头标志、标线的地方掉头时，未让正常行驶车先行的，如图 7-34

图 7-31　与对面来车有会车可能时超车

所示,则 A 车负全责。

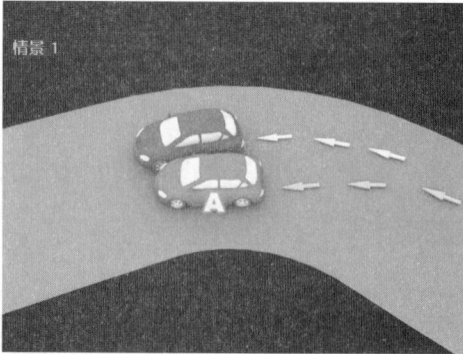

图 7-32　行经交叉路口、窄桥、弯道、陡坡、隧道时超车

　　(21)在有禁止掉头标志、标线的地方以及在人行横道、桥梁、陡坡、隧道掉头的,如图 7-35 所示,则 A 车负全责。

　　(22)倒车的,如图 7-36 所示,则 A 车负全责。

　　(23)溜车的,如图 7-37 所示,则 A 车负全责。

图 7-33　从前车右侧超车

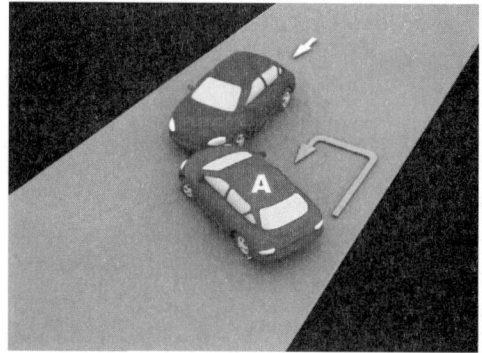

图 7-34　未让正常行驶车先行

图 7-35　在人行横道、桥梁、陡坡、
　　　　　隧道掉头

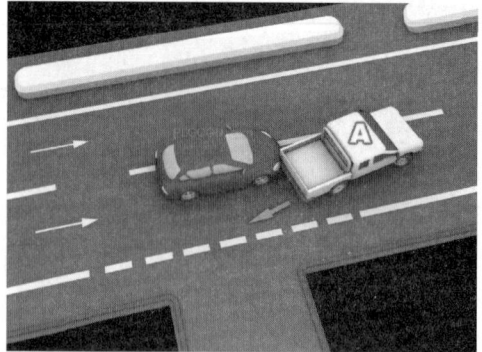

图 7-36　倒车

（24）违反规定在公交专用车道内行驶的，如图7-38所示，则A车负全责。

图7-37 溜车

图7-38 违反规定在公交专用
车道内行驶

（25）未按照交通警察指挥通行的，如图7-39所示，则A车负全责。

（26）驶入禁行线的，如图7-40所示，则A车负全责。

图7-39 未按照交通警察指挥通行

图7-40 驶入禁行线

（27）红灯亮时，继续通行的，如图7-41所示，则A车负全责。

（28）在机动车道上违法停车的，如图7-42所示，则A车负全责。

（29）违反装载规定，致使货物超长、超宽、超高，造成交通事故的，如图7-43所示，则A车负全责。

（30）装载的货物在遗洒、飘散过程中导致交通事故的，如图7-44所示，则A车负全责。

（31）违反导向标志指示行驶的，如图7-45所示，则A车负全责。

（32）未按导向车道指示方向行驶的，如图7-46所示，则A车负全责。

（33）开关车门造成交通事故的，如图7-47所示，则A车负全责。

图 7-41　红灯亮时继续通行

图 7-42　在机动车道上违法停车

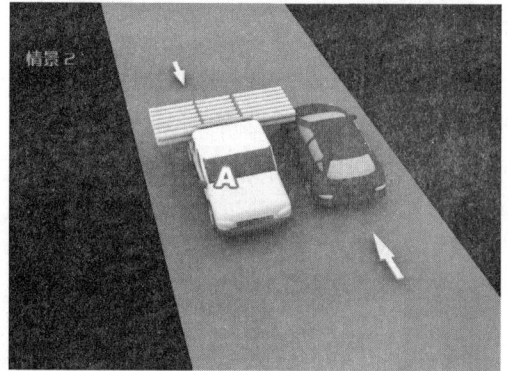

图 7-43　货物超长、超宽、超高

图 7-44　装载的货物遗洒、飘散

图 7-45　违反导向标志指示行驶

四、综合实训

(1)事故责任认定训练。高某于 2019 年 6 月 2 日 22 时在北京南二环路闯红灯被一辆桑塔纳轿车撞成重伤,高某被过路人送往医院治疗,花去医疗费43 320元,经医疗鉴定为九级伤残,如图 7-48 所示。本案中,高某应承担事故的_____责任。

图 7-46　未按导向车道指示方向行驶

图 7-47　开关车门造成交通事故　　　　图 7-48　高某闯红灯事故

(2)2020 年 3 月某日晚 8 点时许,吴某无证驾驶一辆轮式装载车正常行驶。在途经一无路灯路段时,王某酒后骑摩托车与吴某的车发生追尾事故。吴某听到异响便向后观察了一下,在未发现异常的情况下继续前行,后王某在未及时得到救治的情况下死亡。你认为谁应承担此次交通事故的责任?

五、考核评价

考核评价见表7-8。

考 核 评 价 表　　　　　　表 7-8

项目名称： 课题名称：	班级： 姓名：	日期： 页码：

　　2020 年 9 月,范某驾驶一辆轻型普通货车正常行驶至某公路一路段时,与车头右侧逆向行驶的宋某驾驶的普通两轮摩托车相撞,造成摩托车车辆受损、驾驶人宋某受伤及摩托车上两名乘车人受伤、经送医院抢救无效死亡的交通事故。后查明,摩托车主宋某无驾驶执照、醉酒驾车且有超载和违规不戴头盔的行为,且其驾驶的摩托车悬挂挪用的机动车号牌。事故发生后,范某驾车逃离现场,后主动到公安机关交通巡警支队投案。请问范某与宋某谁应承担责任,承担什么责任?

考核评价：

签字：

项目八　事故车辆的检验与定损

项目描述

　　本项目是保险理赔工作的关键环节,定损的准确性不仅关系到保险人的利益,也关系到被保险人的利益,是保险与理赔专业学生学习的重点章节。本项目重在培养学生在理赔案中对事故车辆定损的准确的判断力、对定损原则的理解力、维修工时的计算力以及对纠纷的解决能力。

学习目标

　　1.知识目标

　　正确叙述事故车辆验损机构的职责,正确描述车辆定损;掌握维修工时的费用计算方法;熟知第三者责任险的赔偿标准。

　　2.技能目标

　　会对保险车辆进行车身、发动机、底盘及车辆其他保险事故的定损;熟练进行维修工时费用的计算;准确对车辆其他保险事故进行定损;会对第三者责任险的赔偿标准的认定。

　　3.素养目标

　　培养学生良好的与人沟通能力、熟练自如地应用自动化办公软件进行工作的能力。

建议课时

　　16 学时。

图8-1 机动车辆验损中心

课题一 事故车辆检验及定损流程

具有一定规模的保险分支机构都设置有专门的机动车辆验损中心,配有专职的定损员进行定损核价。机动车辆验损中心如图8-1所示。

一、机动车辆验损中心的职责范围

机动车辆验损中心的职责范围是接到报案或出险通知后,指派定损核价人员迅速赶到事故现场,或指定及非指定修理厂,对出险事故车辆进行查勘、定损、估价;受理公司系统内异地委托代理业务的查勘、定损、估价;受理有关部门(公安交通管理机关事故处理部门)委托,对非保险车辆进行查勘、定损、估价。

二、机动车辆定损

1. 车辆定损的流程

车辆定损的流程如图8-2所示。

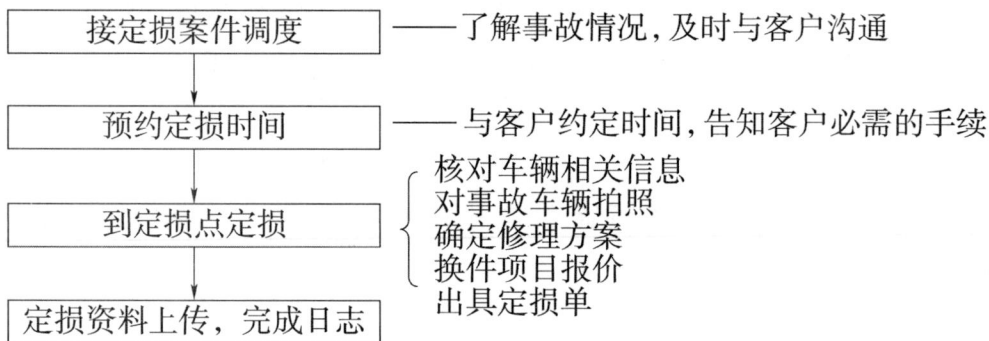

接定损案件调度 —— 了解事故情况,及时与客户沟通

预约定损时间 —— 与客户约定时间,告知客户必需的手续

到定损点定损 ——
核对车辆相关信息
对事故车辆拍照
确定修理方案
换件项目报价
出具定损单

定损资料上传,完成日志

图8-2 车辆定损的流程

1)接受定损调度

接受客服中心定损调度时,记录出险车辆的车牌号、车辆维修地点、联系人、车辆受损部位。

2)预约定损时间

接到定损调度后,在5min内与客户约定时间进行定损,及时与修理厂联系,并告知客户或修理厂预计到达的时间,并确认客户必需的单证(驾驶证、行驶证、保险单、现场查勘单、交通事故责任认定书等)是否齐全。与客户联系场景如图 8-3 所示。

特别提示:遇下列情况时,须通知当事人或标的车主到场:①事故中对方负全责或主要责任的;②损失严重,责任未分的;③有较多隐损,须拆检定损的;④对方车主对损失有争议的。

3)到达定损点定损

(1)核对车辆相关信息。核对出险车辆的厂牌、型号、VIN 码、牌照号、车架号(要求拓印/拍摄车架号)、发动机号、吨位或座位等是否同行驶证、保险单上的内容完全一致。以临时牌照投保的车辆,要检核临时牌照的有效期限和行驶的规定路线。

图 8-3　与客户联系场景

(2)对事故车辆拍照。事故车辆定损拍照见表 8-1。

事故车辆定损拍照　　　　　　　　　　　表 8-1

拍照顺序	照片名称	拍摄要求
第一幅	事故车辆外观照	拍摄时,面对损失最为严重部位呈 45°拍摄全车外观照。 要求:反映受损车辆的受损部位和完好部位、标的号牌,以便判断事故车辆受损程度
第二幅	事故车辆损失部位照	拍摄时,先整体、后局部,并由里及外进行拍摄。 要求:反映受损部位的整体状况和碰撞点(接触点),便于直观判断损坏程度
第三幅	事故车辆损失部位局部照	拍摄时,应采用局部放大方式拍摄。 要求:反映受损部位的局部状况,为修换标准提供技术支持

注意: 照片的具体数量根据事故损失程度确定,但照片的顺序原则上按以上要求上传,双代案件和3万元以上事故车辆照片一般应配以文字标注。

双代案件是指标的车不是在承保地出险,由承保地的保险公司托外地公司代查勘、代定损的案件。

(3)确定修理方案。确定修理方案内容如图8-4所示。

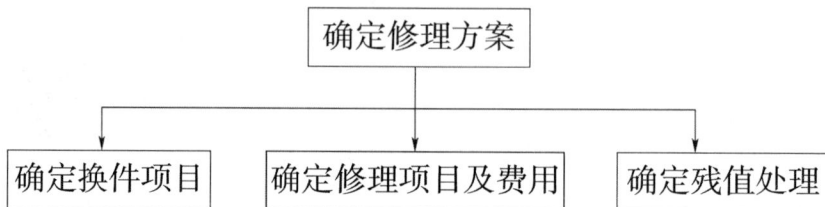

图8-4　确定修理方案内容

特别提示: 换件残值应与被保险人协商处理,按金属件的2%～5%作价在定损金额中扣除,协商不成,残值回收处理。

(4)换件项目报价。按报价手册结合电话报价。

(5)出具定损单。定损人员查勘定损完毕后,出具手工定损单,双方签字确认。

对表8-1中事故车辆定损,某保险公司出具的定损单见表8-2。

某保险公司出具的定损单(单位:元)　　　　表8-2

工种	修理项目	计算步骤	结果
拆装	前保险杠	$2 \times 25 = 50$	100
	水箱冷网	$2 \times 25 = 50$	
钣金	发动机舱盖	$4.5 \times 25 = 112.5$	362.5
	龙门架	$2 \times 25 = 50$	
	中网支架	$2 \times 25 = 50$	
	左前翼子板	$2 \times 25 = 50$	
	右前梁嘴	$3 \times 25 = 75$	
	右前翼子板	$1 \times 25 = 25$	
电工	冷网修复	$4 \times 25 = 100$	350
	冷检加雪种	250	

工种	修理项目	计算步骤	结果
事故喷漆	发动机舱盖、左右前翼子板、中网支架、龙门架、右梁嘴	$160 \times 3 + 80 + 80 + 40 = 680$	680
合计	—	—	1 492.5

4）系统录入，定损资料上传

定损员回到公司后，立即将更换配件、维修工时录入，核对相关配件金额；描述事故经过、事故责任及车辆受损部位；对于特殊情况须备注说明。编辑车损相片，并做好文字说明；上传车损相片及车损资料，上传时须严格按照保险公司规定执行，尤其是证件类。

定损完毕后，修理厂要求增补配件及工时项目的，定损人员应要求承修厂出具书面增补报告。定损人员收到书面增补报告后，核实增补项目是否受损以及是否属于本次事故造成的损失，核定增补项目或工时后，报案件负责人审核，再补录到理赔系统中。

2. 定损原则

（1）以修为主，以换为辅，坚持能修不换的定损原则。

（2）以本次事故为限，严格区分是否本次事故受损范围。

（3）能修理的零部件，尽量修复，不要随意更换新的零部件。

（4）能局部修复的不能扩大到整体修理（主要是对车身表面漆的处理）。

（5）能更换零部件的坚决不能更换总成件。

（6）根据修复工艺难易程度，参照当地工时费用水平，准确确定工时费用。

（7）准确掌握汽车零配件价格。

三、车身、发动机和底盘的定损

1. 车身定损

在交通事故或意外事故中，车身是受损最严重的部分。车身损坏的特点主要是骨架扭曲变形、断裂和板面的刮裂、凹陷、皱褶等。对轿车类事故车辆的车身定损，易损部位见表 8-3。

轿车类事故车辆车身其他部位(如车身支撑件、后叶子板、车顶和车身底板等处)也偶尔会在事故中受损。

轿车类事故车辆的车身定损　　　　　　　　　表8-3

易损部位	处理
 保险杠	规则撕裂总长度达30cm以上,不规则撕裂总长度达20cm以上,部分缺失面积或刺穿面积达25cm² 以上可以考虑更换。严重扭曲变形、变形面积超过50%可以考虑更换;50%以上保险杠固定支架(插口)完全断裂可以考虑更换,但只有少数支架完全断裂、其他支架部分断裂时,应进行修复
 车身饰条	更换
 发动机盖	发动机盖都可进行修复处理,除非特别严重的正面碰撞,否则不得轻易更换
 叶子板	叶子板结构简单,基本上都可以采取修复方法进行处理,但严重的斜交碰撞则可能造成叶子板面板报废,同时也将殃及前轮罩。遇有严重死褶或撕裂破碎,难以恢复原来几何形状的,可考虑更换

易 损 部 位	处　　理
前围、纵梁和挡泥板	前围板受损，一般都采取修复的方法。 　在一般情况下，纵梁变形大多采取校正处理。对于纵梁变形程度较大的，一般情况下可采取更换处理。 　挡泥板前部变形，一般都采取整形修复。若碰撞严重，造成前纵梁弯折，挡泥板破损，在决定更换前纵梁的同时，连挡泥板一同更换。若从侧面碰撞，使平行包变形严重或破损，可更换挡泥板
车门	车门的变形或破损时，首先应断定哪个部位变形破损，再根据变形破损的程度，决定是修复还是更换该部位
后围板	后围板的定损，在定损过程中都是以修复为主，由于它的结构简单，恢复后基本上无后遗故障，比较容易掌握，而且定损工时也不会太高
行李舱盖	行李舱盖构造十分简单，行李舱的变形，一般都采用修复的方法处理。但对严重折变、破损的行李舱盖，在无法修复的前提下，也可采取更换的办法处理

2.发动机定损

在车辆定损查勘过程中，应根据撞击力的传递趋势认真检查发动机和底盘各总成的损伤。

轿车发动机，一般布置于车辆前部发动机舱。车辆发生迎面正碰事故，不可避免地会造成发动机及其辅助装置的损伤。发动机常受损部位与处理见表8-4。

发动机常受损部位与处理　　　　　　　表 8-4

易 损 部 位	处 理
散热器	采用旧车拆卸、更换或修复的方法
发动机附件	采用旧车拆卸、更换或修复的方法
前车架损坏	更换或修复
发动机罩盖	更换或修复
发动机装饰盖及气门室	更换或修复

　　当碰撞强度较大时,发动机的一些辅助装置及覆盖件会受到波及和诱发的影响而损坏,如空气滤清器总成、蓄电池、进排气歧管、发动机外围各种管路、发动机支撑座及胶垫、冷却风扇等。尤其是对于现代轿车,发动机舱的布置相当紧凑,还可能造成发电机、空调压缩机、转向助力泵等总成及管路和支架的损坏。

更严重的碰撞事故会波及发动机内部的轴类零件,致使发动机缸体的薄弱部位破裂,甚至致使发动机报废。

若发动机支撑、正时罩和基础部分损坏,则需要将发动机拆下进行维修。当怀疑发动机内部零件有损伤或缸体有破裂损伤时,需要对发动机进行解体检验和维修。必要时,应进行零件隐伤探查,但应正确区分零件形成隐伤的原因。因此,在对发动机定损时,应考虑到修复方法及修复工艺的选用。

3.汽车底盘的定损

汽车底盘易损部位及处理见表8-5。

汽车底盘易损部位及处理　　　　　　　　　表8-5

易 损 部 位	处 理
 车架	可能引起车架扭曲变形,该车架不能继续使用,应更换新件
 悬架系统	独立悬架的上、下摆臂有变形或裂纹时一定要更换,不允许整形或焊修,否则会影响前轮定位的准确性,造成方向不稳。 减振器工作缸筒变形、凹陷或活塞杆弯曲变形的一般给予更换,而防尘罩和储油缸筒的凹陷可校正修复。 钢板弹簧单片断裂,一般更换单片
 转向系	碰撞转向套管,可采用修复方法处理。 转向器壳裂纹可采用焊修,若裂纹在轴承孔处,可更换新件。 转向横拉杆在碰撞中造成弯扭变形,原则上可冷压校正,若断裂应更换新件。 转向机壳损坏,原则上可以用焊修的方法处理

车辆发生碰撞事故时,同样会造成制动系部件的损坏和变速器、离合器的损坏。

四、汽车其他保险事故的定损

投保车辆的事故赔偿除道路交通事故以外,还包括火灾、水灾、盗抢及其他灾害等。

1. 火灾损失定损

根据《机动车辆损失保险条款》保险责任部分的规定,车辆发生火灾、爆炸事故属于保险赔偿范围。受损的火灾车辆如图8-5所示。

因此,在对火灾事故车辆进行损失鉴定时,应依据公安消防部门出具的火灾原因证明,确认火灾原因及是否应付保险赔偿责任。车辆可以投保附加险,车辆投保自燃损失险后发生自燃火灾,保险公司应根据保险合同条款的有关规定进行赔偿。

车辆的车身(尤其是承载式车身)是由薄壁板材制造的,发生严重的火灾后,金属车身会降低其强度和刚度,致使车身塌陷,车辆丧失修复价值。

2. 车辆盗抢损失定损

全车盗抢险属于机动车辆保险附加险的一种。保险车辆在停放中被他人偷走,或保险车辆在停放和行驶中被劫走、抢走,下落不明,经县级以上公安机关刑侦部门立案证实,满60d未查明下落的赔偿案件成立。赔偿范围包括被盗抢车辆的实际价值,被盗抢后受到的损坏或车上零部件、附属设备丢失需要修复的合理费用。全车被盗如图8-6所示。

图8-5 受损的火灾车辆　　　图8-6 全车被盗

3. 其他灾害造成事故损失定损

造成车辆损失的意外原因有:外界物体坠落、倒塌。造成车辆损失的自然原因有:雷击、暴风、龙卷风、洪水、海啸、地陷、冰陷、崖崩、雪崩、雹灾、泥石流、滑坡。

(1)外界物体(指地上或地下建筑物、树木)倒塌、空中运行物体(陨石、飞行器等)坠落致使保险车辆受损。

在对此类车险事故验损时,应根据坠落物体的外形结构、车辆被砸部位,结合碰撞事故车身的定损程序,采取不同的鉴定方法。

(2)遇有暴风雨、洪水、海啸等自然灾害,车辆有可能部分或全部被淹,如不及时处理,会造成车辆损坏。

对于该类出险事故车辆进行损失鉴定时,应考虑对整车或部分总成进行清洗处理,如发动机、驾驶室、变速器、驱动桥、空调及通风装置等。这项工作需要将总成或整车解体,需要消耗一部分辅助材料,如发动机进行解体清洗检查需要的辅助材料有:润滑油、全车衬垫、机油滤清器、密封胶、清洗剂等。

4.第三者财产损失的定损

保险事故导致的财产损失,除了车辆本身的损失外,还可能造成第三者的财产损失。第三者财产损失主要包括:第三者车辆所载货物、道路、道路安全设施、房屋建筑、电力和水利设施、道路旁的树木花卉、道路旁的农田庄稼等。可见,第三者的财产涉及范围较大。所以,对第三者财产的定损要比车辆定损难得多。

1)第三者财产损失的定损原则

(1)简单财产损失应会同被保险人一起根据财产价值和损失程度确定损失金额,必要时可请生产厂家进行鉴定。

(2)对受损财产技术性强、定损较高的、难度大的物品,如较难掌握赔偿标准,可聘请技术监督部门或专业维修部门鉴定,严禁盲目定价。

(3)根据车险条款规定,损失残值应协商折价归保险人,并由保险人进行处理。

2)常见第三者财产损失的定损处理方法

常见第三者财产损失的定损处理方法见表8-6。

常见第三者财产损失的定损处理方法　　　　表8-6

项　　目	处　理　方　法
市政和道路交通设施(如广告牌、电杆、防护栏等)	在定损中按损坏物产的制作费用及当地市政、路政、交管部门的赔偿标准核定
房屋建筑	了解房屋结构、材料、损失状况,然后确定维修方案,最后请当地数家建筑施工单位对损坏部分及维修方案进行预算投标,确定最低修复费用
农田庄稼	在青苗期按青苗费用加上一定的补贴即可,成熟期的庄稼可按当地同类农作物平均产量测算定损

续上表

项　目	处理方法
家畜、牲畜	牲畜受伤以治疗为主,受伤后失去使用价值或死亡的,凭畜牧部门证明或协商折价赔偿
车上货物及其他货品	应根据不同的物品分别定损,对一些精密仪器、家电、高档物品等应核实具体的数量、规格、生产厂,可向市场或生产厂了解物品价格。另外,对于车上货物还应取得运单、装箱单、发票,核对装载货物情况,防止虚报损失

图 8-7　两车互碰

五、综合实训

一辆捷达牌出租车在路口等信号灯时,同方向行驶的一辆轿车车速过快,制动不及时,撞在了出租车后部,造成两车损坏(图8-7)。请列出捷达出租车的具体损失项目。

六、考核评价

考核评价见表8-7。

考核评价表　　　　　　　　　　表8-7

项目名称: 课题名称:	班级: 姓名:	日期: 页码:
一辆捷达牌出租车在路口等信号灯时,同方向行驶的一辆轿车车速过快,制动不及时,撞在了出租车后部,造成两车损坏。请问本次事故是谁的责任?		
考核评价: 签字:		

课 题 二　维修工时费用的确定

一、事故车辆修复费用组成

事故车辆的修复费用主要由 3 部分组成：维修工时费、需更换的配件费（包含管理费）和残值。

1. 维修工时费

事故车辆的维修工时费包括表 8-8 中的 6 种情况。

事故车辆的维修工时费　　　　　　　　　表 8-8

序号	维修工时费种类	序号	维修工时费种类
1	相关部件拆装工时费	4	机修工时费
2	钣金修复工时费（包辅助材料费）	5	电工工时费
3	配件修复工时费（含外加工费项目）	6	喷漆费（包含原材料费用）

2. 需更换的配件费

1）配件市场上 3 种主要价格形式（图 8-8）

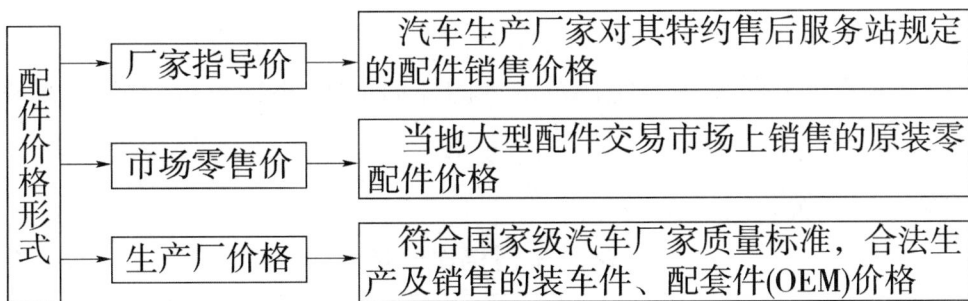

图 8-8　配件价格形式

保险公司确定事故车辆修复中须更换的配件价格，一般采用以市场零售价为基础，再加一定的管理费的原则。

2)配件管理费

配件管理费是指保险公司针对保险车辆发生保险责任事故时,保险人对维修企业因为限需更换的配件在采购过程中发生的采购、装卸、运输、保管、损耗等费用以及维修企业应得的利润和出具发票应交纳的税金而给出的综合性补偿费用。

3. 残值

车辆因事故遭受损失后,残余部分或损坏维修更换下来的配件,只须经再加工就可以生产再利用的价值。由此,保险人对因事故遭受损失后残余部分或维修后更换下来的损坏件,按照维修行业惯例和维修市场行情估算出的这部分价值,称为残值。残值原则上划归保险人所有。

二、事故损失维修工时费计算标准

$$工时费 = 工时定额 \times 工时单价 + 外加工费$$

1. 工时单价

工时单价指维修事故车辆单位工作时间的维修成本费用、税金和利润之和,单位小时的收费标准。

2. 工时定额

工时定额是指实际维修作业项目核定的结算工时费。

3. 外加工费

外加工费是指事故车辆维修过程中,本厂以外协作方式由专业加工企业进行加工、维修而发生的费用。通俗来讲就是实际发生在厂外加工的费用。

外加工费确定原则:

(1)索赔时可直接提供外加工费发票,本厂不得再加收管理费。

(2)凡是已含在维修工时定额范围内的外加工费,不得另行列项、重复收费。

4. 各档次常见车型

常见车型档次分类见表8-9。

常见车型档次分类　　　　　　　　　　　　　表8-9

分　类	车　辆　名　称
低价值经济型车	适用于普通漆出租车、微型客车、货车,如江铃、江淮、羊城、红塔等

续上表

分　类	车　辆　名　称
10 万 ~ 15 万元车型	普桑、捷达、富康、塞欧、POLO、高尔、飞度、嘉年华、乐骋、威驰、菱帅,富利卡、菲亚特、千里马、塞弗、风云、旗云、标致206、金杯、福田、桑塔纳2000/3000、伊兰特、凯越、乐风、福克斯、标致307、本田思域、花冠、阳光、赛拉图、海南马自达、宝来、高尔夫、得力卡、瑞风、东方之子、雅绅特、五十铃天王系列,奥铃,庆铃等
15 万 ~ 25 万元车型	景程、雅阁、奥德赛、帕萨特、别克君威、凯悦、风度Ⅰ、Ⅱ、风神蓝鸟、帕拉丁,三菱吉普(v32),起亚嘉华、蒙迪欧、图安、君越、索纳塔、凯旋、马自达6等
25 万 ~ 35 万元车型	日产奇骏、佳美2.2、佳美2.4、风度Ⅲ代、GL8、新皇冠、天籁、沃尔沃S40、绅宝9-3等
35 万 ~ 50 万元车型	奥迪A4、A6,皇冠3.0,时韵,丰田霸道,陆地巡洋舰,三菱吉普V73、V74,宝马3系列、富豪740,绅宝9-5等
50 万 ~ 100 万车型	奔驰W140、C202,宝马5系列、富豪S60、S80、S90,宝马X5等
100 万元以上车型	奔驰C220,宝马7系列等

5. 工时费限额参考标准

1) 钣金部分

各档次车型钣金部分维修工时费单价标准见表8-10。

各档次车型钣金部分维修工时费单价标准　　　　表8-10

车型档次	15 万元以下车型	15 万 ~ 40 万元车型	40 万元以上车型
工时费单价(元/h)	40	60	80

2)喷漆工时费标准

各档次车型喷漆工时费标准见表8-11。

喷漆工时费标准(单位:元)　　　　　表8-11

车 型 档 次	全车喷漆	单幅	浮动值	倒车镜(单喷)	柱(单喷)	下裙
低价值经济型车	2 000	150	±50	50		
15 万元以下车型	3 000	250	±50	80		
15 万~30 万元车型	4 000	330	±100	100		
30 万~50 万元车型	5 200	400	±100	100	单幅×1.3	单幅×1.5
50 万~100 万元车型	7 000	550	±200	200		
100 万元以上车型	10 000	800	±200	200		
豪华大客车	10 000	200/m²	±100	—		
普通大客车/中型客车	—	100/m²	±50	—		

喷漆工费标准说明:

(1)表8-11 中1 幅约为1m²。全车外部共分为13 幅:前、后保险杠,4 个门,前、后盖,4 个翼子板,车顶。

(2)浮动值,用于调整因保额的差距,以及每幅面积不同而产生的单幅价格差异。

(3)当车门等部位下半部有大面积饰板的车辆,有饰板的部位喷漆时再上浮单幅价格的10%。

(4)小型客车的前盖、车顶,单幅喷漆按1.5 倍单幅计算,不再使用浮动值。

(5)中型客车车顶按两幅计算,不使用浮动值。

(6)当喷漆范围在1 幅或2 幅时,浮动值最多可以使用一次;当喷漆范围在3幅或3 幅以上时,不可使用浮动值。

(7)以上工费包含漆料费、管理费。

3)电工部分工时费标准

各档次车型电工部分工时费标准见表8-12。

各档次车型电工部分工时费标准(单位:元)　　　表 8-12

车型档次		15 万元以下车型（基础值）	15 万 ~ 40 万元车型	40 万元以上车型
事故电工		40/工时		
检修冷气加雪种	普通 F12	160		
	环保 R134	250		
电脑解码		500		1 500
仪表台拆装		≤250	300 ~ 400	450 ~ 550
检修安全气囊 SRS（含写码）		600		
检修 ABS		400		600

4)机修部分工时费标准

各档次车型机修部分工时费标准见表 8-13。

各档次车型机修部分工时费标准(单位:元)　　　表 8-13

车型档次		15 万元以下车型	15 万 ~ 40 万元车型	40 万 ~ 70 万元车型	70 万元以上车型
发动机（换中缸）	4 缸	600	900	900	—
	6 缸	—	1 200	2 000	3 000
	8 缸	—	—	2 800	3 500
	12 缸	—	—	—	4 000
座椅拆装（电动）	前座	50/张	80/张		
	后座	75	120		
全车机械座椅拆装		100			
全车内饰拆装		≤400		≤600	

5)变速器工时费标准

(1)各档次车型手动变速器(换中段壳体)工时费见表 8-14。

各档次车型手动变速器(换中段壳体)

工时费(单位:元)   表 8-14

车型档次	15 万元以下车型	15 万~40 万元车型	40 万元以上车型
手动变速器解体换件	250~350	350~450	450~550

(2)各档次车型自动变速器(换中段壳体)工时费见表 8-15。

各档次车型自动变速器(换中段壳体)

工时费(单位:元)   表 8-15

车型档次		15 万元以下车型	15 万~40 万元车型	40 万元以上车型
事故造成	机械	800		—
	电子	1 500	1 800	2 500
	手自一体	2 500		4 000
	无级变速	3 500		6 000
水浸		1500		

6. 常见维修工时参考标准

1)不同损伤程度钣金工时标准

不同损伤程度钣金工时标准见表 8-16。

不同损伤程度钣金工时标准(单位:小时)   表 8-16

损伤程度	轻度损伤	中度损伤	严重损伤
车门	2	5	7
前翼子板	2	3	4
后翼子板	1	9	15(含柱)
发动机盖	2.5	3.5	6
行李箱盖	3	4	8
前、后杠	5	7	—

2)常见拆装工时标准

各档次车型常见拆装工时标准见表 8-17。

各档次车型常见拆装工时标准（单位：小时）　　表 8-17

车型档次	15 万元以下车型	15 万~40 万元车型	40 万元以上车型
全车制动检修	5		
方向检修	5		
四轮定位	5		
水箱、冷网、电子扇	2.5		
吊装发动机（含变速器）	9		
拆装前/后悬挂	2/轮	（60 元/工时）	（80 元/工时）
拆装前/后桥	2		
拆装方向机	2		
拆装油箱	1		
拆装液化气供气系统	4（全拆 7.5 个）		
全车机械拆装	20		

（1）各档次车型玻璃拆装（各档次工时单价与钣金标准相同）见表 8-18。

各档次车型玻璃拆装工时标准　　表 8-18
（各档次工时单价与钣金标准相同）（单位：小时）

车型档次		15 万元以下车型	15 万~40 万元车型	40 万元以上车型
前、后挡玻璃拆装	挂胶		3	
	黏胶		3	
侧窗玻璃拆装			（60 元/个）	
拆装天窗	含拆装窗框		4.5	
	不含拆装窗框		2	
中型客车前、后挡玻璃拆装	挂胶		（200 元）	
	黏胶（含胶）		（300 元）	

(2)各档次车型覆盖件拆装工费标准见表8-19。

各档次车型覆盖件拆装工时标准(单位:小时)　　表8-19

车型档次		15万元以下车型	15万~40万元车型	40万元以上车型
拆装前、后保险杠		1.5	(60元/工时)	(80元/工时)
拆装前翼子板		1.5		
拆装前盖		2		
拆装车门	换总成	2		
	含附件拆装	4		
拆装后侧围板		6		
拆装行李箱盖		2		
更换行李箱后围板		4		
更换车顶	小型客车	6		
	面包车、吉普车	8		
更换前纵梁		5/条		
拆装龙门架	螺丝连接	1		
	纤维	3		
	焊接	3.5		

三、事故车零配件更换

1.事故车零配件更换标准

事故车零配件更换标准见表8-20。

2.零配件更换原则

(1)足额投保、保养良好的车辆,按照原零件的品质予以更换同品质新件。

（2）不足额投保，保养程度一般的车辆，车身外观件原则上一律更换旧件。

（3）营运车除一年新车或零件确是原厂件的应更换原厂件，其余原则上一律更换副厂零件。

（4）非营运车在查勘定损期间，发现本车本身是使用副厂零件的原则予以更换副厂零件。

（5）第三者车辆原则上根据原部件的品质更换同品质的零件。

事故车零配件更换标准　　　表8-20

名　　称	标　　准
前、后保险杠	（1）保险杠靠近轮位的吊耳、固定码断裂或断脚的； （2）凹陷裂开的、断裂和破碎的、杠体穿孔且缺损的，予以更换
前杠支架	撞扁在1/3以上的，折曲弯度大于30°以上的，予以更换
中网、杠体栅格	断脚、撞扁或表面断裂或影响美观的（电镀件），予以更换
前、后大灯总成	撞烂、撞穿灯面、灯壳或撞断灯脚给予更换处理。灯面磨损深的，基本予以更换
角灯	
雾灯	
翼子板灯	
前盖	撞穿或撞折特别是骨位折曲在1/3以上予以更换
前盖撑杆	撑杆有弯曲现象、撑杆芯有划痕，撑杆球头脱落的，予以更换
前挡下饰板	金属的缺损的，塑料的裂开在5cm以上的，予以更换
前挡饰条	前档胶条和金属饰条：开裂和缺损的，予以更换
倒车镜	外部缺损和只烂镜片的给予更换半总成，电镜的电控转向器损坏的，更换总成
龙门架	损坏折弯在30°以上的，予以更换

续上表

名　　称	标　　准
散热网	有折曲的、断脚的,予以更换
水箱	水道管撞扁、撞烂,断脚或要截断改变水道的(因缩短水道影响水降温时间,容易就成水温高),给予更换
前翼子板	前面撞扁、撞折或骨位折曲超1/3以上,穿烂划破超过10cm以上的,予以更换
前纵梁	折曲或撞扁或扭曲1/3以上的,予以更换
前排气管	变形偏离支承点超过5cm的或撞穿及撕裂的,原则上予以更换
中排气管	—
后排气管	—
三元催化器	内、外部破裂,有异响的,予以更换
消声器	凹陷深度超过1cm的或撞穿的,有异响的,原则上予以更换
前、后立柱	撞穿的,或柱体凹陷变形部分达到柱体20%的,原则上给予更换
A、B、C柱	—
车门壳	缺损的、撞穿直径超过10cm的或弯曲角度超过1/3的,原则上给予更换;窗框部位凹陷变形部分达到框体20%的,予以更换
车门玻璃升降器总成	胶扣断裂,钢丝散开,齿轮牙缺损,举升支架变形超过1/4,或电机受损不能运转的,原则上予以更换
下裙饰板、车门外饰板、轮眉饰板	缺损、断脚(码)、塑胶的饰板弯曲部分超过板体的1/3或撕裂的,原则上予以更换
天窗玻璃导轨	变形导致天窗玻璃滑动不畅的,原则上予以更换

续上表

名　　称	标　　准
后侧围板	后面撞扁、撞折或骨位折曲超 1/4 以上,穿烂划破超过 10cm 以上的,予以更换
尾盖	撞损位置扁烂、撞穿或撞折特别是骨位折曲在 1/4 以上的尾盖的,给予更换;中间凹陷的无论大小不能更换
尾盖撑杆	撑杆有弯曲现象、撑杆芯有划花痕,撑杆球头脱落的,予以更换
行李舱地板	缺损的或撞穿直径超过 20cm 以上的,予以更换
轮辋(包括铝合金)	变形失圆、缺损的,基本予以更换
前、后盖锁	变形的,基本予以更换
门锁	明显变形、破裂的,基本予以更换
门把手	有明显摩擦痕迹、断裂(含塑料、电镀面)的,基本予以更换
防撞胶条	有变形、明显摩擦痕迹、断裂(含塑料、电镀面)的,基本予以更换
玻璃压条	有变形、明显摩擦痕迹、断裂(含塑料、电镀面)的,基本予以更换
天线	天线杆有变形、断裂的,基本予以更换
倒车雷达感应器	有损坏的,基本予以更换

3. 事故损失部分需要更换的配件费

汽车配件价格信息掌握的准确度对降低赔款有着举足轻重的影响。

$$配件费 = 配件进货价 \times (1 + 管理费比率) - 残值$$

配件进货价以该配件的市场零售价为准。

1)配件定价的原则

(1)配件报价以该配件的市场零售价为准。

(2)配件价格严格按照保险公司关于配件核价的相关规定执行。

（3）老旧车型更换配件以换型替代件或通过与被保险人协商按照拆车件价格定价。原车损坏时,副厂件按副厂件价格定价。

2）配件管理费确定的原则

根据维修厂技术类别、专修车型综合考虑确定管理费。

3）残值确定原则

残值以维修当地行业通行标准为计算基础。

（1）所有残值归被保险人所有,保险人在维修费用中扣减。

（2）事故车辆更换的配件由保险人收回后不计入残值之内。

四、综合实训

车主声称,于2019年4月21日下午5时,自己驾驶车辆从A市进入B市C施工路段,由于未看清路况,车辆前底盘撞在一块石头上,以至于车严重拖底,车辆当场熄火。车主没有再起动车辆,油底壳破裂,机油漏光。车主联系了B市的上海大众维修站,将车拖到维修站。因单方肇事,未报交警。被保险人在向B市上海大众维修站支付修理费37 575元后,凭修理发票向A保险公司索赔(查勘报告,定损报告已由B保险公司寄回A保险公司)。试问:对于客户的索赔,保险公司应如何处理,本案有问题吗?

五、考核评价

考核评价见表8-21。

考 核 评 价 表 表8-21

项目名称: 课题名称:	班级: 姓名:	日期: 页码:
（1）汽车维修工时定额具体内容是什么? （2）简述制定汽车维修工时定额的方法		
考核评价:		
		签字:

课题三 第三者责任险赔偿标准的确定

一、第三者责任险的赔偿范围

第三者责任险的赔偿范围是:人身伤亡和财产直接损毁。

人身伤亡:人的身体受到伤害或人的生命终止。

财产直接损毁:保险车辆发生意外事故,直接造成事故现场他人现有财产的实际损毁。

二、第三者责任险赔偿依据和标准

1. 第三者责任险的赔偿依据

根据我国现行道路交通事故处理办法规定的赔偿范围、项目和标准以及保险合同的有关规定。

2. 赔偿标准

根据保险单载明的赔偿限额核定赔偿金额。有两种情况:

(1)当被保险人按事故责任比例应付的赔偿金额超过赔偿限额时:

$$赔款 = 赔偿限额 \times (1 - 免赔率)$$

即赔款额度不能超过保险合同规定的赔偿限额。

(2)当被保险人按事故责任比例应付的赔偿金额低于赔偿限额时:

$$赔款 = 应付赔偿金额 \times (1 - 免赔率)$$

(3)第三者责任险免赔率。

第三者责任险的损失除经保险双方确认后,还应根据保险车辆驾驶人在事故中所负责任的大小,在赔款中扣除一定的免赔率。免赔率情况见表8-22。

免 赔 率 情 况　　　　　　　　表8-22

责 任 比 例	免赔率(扣除应付金额)(%)
负全部责任和单方肇事事故	20
负主要责任	15
负同等责任	10
负事故次要责任	5

特别提示:被保险人自行承诺或支付的赔偿金额,不符合《道路交通事故处理办法》规定的赔偿范围、项目和标准以及保险合同规定的,且事先未征得保险人同意,被保险人擅自同意承担或支付的赔款,保险人有权重新核定或拒绝赔偿。

三、第三者责任险责任免除

第三者责任险责任免除情况见表8-23。

第三者责任险责任免除情况 表8-23

序号	第三者责任险责任免除情况
1	发生战争、军事冲突、暴乱
2	保险车辆被扣押、罚没、政府征用
3	非被保险人或非被保险人允许的驾驶人驾驶车辆出险
4	保险车辆直接参加比赛活动;进行性能和技术参数测量或试验;在营业性修理场所进行修理作业时
5	保险车辆所装载的液体或气体,因泄漏、流泻而对外界一切物体造成的腐蚀、污染、人畜中毒、植物枯萎以及其他财物的损失
6	机动车辆拖带车辆(含挂车)及其他拖带物时,二者当中至少有一个未投保第三者责任险,增加保险车辆危险程度,超出了保险责任正常所承担的范围
7	驾驶人因酒后驾车、吸食毒品、被药物麻醉,发生事故

特别提示:拖带车辆和被拖带车辆均投保了车辆损失险的,发生车辆损失险范围内的损失时,保险人应对车辆损失部分负赔偿责任。

意外事故发生时,保险车辆必须牌证齐全,即具有公安交通管理部门核发的行驶证和号牌;同时应达到《机动车运行安全技术条件》(GB 7258—2017)的要求,并在规定的时间内经公安交通管理部门检验合格。

四、第三者责任险的赔偿原则

机动车辆第三者责任险的赔偿原则为一次性赔偿结案,即:

（1）保险人对第三者责任险保险事故赔偿结案后，不再受理被保险人追加受害人的任何赔偿费用。

（2）第三者财产遭受损失后尚有价值的剩余部分，应由保险双方协商作价折归被保险人，并在计算赔款时直接扣除。

（3）第三者责任险具有连续性，不因事故赔偿而终结，保险责任直至保险期满。在保险期内，无论每次保险事故的赔款是否达到保险赔款限额，第三者责任险的保险责任仍然有效，直至保险期满。

五、保险赔款计算依据

保险人不是无条件地完全承担"被保险人依法应当承担的经济赔偿责任"，而是依照《道路交通事故处理办法》及保险合同的规定给予赔偿。

（1）无论是道路交通事故，还是非道路事故，第三者责任险的赔偿均依照《道路交通事故处理办法》规定的赔偿范围、项目和标准作为计算保险赔偿的基础。

（2）事故的赔偿应当按照我国《道路交通事故处理办法》规定的交通事故"以责论处"的原则，按责任比例实行赔偿。对于任何与所负交通事故责任不相适应而加重被保险人赔偿责任的，保险人不负责对加重部分的赔偿责任。

（3）在上述基础上，根据保险合同所载的有关规定计算保险赔款，如保险合同所签订的各项条款、投保项目及责任限额等。

（4）根据车辆种类的不同，规定了第三者责任险每次事故的最高赔偿限额。机动车辆每次事故的责任限额在签订保险合同时按10万元、20万元、50万元、100万元、200万元和500万元以上不超过1 000万元的档次协商确定。

（5）挂车投保以后与主车视为一体。无论赔偿责任是否挂车引起的，均视同主车引起的，保险人的总赔偿责任以主车赔偿限额为限。主车、挂车不在同一保险公司投保的，发生保险事故后，被保险人应向承保主车的保险公司索赔，同时还应提供主车、挂车各自的保险单。两家保险公司按照所收取的保险单上载明的第三者责任险的保险费比例分摊赔款。但当主车、挂车其中之一没有投保时，保险公司不负责赔偿。

（6）应剔除保险合同中规定的免赔部分。

保险车辆发生保险事故致使第三者的财产损坏，若估计修复费用不会达到或接近财产的实际价值，应根据"交通事故财产损失以修为主"的原则尽量修复，使其尽量恢复到损坏以前的状态和使用性能。修理前，被保险人应会同保险人对损坏的财产进行损失鉴定，明确修理项目、修理方式和修理费用。否则，保险人有权重新核定修理费用或拒绝赔偿。在重新核定修理费用时,被保险人有义务如实向保险人提供受损情况、修理情况及有关证明材料。如果发现其存在隐瞒,未如实申报,或严重影响保险人正常取证和确定事故原因、损失程度等行为,保险人可部分或全部拒绝赔偿。

六、综合实训

张女士在倒车入库的时候,不慎撞伤在车尾指挥的儿子,花了几万元治疗费。张女士想,自己为爱车购买了第三者责任险,应该能得到赔偿。于是,事发后她到保险公司索赔,结果遭到拒赔。张女士对此不解,不明白为什么买了第三者责任险却无法得到赔偿。请解释。

七、考核评价

考核评价见表8-24。

考核评价表　　　　　　　　　　　表8-24

项目名称： 课题名称：	班级： 姓名：	日期： 页码：
(1)第三者责任险赔偿范围？ (2)如何确定第三者责任险免赔率？		
考核评价： 　　　　　　　　　　　签字：		

项目九　赔款计算及案卷制作

📝 项目描述

俗话说:"编筐编篓,全在收口。"这句话很好地诠释了理赔计算及案卷制作在理赔工作中的重要地位。本项目重点阐述各险种的理赔计算公式、方法及理赔案卷制作和管理的基本要领。借助仿真平台,重在培养学生在理赔案中保险责任的判断力、审核损失费用的准确力、赔款理算的计算力、完成理赔案卷的制作和管理的行动力。

📚 学习目标

1. 知识目标

正确掌握交强险、商业车损险、商三险等险种的理赔计算公式及方法;熟悉理赔案卷制作和管理的基本要领。

2. 技能目标

熟悉赔款流程、索赔流程;准确认定出险车辆的保险责任;准确、合理地审核损失费用;能够进行理赔案卷的制作和管理。能在仿真平台上熟练地完成理算、赔款结案及归档等工作。

3. 素养目标

培养学生良好的与人沟通能力、熟练自如地应用自动化办公软件进行工作的能力。

◎ 建议课时

6学时。

课题一　保险赔款的计算

一、赔款流程

赔款流程如图 9-1 所示。

二、保险索赔

当出现保险事故后,被保险人及驾驶人可积极采取措施进行施救并保护好现场,同时向保险公司报案并通知有关部门,然后提出索赔申请。这是被保险人的权利。

想一想

保险索赔与保险理赔的意义相同吗?

1. 索赔的基本程序

保险索赔流程如图 9-2 所示。

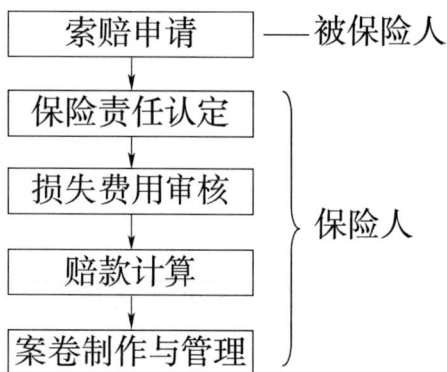

```
索赔申请 —— 被保险人          出险通知(报案)
   ↓                              ↓
保险责任认定 ┐                  配合查勘
   ↓        │                    ↓
损失费用审核 ├ 保险人           提出索赔 ← 保险公司理赔计算
   ↓        │                    ↓
赔款计算     │                  领取赔款
   ↓        │                    ↓
案卷制作与管理┘                 出具权益转让书
```

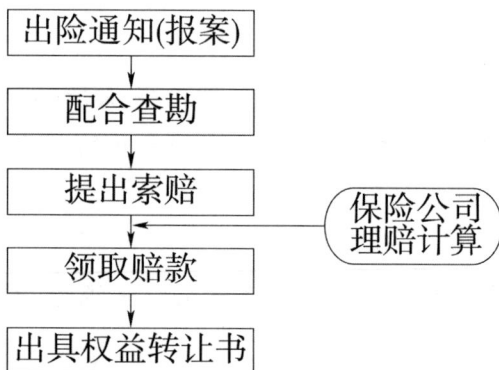

图 9-1　赔款流程　　　　　图 9-2　保险索赔流程

1)出险通知(报案)

(1)报案期限。保险事故发生后,应在 24h 之内通知派出所或者刑警队,在 48h 内通知保险公司。

(2)报案方式。报案有上门、电话、传真、网上、业务员转达等方式。其中,电话报案快捷方便,使用最多。各大财产保险公司的报案电话见表 9-1。

各大财产保险公司的报案电话 　　　　表 9-1

公司名称	报案电话	公司名称	报案电话
中国人民财产保险股份有限公司	95518	安邦财产保险股份有限公司	95569
中国太平洋财产保险股份有限公司	95500	永诚财产保险股份有限公司	95552
中国平安财产保险股份有限公司	95512	阳光财产保险股份有限公司	95510
天安保险股份有限公司	95505	中国人寿财产保险股份有限公司	95519
中华联合财产保险股份有限公司	95585	都邦财产保险股份有限公司	4008895586
中国大地财产保险股份有限公司	95590	民安保险（中国）有限公司	4008895506

（3）报案的内容。

报案内容应尽量完备。报案登记表见表 9-2。

报案登记表 　　　　表 9-2

被保险人姓名		保单号		保险期限	
保险险别		出险时间		地点	
原因			车牌号码、厂牌车型		
人员伤亡情况		伤者姓名		送医时间、医院名称	
事故损失及施救情况			车辆停放地点		
驾驶人		报案人姓名		联系电话	
与被保险人关系					
第三方车辆的车型			牌照号码		
备注					

特别提示:外地出险的报案,可向当地的该保险分公司报案,并在48h内通知承保的保险公司;在当地公司代查勘后,再回到投保所在地的保险公司填出险通知书后向承保公司办理索赔;有些保险公司建立了异地理赔便捷网络,可直接在当地保险公司直接领取赔款。

2)配合查勘

被保险人应接受保险公司或其委托的相关人员在出险现场检查相关车辆的受损情况,并提供相应的协助。

3)提出索赔

被保险人向保险公司索赔时,应在公安机关交通管理部门对交通事故处理结案之日或车辆修复起的10d内,向保险公司提供必要的单证(负主责以上事故须提供单证原件)作为索赔证据。

4)领取赔款

当保险公司确定了赔偿金额后,会通知被保险人领取赔款。被保险人应提供身份证明的原件,找他人代领的,需被保险人签署《领取赔款授权书》和代领人身份证明的原件。领取赔款授权书如图9-3所示。

特别提示:被保险人自保险车辆修复或事故处理结案之日起,3个月内不向保险公司提出理赔申请,或自保险公司通知被保险人领取保险赔款之日起1年内不领取应得的赔款,即视为自动放弃权益。

车辆发生撞墙、台阶、水泥注及树等不涉及向他人赔偿的事故时,可以不向交警等部门报案,及时直接向保险公司报案就可以。在事故现场附近等候保险公司来人查勘,或将车开到保险公司报案、验车。索赔情形:①车撞墙(或树木、水泥墩、栏杆、电线杆等物体);②与别人的车相撞;③车撞人;④车辆的风窗玻璃碎裂。

5)出具权益转让书

如果事故是由第三方引起的,保险公司可先向被保险人赔偿,但被保险人须将向第三方索赔的权利转让给保险公司,再由保险公司向第三方追偿。权益转让书如图9-4所示。

2.索赔单证

索赔时要带全所需的必要单证,以便保险公司确定保险赔偿责任。索赔单证见表9-3。

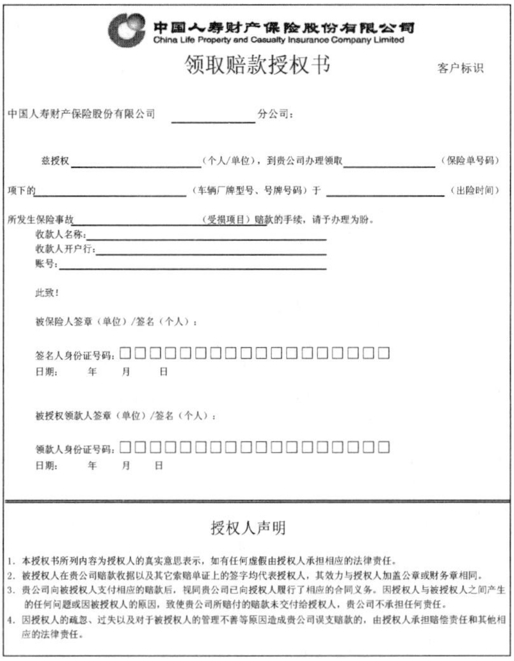

中国人寿财产保险股份有限公司
China Life Property and Casualty Insurance Company Limited

领取赔款授权书　　客户标识

中国人寿财产保险股份有限公司 ________ 分公司：

兹授权 ________（个人/单位），到贵公司办理领取 ________（保险单号码）项下的 ________（车辆厂牌型号、号牌号码）于 ________（出险时间）所发生保险事故 ________（受损项目）赔款的手续，请予办理为盼。

收款人名称：________

收款人开户行：________

账号：________

此致！

被保险人签章（单位）/签名（个人）：

签名人身份证号码：□□□□□□□□□□□□□□□□□□

日期：　年　月　日

被授权领款人签章（单位）/签名（个人）：

领款人身份证号码：□□□□□□□□□□□□□□□□□□

日期：　年　月　日

授权人声明

1. 本授权书所列内容为授权人的真实意思表示，如有任何虚假由授权人承担相应的法律责任。
2. 被授权人在贵公司赔款收据以及其它索赔单证上的签字均代表授权人，其效力与授权人加盖公章或财务章相同。
3. 贵公司向被授权人支付相应的赔款后，视同贵公司已向授权人履行了相应的合同义务。因授权人与被授权人之间产生的任何问题或因被授权人的原因，致使贵公司所赔付的赔款未交付给授权人，贵公司不承担任何责任。
4. 因授权人的疏忽、过失以及对于被授权人的管理不善等原因造成贵公司误支赔款的，由授权人承担赔偿责任和其他相应的法律责任。

图 9-3　领取赔款授权书

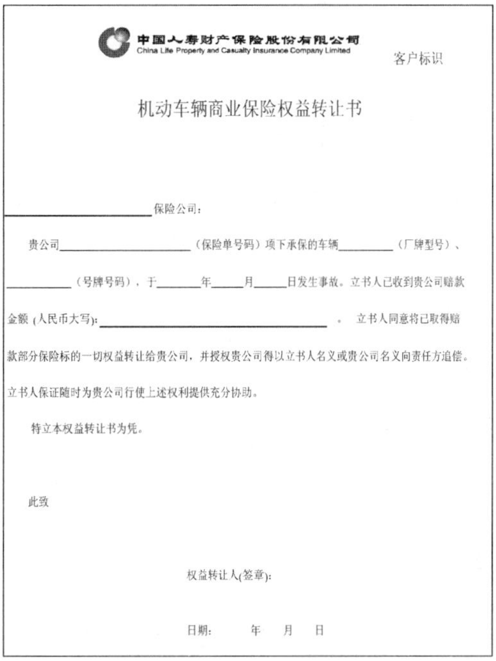

中国人寿财产保险股份有限公司
China Life Property and Casualty Insurance Company Limited

客户标识

机动车辆商业保险权益转让书

________ 保险公司：

贵公司 ________（保险单号码）项下承保的车辆 ________（厂牌型号）、________（号牌号码），于 ____ 年 ____ 月 ____ 日发生事故。立书人已收到贵公司赔款金额（人民币大写）：________。立书人同意将已取得赔款部分保险标的一切权益转让给贵公司，并授权贵公司得以立书人名义或贵公司名义向责任方追偿。立书人保证随时为贵公司行使上述权利提供充分协助。

特立本权益转让书为凭。

此致

权益转让人(签章)：

日期：　年　月　日

图 9-4　权益转让书

汽车保险索赔单证　　表 9-3

基本索赔单证		说　明
保单正本及复印件	《驾驶证》《行驶证》复印件	基本索赔单证是指常规的任何汽车保险事故都需要的材料
《索赔申请书》	《出险证明》	
《损害赔偿调解书》	《被保险人身份证》原件及复印件	
《赔款收据》一式三份	《交通事故认定书》	
涉及车损案件的索赔还包括以下单证		涉及车损案件的单证是指在基本索赔单证的基础上增加的材料
《定损单》	《汽修发票》	
《施工单》《材料明细单》	《施救费用清单》	

续上表

基本索赔单证		说　明
涉及人伤案件的索赔还包括以下单证		
就医医院《诊断证明》	《护理证明》《休假证明》	涉及人伤案件的单证是指在基本索赔单证的基础上增加的材料
伤者《医疗、医药费用收据》	用药处方《住院清单》	
《残疾鉴定书》	《经济赔偿执行凭证》	
《个人交纳所得税证明》	当事人身份证明复印件	
《死亡证明》及《户籍注销证明》	《抚养关系证明》及户口簿复印件	
涉及车辆盗险的索赔还包括以下单证		
《车辆盗险证明》	《行驶证》《驾驶证》《身份证》复印件	涉及车辆盗抢的单证是指在基本索赔单证的基础上增加的材料
《机动车辆保单正本》	《车辆购置附加税凭证》	
《购车原始发票》	《权益转让书》	

想一想

2020年8月3日,何某买了一辆车。同一天,何某到保险公司投保了车损险、第三者责任险和不计免赔特约险,保险期限为一年。2020年10月,何某驾车外出郊游。为躲避同方向骑自行车的刘某,因采取措施不当而驶入逆行道,与对面驶来的一辆微型客车(俗称"面包车")相撞。两车均受损,微型客车上两人受伤。经当地交通管理部门裁定,何某与骑自行车的人负此次事故的同等责任,微型客车无责任。该事故造成何某车辆损失5万元、微型客车车损2万元、拖车费2 000元,另有微型客车上两伤员的医疗费2万元,损失共计9.2万元。但是何某提出因刘某确无赔偿能力,无法赔付其相应承担的50%的经济赔偿责任,保险公司应拒赔吗?

三、保险责任确定及费用审核

1. 保险责任的确定

保险责任的确定是处理赔案的一项非常重要的工作,全面分析事故的主客观原因,以确定赔案是否属于保险责任范围和赔偿范围的一项工作。

1)保险责任的确定依据

保险责任的确定依据主要是事故现场查勘记录查勘报告、事故责任认定书事保险法、机动车辆保险条款和事故损害赔偿调解书。

2)保险责任审定的主要内容

保险责任审定的主要内容如图9-5所示。

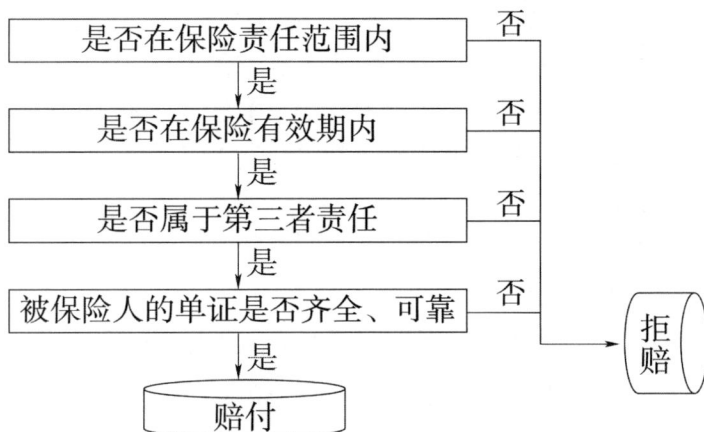

图9-5　责任审定主要内容流程

3)保险责任审定特殊情况处理

特殊情况的赔偿结果见表9-4。

特殊情况的赔偿结果　　　　　　　　　　　表9-4

序号	特　殊　情　况	赔　偿　结　果
1	货车拖带挂车只一方投保了第三者责任险	拒赔
2	抢救出险的保险车辆时,参加抢救人员个人物品的损坏、丢失	拒赔
3	车辆损失扩大部分	不赔
4	对被保险人雇请的或以支付施救费用为前提的施救车辆所造成的损失	拒赔
5	保险车辆被人私自开走	不负赔偿责任
6	出险后未能及时报案私自决定修理	不负赔偿责任
7	车辆本身故障造成保险车辆出险	视情节拒赔、不赔或部分赔偿

续上表

序号	特 殊 情 况	赔 偿 结 果
8	保险车辆出险后驾驶员逃离事故现场,造成责任加重	视其情节只能承担事故损失的部分赔偿责任
9	造成保险车辆损失的第三者下落不明	根据实际情况赔付
10	超出限额的损失赔偿	自负
11	事故裁决书中未按责任大小明确各自经济损失分摊比例的,保险人可以按主责承担70%、次责承担30%的比例分担经济责任	按比例赔付
12	私了责任处理	不赔

2.损失费用的审核

被保险人所申报的索赔事故进行保险责任确定后,核赔人员在对应对其提供的损失费用票据进行审核。损失费用的核定应严格按照损害赔偿规定及标准进行。

损失费用的核定内容如图9-6所示。

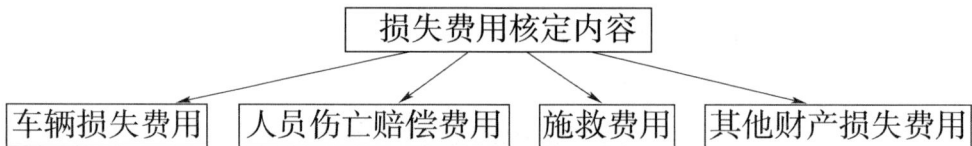

图9-6 损失费用的核定内容

四、赔款计算

计算赔款是理赔工作中关键、重要的一步。在赔款顺序上,应先赔交强险,剩余的部分按商业险理赔。

1.交强险的理算

1)交强险赔偿限额

交强险赔偿限额见表9-5。

交强险赔偿限额(单位:元)   表9-5

责 任 类 别	死亡伤残	医疗费用	财产损失
有责任限额	110 000	10 000	2 000
无责任限额	11 000	1 000	100

2）交强险赔款计算

基本计算公式：

$$总赔款 = \sum 各分项损失赔款$$

$$= 死亡伤残费用赔款 + 医疗费用赔款 + 财产损失赔款$$

当保险事故涉及多个受害人时：

$$\frac{某一受害人分项}{损失的赔偿金额} = \frac{交强险分项}{赔偿限额} \times \frac{事故中某一受害人的分项核定损失承担金额}{\sum 各受害人分项核定损失承担金额}$$

当保险事故涉及多辆肇事机动车时：

$$\frac{某分项核定损失}{承担金额} = \frac{该分项}{损失金额} \times \frac{适用的交强险该分项赔偿限额}{\sum 各致害方交强险该分项赔偿限额}$$

理赔说明：

（1）主车与挂车连接使用时出险，赔偿金额的总和不超过一份交强险合同的责任限额；

（2）各分项核定损失承担金额超过交强险各分项赔偿限额的，按各分项赔偿限额处理；

（3）肇事机动车均有责任且适用同一限额的，简化为各方机动车对受害人的各分项损失进行平均分摊。

3）交强险理赔实例

例：A车肇事造成两行人甲、乙受伤，甲的医疗费用7 500元，乙的医疗费用5 000元。设A车适用的交强险医疗费用赔偿限额为10 000元，则A车交强险对甲、乙的赔款应如何计算？

A车交强险赔偿金额 = 甲医疗费用 + 乙医疗费用 = 7 500 + 5 000 = 12 500（元），大于适用的交强险医疗费用赔偿限额，赔付10 000元。

甲获得交强险赔偿金额：10 000 × 7 500/（7 500 + 5 000）= 6 000（元）

乙获得交强险赔偿金额：10 000 × 5 000/（7 500 + 5 000）= 4 000（元）

2. 车辆损失险的理算

1）车损险赔款计算

（1）车辆全部损失的赔款计算。

保险车辆发生全部损失后，如果保险金额小于或等于出险时的实际价值时，按保险金额计算赔款，即：

$$赔款 = （保险金额 - 残值） \times 事故责任比例 \times （1 - 免赔率）$$

保险车辆发生全部损失后，如果保险金额高于出险时车辆的实际价值，以出

险当时的实际价值计算赔偿,即:

$$赔款 = (实际价值 - 残值) \times 事故责任比例 \times (1 - 免赔率)$$

(2)车辆部分损失的赔款计算。

投保车辆以新车购置价确定保险金额的车辆,发生部分损失后,按实际修理费用计算赔偿,但每次以不超过保额或出险当时的实际价值为限。如果有残值,应在赔款中扣除。其计算公式为:

$$保险赔款 = (实际修复费用 - 残值) \times 事故责任比例 \times (1 - 免赔率)$$

保险金额低于新车购置价的车辆,按照保险金额与新车购置价的比例计算赔偿修理费用,但每次以不超过保额为限。如有残值,应在赔款中扣除。其计算公式为:

$$保险金额赔款 = (修理费用 - 残值) \times 事故责任比例 \times \left(\frac{保险金额}{新车购置价} \right) \times (1 - 免赔率)$$

(3)施救费的计算。

计算公式为:

$$保险车辆施救费 = 总施救费 \times \frac{保险金额}{保险金额 + 其他被施救财产价值}$$

(4)折旧率计算。

折旧率按月计算,不足一个月不计折旧,最高折旧金额不超过投保时被保险机动车新购置价的80%。

计算公式为:

折旧金额 = 投保时的新车购置价 × 被保险机动车已使用月数 × 月折旧率

折旧率表见表9-6。

折 旧 率 表　　　　　　表9-6

车 辆 种 类	月折旧率(%)
9座以下客车	0.6
出租车、轻/微型载货车、矿山作业车、带拖挂的载货车	1.1
其他类型车辆	0.9

2)车损险理赔实例

例:甲、乙两车发生严重碰撞事故。甲车被推定全损。该车在某保险公司投保,车辆损失险保险金额为8万元。出险时车辆实际价值被确定为6.5万元,残值作价3 000元。根据交通事故处理机关认定甲方负主要责任,承担70%的事故损失。试计算保险公司应支付甲车车辆损失险的赔款。

解:甲车车损保险赔款 = (实际价值 – 残值) × 按责任分担损失的比例 ×

$$(1 – 免赔率)$$
$$= (62\ 000 – 3\ 000) × 70\% × (1 – 15\%)$$
$$= 62\ 000 × 70\% × 85\%$$
$$= 36\ 890(元)$$

3. 第三者责任险的赔偿计算

1)计算公式

(1)当被保险人应付赔偿金额超过保险赔偿限额时:

$$保险赔款 = 赔偿限额 × (1 – 免赔率)$$

(2)当被保险人应付赔偿金额等于或低于赔偿限额时:

$$赔款 = 应付赔偿金额 × (1 – 免赔率)$$

2)第三者责任险理赔实例

例:2019年1月2日,甲车与乙车相撞,甲、乙两车均投保了车辆损失险及第三者责任险(限额5万元),经交通事故处理机关现场查勘认定,甲车负全部责任,乙车无责。甲车投保的保险公司经对乙车查勘定损,核定乙车损失为40 000元,乙车驾驶人住院医疗费15 000元,其他费用(护理费、营养费、误工费等)按规定核定为5 000元。试计算甲车保险公司应如何赔付甲车第三者责任险的赔款金额。

交通事故处理机关裁定甲车(即被保险人)应承担赔偿费用为60 000元,已超过第三者责任险赔偿限额,按限额计算。

解:保险赔款 = 赔偿限额 × (1 – 免赔率)

$$= 50\ 000 × (1 – 20\%)$$
$$= 40\ 000(元)$$

假如甲车造成乙方的损失应付赔偿金额是40 000元,则甲车保险公司应付甲车赔款数为:

保险赔款 = 被保险人应付赔偿金额 × (1 – 免赔率)

$$= 40\ 000 × (1 – 20\%)$$
$$= 32\ 000(元)$$

4. 车上人员责任险

(1)当被保险人按事故责任比例应承担的每座车上人员伤亡赔偿金额扣除

了已得到的交强险赔偿本车人员部分,仍未超过保险合同载明的每人责任限额时:

$$每人赔款 = (应承担的赔偿金额 - 已得到的交强险赔偿金额) \times$$
$$(1 - 免赔率之和)$$

(2)当被保险人按事故责任比例应承担的每座车上人员伤亡赔偿金额,扣除了已得到的责任交强险赔偿本车人员部分,已超过保险合同载明的每人责任限额时:

$$每人赔款 = 责任限额 \times (1 - 免赔率之和)$$

五、综合实训

张先生于2020年1月购买了一辆20万元的私家车。2021年1月,在太平洋保险公司续保,购买了车损险、商三险等,车损险保额为20万元。2020年8月,张先生驾驶不慎与隔离墩相撞,造成标的车辆损失2万元,交警判定标的负全责,残值200元。他应怎样得到保险公司的赔偿?你能帮他吗?(注:这是一起车辆的保险理赔案件,请按理赔流程来完成。)

(1)进入运华天地的保险理赔仿真软件系统,完成信息录入及理赔计算任务。

(2)举一理赔案例,让学生完成书面的赔款计算。

六、考核评价

考核评价见表9-7。

考 核 评 价 表   表9-7

项目名称: 课题名称:	班级: 姓名:	日期: 页码:
(1)索赔时应提供哪些单证? (2)私了案件保险公司给予赔付吗? (3)损失费用审核哪些方面?		
考核评价: 签字:		

课 题 二　　理赔案卷的制作和管理

一、理赔案卷制作

1. 编制损失计算书

理赔人员完成保险责任的确定、损失费用的审核后,应按理赔计算原则及方法编制《机动车辆损失计算书》。编制计算书时,应注意以下几个问题。

1)材料齐全

有关的证明和单证材料必须齐全。如果保户原始单证入账无法提供,可用加盖财务公章的抄件或复印件,并注明原始凭证入账日期和会计凭证编号。

2)《机动车辆损失计算书》完整

《机动车辆损失计算书》是支付赔款的正式凭证,各栏要根据保险单、查勘理赔工作报告及有关证明单证详细核对填写,项目要齐全,计算要准确,数字、字迹要清晰,不可有任何涂改。损失计算要列明计算公式,由经办人员盖章。

2. 赔案综合报告书

赔案综合报告是对一个赔案整个处理过程简明扼要的文字表述,要求文字表达准确、简练,内容全面并能清楚地体现整个赔案处理得是否准确合理。

赔案综合报告书包含的要素见表9-8。

赔案综合报告书要素　　　　　　　　表9-8

要素名称	具体内容
保险标的承保情况	被保险单位或被保险人、车辆损失险投保金额、车辆重置价、第三者责任险限额、附加险投保情况、保险有效期限
事故情况	事故发生时间、地点,事故类型,事故责任情况以及损害赔偿调解,经济损失分担情况(包括承担比例及损失赔偿费用)
保险责任确定情况	根据现场查勘调查情况以及依据保险条款对是否属于保险责任的确定

续上表

要　素　名　称	具　体　内　容
损失费用核定情况	损失费用核定应分项表述,如车辆损失费用核定情况、施救费用核定情况、第三者损失费用核定情况(人、车、物)、附加险损失费用核定情况。在分项表述时,应重点表述核减、剔除费用的原因及依据
赔款分项计算情况及总赔款数	—

3. 赔案材料的整理与装订

(1)将财务支付赔款后的《赔款收据》(业务留存联)连同其他全案单证材料存入赔案案卷,并按理赔案卷档案管理的有关规定和要求有序排列卷内单证,规范装订案卷后归档。

(2)将已决赔案的卷宗按赔案号、顺序排列归档,属交强险的案卷按交强险理赔事务规程要求单独归档。

(3)按理赔案卷档案管理的有关规定和要求,妥善整理、保管理赔卷宗。

机动车辆保险理赔案卷内的理赔材料,一般排列顺序见表9-9。

理赔材料明细表　　　　　　　　表9-9

序号	理赔材料名称	备　　注
1	赔案审批单	无
2	赔案综合报告书及赔款计算书	无
3	出险通知书	无
4	机动车辆保险单抄件	无
5	保险车辆出险查勘记录	现场查勘报告
6	事故责任认定书、事故调解书或判决书及其他出险证明文件	无
7	保险车辆损失估价单	含附加车上责任险损失估价单

序号	理赔材料名称	备　　注
8	第三者责任损失估价单	车、物
9	事故损失照片	含事故现场照片、车辆损失照片、物资损坏照片
10	损失技术鉴定书或伤残鉴定书	含病历、诊断证明
11	有关原始单据： ①车辆修复原始发票及修理厂修理清单。 ②车辆施救票据。 ③物资损坏修复费用票据。 ④人员受伤医疗票据。 ⑤其他赔偿费用票据。 要剔除不合理的费用单据，应另行粘贴，以便退还给被保险人	要求分类排列
12	赔款收据	无
13	权益转让书	无
14	其他有关证明、材料	无

二、理赔案卷的管理

(1)理赔案卷应做到"一案一档"，防止"一档多案"。理赔案卷在入档之前，理赔内勤人员要认真进行"理赔档案保管登记簿"登记。

(2)登记的主要内容有：归档日期、案卷序号、赔案编号、被保险人姓名等。登记簿要指定内勤人员专人管理，便于查找调阅案卷。

(3)案卷管理是一项长期、细致的工作，应指定专人负责管理。通常当案卷整理、装订完毕并分类编号登记后，应按类号装盒归档，有序陈放，并按业务档案的管理规定进行妥善保管。

三、综合实训

(1)找来一个已经结案的理赔案件，打乱各单证、各证明及发票的次序，也可抽出其中重要的一张，然后让学生来完成理赔案卷的制作，让全班同学来评价该学生的完成质量。

(2)进入保险理赔软件系统,填写前期信息后,查看《机动车辆损失计算书》的信息。

四、考核评价

考核评价见表9-10。

考核评价表

表9-10

项目名称: 课题名称:	班级: 姓名:	日期: 页码:
(1)理赔案卷是如何制作的? (2)理赔案卷的管理注意哪些方面?		
考核评价: 　　　　　　　　　　　签字:		

项目十　消费贷款办理

📝 **项目描述**

　　随着人们生活水平的提高,汽车迅速进入百姓家庭。利用消费贷款与分期付款购买爱车,对于那些想买车但又难以一次性付清全部车款的人来说,无疑是一个很好的选择。机动车消费贷款在中国已经越来越流行。本项目主要介绍汽车消费贷款的基本业务知识和汽车消费贷款的流程。

📚 **学习目标**

　　1.知识目标

　　简单叙述汽车消费贷款业务内容;简单叙述汽车消费贷款流程。

　　2.技能目标

　　熟悉消费贷款办理程序。

　　3.素养目标

　　能熟练运用所学的原理方法对贷款汽车进行保险。

💿 **建议课时**

　　2学时。

课题　汽车消费贷款业务简介及流程

一、汽车消费贷款的概念

　　汽车消费贷款是指金融机构对消费个人发放的用于购买耐用消费品或支付其他费用的货币贷款(图10-1)。金融机构是指以银行为代表的各种融资服务机构。汽车消费贷款是指金融机构为购买汽车的购车者发放的人民币担保贷款。

目前,汽车消费贷款常用的业务种类有以车供车贷款、住房抵押机动车消费贷款、有价证券质押机动车消费贷款。

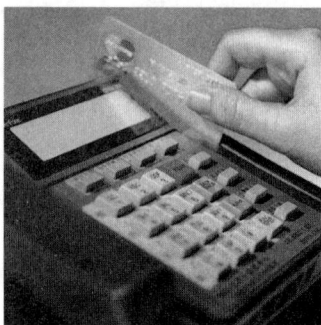
图10-1 汽车消费贷款

二、贷款条件

汽车消费贷款条件见表10-1。

汽车消费贷款条件   表10-1

借 款 人	借 款 条 件
个人	具有完全民事行为能力
	具有稳定的职业和偿还贷款本息的能力,信用良好
	能够提供有效的抵押物,或有足够代偿能力的个人或单位作为保证人
	能够支付规定限额的首期付款
	贷款人规定的其他条件
企事业单位(具有法人资格)	具有偿还贷款的能力
	在贷款人指定的银行存有不低于规定数额的首期购车款
	有贷款人认可的担保
	贷款人规定的其他条件

三、贷款期限、利率和限额

(1)汽车消费贷款(图10-2)最长不超过5年(含5年)。

(2)汽车消费贷款利率按照中国人民银行规定的同期贷款利率执行。

(3)借款人的借款额要求见表10-2。

借款人申请贷款时应当向贷款人提供以下相关资料,贷款人应当对所提供材料的真实性和合法性负完全责任,见表10-3。

图 10-2　汽车消费贷款

借款人首付款及借款额的规定　　　　　表 10-2

抵 押 方 式	首 付 款	借 款 额
质押	不得少于购车款的 20%	不得超过购车款的 80%
抵押	不得少于购车款的 30%	不得超过购车款的 70%
第三方保证	不得少于购车款的 40%	不得超过购车款的 60%

借款人向贷款人提交的资料　　　　　表 10-3

借 款 人	需要向贷款人提供的资料
个人	贷款申请书
	有效身份证件
	职业和收入证明及家庭基本状况
	购车协议或合同
	担保所需的证明或文件
	贷款人规定的其他资料

续上表

借　款　人	需要向贷款人提供的资料
企业、事业单位 (具有法人资格)	贷款申请书
	法人营业执照、法人代码证,法定代表人的证明文件
	中国人民银行颁发的《贷款证》
	经会计(审计)师事务所审计的上一年度的财务报告及上一个月的资产负债表、损益表、现金流量表
	与贷款人指定的经销商签订的购车合同或协议
	抵押物、质物清单和有处分权同意抵押、质押的证明,抵押物须提交所有权或使用权证书、估价、保险文件,质物须提供权利证明文件,保证人同意保证文件
	贷款人规定的其他文件

四、汽车消费贷款流程

汽车消费贷款具体流程见图10-3。

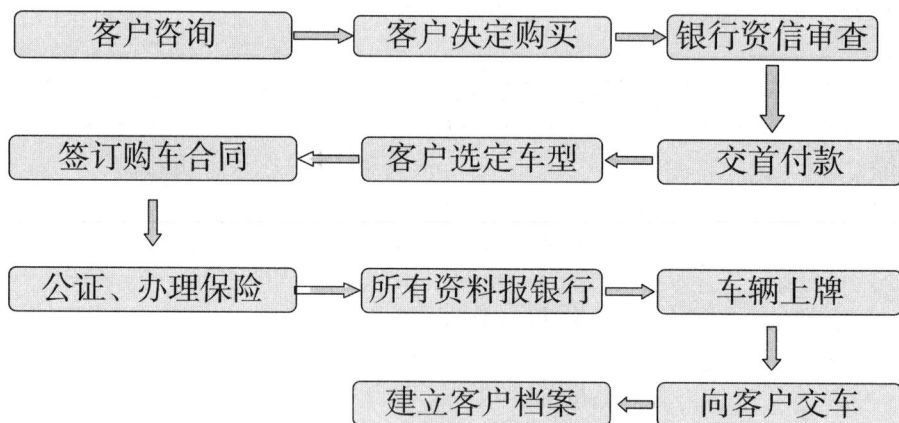

图 10-3　汽车消费贷款流程图

(1)客户咨询。消费者到各经销点或服务处咨询,应了解汽车消费信贷实际操作、汽车分期付款销售计算表,并将应提供的资料交付经销商。

(2)客户决定购买。在消费者决定购车后,将同时填写购车申请表、资信调查表和银行汽车消费贷款申请书。购车人填写各项均应如实填写、真实可靠。

（3）银行资信审查。银行在受理借款申请后有权对借款人和保证人的资信情况进行调查,借款购车人应配合银行的调查工作,不得隐瞒自身不良情况。对符合贷款条件的,银行会及时通知借款人办理贷款担保手续,签订《汽车消费借款合同》。

（4）客户交首付款。经银行和经销商审查合格后,消费者交付首期购车款,办理银行户头,并办理银行信用卡。

（5）客户选定车型。

（6）签订购车合同书。购车人向经销商、贷款银行、保险公司、公证处分别提交《购车合同书》。《购车合同书》由购车人本人签署。

（7）公证、办理保险。

（8）所有资料报银行。这些资料有:个人消费贷款保证合同、委托付款授权书、委托收款通知书、个人消费贷款借款合同、个人消费贷款审批表。

（9）车辆上牌。在汽车消费信贷业务中,购车发票扮演着重要的角色。依据《购车合同书》有关规定,乙方(指贷款购车人)在未付清车款及相关款项前,同意将所购车辆作为欠款的抵押担保物,并将购车发票、合格证及车辆购置附加费凭证交甲方(银行和经销商)保存,其间不得将所购车辆转让、变卖、出租、重复抵押或做出其他损害甲方权益的行为。因此,该发票与普通购车发票的开具和使用均不同,贷款购车发票一式六联,分别为一存根联、二发票联、三记账联、四注册登记联、五报销联和六提货联,其中第二联和第四联原件提供给银行留存,经销商存留复印件。

（10）向客户交车。

（11）建立客户档案。

五、综合实训

（1）个人和单位汽车消费贷款需要具体哪些条件?需要提供哪些资料?

（2）以抵押、质押或第三方保证方式进行汽车消费贷款时的首付款和借款额方面都有哪些限定?

（3）试说明汽车消费贷款流程。

六、考核评价

考核评价见表10-4。

考 核 评 价 表　　　　　　　表 10-4

项目名称： 课题名称：	班级： 姓名：	日期： 页码：

刘女士是一名高中语文老师,月收入 4 500 元。最近她看中了一款大众速腾轿车,商定价车价为 12 万元,其中 8 万想向银行消费借款。假如你是一位大众汽车 4S 店的汽车销售员,请为刘女士讲解汽车消费贷款办理的全部流程以及刘女士需要准备的材料,并回答刘女士提出的问题

考核评价：

签字：

项目十一　互联网保险与理赔

课题一　互联网保险与理赔基础知识

　　互联网时代的到来,改变了用户的行为习惯,各行各业的传统企业正面临着巨大的挑战。无论是线上办理各项业务,还是使用各种电子支付手段,都俨然成为生活的一部分,互联网保险也是这个时代的产物。发展互联网保险是现阶段中国保险业发展的必然选择。

一、概念

互联网保险也称线上保险,是指保险公司或新型第三方保险网以互联网和电子商务技术为工具来支持保险销售的经营管理活动的经济行为,是实现保险的信息咨询、保险计划书设计、投保、交费、保单信息查询、保单信息变更、续期交费、理赔和给付等所有保险流程网络化的一种保险(图11-1)。

图 11-1　互联网保险

互联网保险,并不是简单地把保险放在网上销售,而是用互联网思维贯穿产品研发、销售、理赔服务的全过程,通过去中介化,降低保险费用,让利用户;通过大数据分析,更好地定位用户需求,实现保险的量身定制。比如大特保险这样的互联网保险公司。网络保险无论从概念、市场还是到经营范围,都有广阔的发展空间。

二、起源

1. 国内

2000年8月,国内两家知名保险公司太平洋保险和平安保险几乎同时开通了自己的全国性网站。平安保险开通的全国性网站PA18,因在网上开展保险、证券、银行、个人理财等业务被称为"品种齐全的金融超市"。

同年9月,泰康人寿保险公司也在北京宣布:泰康在线开通,在该网站上可以实现从保单设计、投保、核保、交费到后续服务全过程的网络化。

2012年保监会正式发布《互联网保险业务监管规定》,为互联网保险做出一个官方的定义。

2012年,"三马"(马云、马化腾、马明哲)筹建的专业网络财险公司——众安在线获准成立。

中国互联网保险销售正在迎来爆发期。

2. 国外

1)互联网保险最早出现在美国

美国国民第一证券银行首创通过互联网销售保险单。1997年初,81%的美国保险公司至少有一个网址。同年,美国加利福尼亚州的网络保险服务公司

INSWEB 用户数是 66 万人,1999 年增加到了 300 万人。

Forrester 的调查结果显示,1997 年,美国家庭购买的汽车、住宅、人寿保险金额是 3.91 亿美元;1999 年大约有 70 万个美国家庭在网上购买了价值约 5 亿美元的汽车保险;2003 年,美国家庭购买的汽车、住宅、定期人寿保险金额达到 41 亿美元;2004 年,美国家庭购买的汽车保险金额达到 118 亿美元,还有 300 户的美国家庭购买价值 12 亿美元的家庭保险。

2)意大利创立网络保险服务系统

1997 年,意大利 KAS 保险公司用微软的技术建立了一套造价为 110 万美元的网络保险服务系统,并在网络上提供最新报价。该公司月售保单从当初的 170 套快速上升到了 1700 套。

3)英国建立"屏幕交易"网站

英国于 1999 年建立的"屏幕交易"网站提供了 7 家本国保险商的汽车和旅游保险产品,用户数量每个月以 70% 的速度递增。

4)日本首开网上申请及结算的车险

1999 年 6 月,日本的美国家庭(American Family)保险公司开始提供可以在网上申请及结算的汽车保险。同年 9 月底开始推出电话及互联网销售汽车保险业务的日本索尼损害保险公司,到 2000 年 6 月 19 日通过互联网签订的合同数累计已突破 1 万件。

日本朝日生命保险公司于 2000 年 4 月 7 日宣布,与第一劝业银行、伊藤忠商事等共同出资设立网络公司,专门从事保险销售活动,并于 2001 年 1 月开始正式营业。

三、互联网保险的特点

1.客户层面

1)性价比高

和线下保险相比,互联网保险最大的优势就是便宜。省去了传统渠道的佣金和人工费用,各种代理人渠道的佣金收益都回到客户手中,因此,降低了保险公司的管理成本和费率,提高了这一险种的年化收益率。相同类型的保险产品,线上保费足足比线下节省 50% ~ 70%;并且保障内容有很多创新,比线下传统保险产品更为丰富。

2)产品选择多样化

每个平台推出的保险产品都是在一个特定的保险栏目里,投保人能够看到这个平台提供的所有保险产品;也可以上网浏览多家保险公司官网,货比三家,产品选择具有多样性。

3)产品信息透明

相比传统保险实行的捆绑推销的方式,线上的保单更加灵活。互联网保险让客户能自主选择产品。关于产品的全部信息,如保障类型、保障范围、保费、免责条款等都可以很容易查到。客户可以在各个保险的官网上查找适合自己的保险产品,在线货比三家;对于消费者来说,相当于有了更多自由选择的机会,可以通过互联网,自行根据自己的需求进行搭配组合,相比较而言,也不用强制捆绑购买一些自己并不需要的附加保障了。并且可以直接线上对接保险经纪公司,做到一对一保险产品匹配服务。在线上,保费和条款等方面更加透明,保障权益也清晰明了,这种方式可让传统保险销售的退保率大大降低,减少信息的不对称性。

4)方便快捷

互联网最大的优势就是方便快捷。相较于线下投保,互联网保险就是只要有网络就能用手机或电脑投保,不用再跑到线下网点,可以足不出户,在家就可以在网上进行产品咨询,且网上投保能节省人力物力,投保、退保、理赔等业务办理便捷,将电子保单等发送到邮箱等都可以通过轻点鼠标来完成。从填写信息到付款都是一站式服务,整个过程我们只需要通过手机或者电脑,全程都可以在网上完成,十分方便,无须亲自跑到分支机构办理。互联网让投保更简单,信息流通更快,也让客户理赔不再像以前那样困难。传统保险的营销模式,保险人与保险代理人约时间地点洽谈,需要反复讨论才能出方案,投保的整个流程都需要代理人跟进,时间成本高。存在办理手续时间长、效率低、保险经纪人的资质参差不齐等问题。

而互联网保险可直接在线上进行购买,出险理赔的时候把需要提交的资料上传给保险公司即可,不用跑去相关网点申请,省去不少时间,更加方便。

5)对投保人要求高

互联网保险更加适合一些有一定的保险知识和学习能力、信息检索能力强的人群。互联网保险需要投保人对保险有一定的了解,会看保险合同条款,能判断某款保险的保障内容适合自己再投保(图11-2)。互联网保险没有专业的业务员面对面指导和咨询,保险险种的选择、投保、理赔、退保等所有事项都是投保人自己亲力亲为。不懂的事项,也是自己寻求第三方保险平台的专业人士一对一解答问题。

6) 投保人信息要如实告知

投保人在网上填写自然信息时, 需要做到如实告知。

否则后续出险容易出现纠纷, 也可能会被保险公司拒赔等。现在网上的保险大多都支持智能核保, 这种方式更加简单、快速, 如果智能核保不通过, 还可以进行人工核保。

图 11-2 互联网保险对投保人有要求

7) 平台安全性风险

互联网保险的销售平台众多, 存在不法分子投机取巧, 冒充保险机构, 利用假冒的保险平台虚构保险产品, 利用虚假的高额回报骗取客户的资产。

因此, 投保人需要到正规的保险平台咨询或购买产品, 保障自身的合法权益, 防止上当受骗。正规的销售网站, 在银保监会是有备案的, 投保前可以先去银保监会官网进行查询。

对客户而言, 互联网保险的优缺点见表 11-1。

互联网保险的优缺点 表 11-1

优 点	缺 点
性价比高	对投保人要求高, 没有业务员面对面的详细讲解
产品选择多样化	自然信息告知有风险
产品信息透明	平台安全性风险
方便快捷	

2. 保险公司层面

(1) 时效性, 有助于实现规模经济。互联网保险具备信息化的特点, 实现了保险交易的虚拟数字化, 保险公司可以通过互联网, 提供全天候随时随地的服务, 同时免去了代理人和经济人等中介环节, 大大缩短了投保、承保、保费支出和保险金支付等进程的时间, 提高了销售、管理和理赔的效率, 使得规模经济效应更加突出, 有利于保持保险企业的经营稳定性。

(2) 经济性, 有利于公司大幅节约经营成本。互联网将帮助整个保险价值链降低 60% 以上的成本。

(3) 交互化, 有利于公司强化客户关系维护。互联网保险拉近了保险公司与客户之间的距离,增强了双方的交互式信息交流,通过自助式网络服务系统,客户可以方便快捷地从保险服系统获得公司背景和具体险种的详细情况,还可以自由选择、对比保险公司产品,全程到保单服务中来。与客户直接联系与互动的加强,有助于保险公司实现客户关系管理的加强和核心竞争力的提升。

(4)灵活性,有利于行业创新和市场化改革。互联网保险的出现在一定程度上改善了传统保险市场存在的一些问题,有助于实现风险识别控制、产品种类定价和获客渠道模式方面的创新,最大限度地激发市场的活力,使市场在资源配置中更好地发挥决定性作用。另一方面,中国保险行业的现实需求为互联网保险的发展提供了内生动力。借助互联网,一场保险业销售渠道的革命正悄然而来。

四、网上保险平台

所有互联网保险销售平台都需要经过银保监会的认证和备案,一般的正规平台有以下几种,见表11-2。

网上保险平台分析 　　　　　　　　　　表 11-2

互联网保险平台	优　势	劣　势	代表平台
保险公司自营平台	对产品的把握有更多的灵活性和自主性,战略自由度大,能够按照产品形态设计承保流程,在续期交费和后续服务上具有天然优势	产品单一,只能选择该公司的产品,不能横向做对比	人保财险官网、泰康在线、中国平安官网; 自己的公司,卖自己的产品
保险中介公司自营平台	可以选择多个产品进行横向对比	须和保险公司合作才能售卖,没有自主保险产品且产品种类和定价受制于保险公司,缺乏自主性	慧择保险网、中民保险网、新一站保险网; 为一家或几家保险公司销售产品、代收保费

续上表

互联网保险平台	优　势	劣　势	代表平台
第三方网络平台(各个与保险、中介公司合作的网站,有专业的保险比价平台)	独立于保险公司,货比三家,减少信息不对称,优化选择;有专业的保险测评人员一对一给予服务,性价比高	目前知名度比传统保险差	淘宝、京东等综合电商平台,去哪儿网、途牛等旅游电商

注:1. 保险中介网络平台,这类网站一般都是由银保监会批准成立的专业中介公司运营的保险电商网站,具有合法资质可以销售产品、代收保费。

2. 消费者一般可以在这些网站底部的信息披露栏查看相关资质,或者直接登录银保监会官网,查询备案信息,为网站验明正身。

五、我国互联网保险的商业模式

保险行业的商业模式关乎整个行业的综合竞争力,是行业转型升级的重要推进力量。经过十多年的发展,截至2016年,我国互联网保险已建立起以官方网站模式、第三方电子商务平台模式、网络兼业代理模式、专业中介代理模式和专业互联网保险公司模式5种模式为主导的基本互联网保险商业模式体系。

买卖互联网保险有着严格的规则,各大互联平台都需要通过银保监会的认证和备案。互联网保险商业模式对比见表11-3。

互联网保险商业模式优劣势汇总　　　　　　表 11-3

两大平台	五大商业模式	优　势	劣　势
保险自营网络平台	保险公司官方网站	产品设计、品牌观念	成本、客户流量
	专业互联网保险公司	产品创新	风险控制
第三方网络平台	第三方电子商务平台	客户流量	产品过于简单
	网络兼业代理	场景	产品内涵价值低
	专业中介代理	服务	产品供给依赖外界
	互联网技术平台	技术	

注:1. 保险公司自营平台有人保财险官网、泰康在线、中国平安官网等。

2. 第三方网络平台有支付宝、京东、沃保网等。

六、网上投保方法及流程

1. 官方网站

可以在保险公司的官方网站购买保险。以平安保险为例,在百度或其他的搜索引擎搜索平安保险,进入平安保险的官方网站以后,选择自己需要购买的保险产品,按照要求填写被保险人的基本信息后,确认健康告知,支付相应的保费就购买成功了。

2. 保险 App

下载保险公司的软件 App,注册登录以后,根据自己的需求选择保险产品,填写被保险人的基本信息后,确认健康告知,支付保费就可以了。

3. 微信、支付宝

可以通过保险公司的微信公众号和支付宝生活号购买保险,购买流程和官方网站一样,也可以在支付宝蚂蚁保险和微信微保里面购买保险。

特别提示:在网上购买的保险,保费支付成功后,生成电子保单,保单正式生效。经核保后,保险公司同意承保,并向客户确认,则合同订立;客户可以利用网上在线咨询工具进行售前售后咨询,对产品信息、合同签订、划交保费过程进行查询;如果需要纸质保单则需要自己手动申请。

七、互联网投保注意事项

互联网投保(图 11-3)需要注意以下几项:

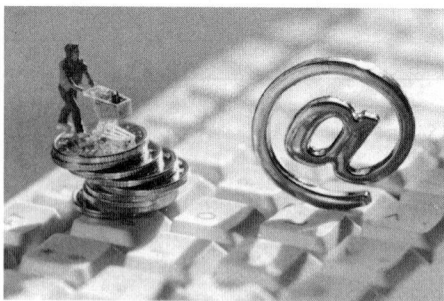

图 11-3　互联网投保

1. 验证投保平台的真实性

消费者在网上投保之前,可以先到银保监会官网验证投保平台的真实性。

正规的互联网保险销售平台都是由银保监会授权成立的,在银保监会都有备案,而如果互联网投保平台在银保监会官网无法查询到,那么消费者就要提高警惕了。

2. 提前了解保险相关知识

互联网投保通常没有保险代理人的细致讲解,整个投保过程中,需要我们自己去阅读保险条款。这就要求大家先掌握一定的保险知识,这样投保时才能知道自己买的保险具体保障什么、怎么理赔,避免"踩坑"。

3.保险产品多家对比后再投保

正所谓货比三家,网上的保险产品种类很多,投保之前完全可以多找几款产品进行对比,然后再选择性价比最高、最适合自己的那款产品。

4.投保前注意查看各项告知

投保前要注意查看各项告知,准确了解保险产品后再投保,避免投保信息和保险公司的规则冲突。

5.填写信息时,注意正确性和真实性

在网上填写信息的时候,一定要注意区分投保人信息、被保险人信息,同时要确保填写的信息真实有效,这样才能查收到保单,同时发生险情也能及时得到保险赔付。

八、互联网保险理赔流程

不管是在线上买保险还是在线下买保险,一定要仔细阅读保单以及保险条款,确定保险责任和除外责任,简而言之就是要弄清楚什么赔、什么不赔。只要符合理赔要求,保险公司是不可能拒赔的。互联网保险的详细理赔步骤如下。

1.联系保险公司进行报案

出险后致电保险公司(或在网上直接报案),表述要清楚,以免引起理赔纠纷。

2.提交申请以及理赔材料

保险公司客服会告诉你需要的材料,只需要按要求在规定时间内上传理赔所需的资料(照片提交,金额较大且还需向保险公司发送文件)即可。部分保险公司理赔可在官网自主完成。上传资料前一定要仔细检查材料无误。

3.等待保险公司审核

提交完材料,保险公司会对材料的真实性进行审核,一般需要 3~5 个工作日。若材料有误,保险公司会联系更改。

4.收到理赔款,理赔完成

审核通过后,保险公司会将理赔款转到之前预留的银行卡账户上,这时理赔就完成了。

说明:①只要相关资料齐全,一般不超过 10 个工作日,就可以完成理赔。

②一般来说,如果案件简单、金额小,网上理赔会比较方便,案件复杂或者金额大,需要上传资料,且还需要向保险公司发送文件,等待后续处理。

九、综合实训

老张买了一款车,第一年直接在 4S 店购买车险,今年准备在网上投保交强险、汽车第三者责任险、车损险和车上人员的驾驶座位责任险。请帮助老张在网上投保。

十、考核评价

考核评价见表11-4。

考核评价表　　　　　　　　　　　　　表 11-4

项目名称: 课题名称:	班级: 姓名:	日期: 页码:
(1)互联网保险概念是什么? (2)互联网保险有投保方法有哪些?		
考核评价: 　　　　　　　　　　　　　签字:		

课 题 二　互联网汽车保险与理赔

汽车保险作为财产保险公司最重要的保费收入险种,随着车联网的不断发展,人机互动越来越频繁,互联网习惯逐渐成为主流,互联网迅速发展,也带动了保险行业的快速发展。

面对不断变化的车险市场形态,车险销售公司已悄然改变销售策略,将销售重心转向互联网车险。

一、汽车保险购买渠道

购买车险的渠道包括:在保险公司的官方网站进行网上投保,致电保险公司的官方客服进行投保,去保险公司实体店与保险公司的业务员进行面对面交流投保,或找保险中介通过代理人投保。这几种保险渠道存在很大差异,车险购买渠道对比表11-5。

车险购买渠道对比表　　　　　　表 11-5

购 买 渠 道	优　　点	缺　　点
互联网	投保方便、自主性强、价格便宜,性价比高	购买车险一般会留下车主的一些个人信息,主车险快到期时会有很多保险公司打电话推荐续保方案
电话	投保方便、自主性强且价格便宜	购买车险的时候会留下车主的个人信息,车险到期经常接到保险公司电话
实体店(4S店和修理厂)	投保快捷、理赔方便、理赔流程相对透明	价格贵,可能捆绑销售一些修理厂理赔流程不透明
代理人	高性价比、有返利	代理人的质量参差不齐,容易被骗,可能险种不齐

互联网车险是购买车险的渠道之一,只要是有正规保险销售、代理资质的平台,消费者大可以放心在上面购买车险。

二、网上购买车险平台

目前在网上购买车险的平台主要有两大种:保险公司自营渠道和第三方互联网平台。

这两个平台的特点及代表商家见表11-6。

网上购买车险的平台　　　　　　表 11-6

渠　　道	特　　点	商 家 代 表
保险公司自营渠道	保险公司把自家的线下实体网点搬到了线上	传统的人保、平安、太平、太平洋、安心、阳光等保险公司的自营官方网站、App、微信公众号等平台
第三方互联网平台	可以货比三家,有多种选择,性价比高	小米金融、车车车险、支付宝等第三方平台

三、网上投保汽车保险流程

网上购买车险,可以选择像人保、平安、太平洋等这样的保险公司官方网站或这些保险公司的微信公众号平台,也可以选择像小米金融、车车车险、支付宝等第三方互联网平台进行投保。

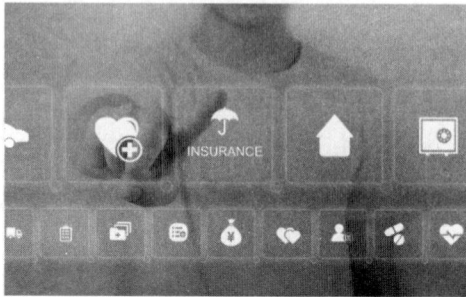

网上购买车险不仅经济实惠而且方便快捷,因此深受车主们的喜爱。例如:自己正在外地出差而车险保险期快到了,无法赶回投保地进行续保,这时候就可以直接进入保险公司的官网输入相关信息进行续保(图11-4)。

图11-4　网上投保车险

1. 第一步:选择保险公司

首先在选择网上车险时我们要先确定保险公司,现在的保险公司多不胜数,我们在选择时要选择知名度高、品牌大、有实力的保险公司,这样才会有保障而且得到良好的服务,比如人保,口碑好、服务有保证。

2. 第二步:登录官网

选择好自己心仪的保险公司就可以在网上搜索然后进入他们的官网,如果搜索人保您可以在搜索引擎搜索"中国人保"或者输入网址 epicc. com. cn即可。

3. 第三步:车险选择

登录官网之后就可以选择车险报价了,为了方便客户快速购买,人保为客户提供了快速购买攻略,通过填写车辆行驶城市、车辆价值、车龄、驾龄信息可以为你推荐合适的车险并给出报价,大家也可以根据自己的需求进行自主搭配。

4. 第四步:支付提交

选择好车险并填写完整投保人信息,然后选择支付方式进行保费缴纳,投保即完成。点击生成的电子保单查看或下载,保险公司人员也会登门送上纸质保单。

以支付宝为例,用支付宝购买车辆保险,然后用支付宝支付。投保流程如下:

(1)进入支付宝首页,在服务栏找到"车主服务"(图11-5)。

（2）进入"车主服务"界面以查找"车险服务"（图11-6）。

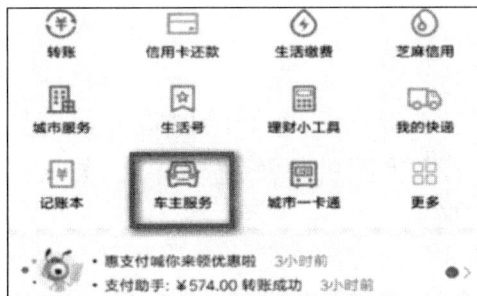

图 11-5　支付宝服务栏界面

图 11-6　车险服务界面

（3）根据需要在表格中填写车辆信息，然后单击"申请汽车保险"（图11-7）。

（4）选择一个保险计划。如果商业保险和交通保险不在一起，那么商业保险将被直接划掉，只剩下交强险和车船税（图11-8）。

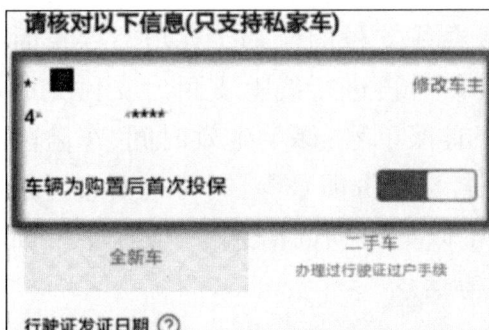

图 11-7　申请汽车保险界面

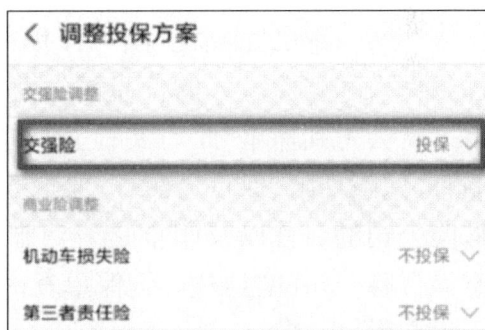

图 11-8　交强险界面

（5）选择完成后，点击"我要投保"即可（图11-9）。

注意：①选择哪家保险公司，选择什么方式投保，都决定着保险的质量；

②网上购买保险更加是讲究一个完整的流程；

③一般保险公司会将各种险种的保障范围、保额和保费等相关信息表述清楚，要是车主有不明白的地方，可以向客服咨询。

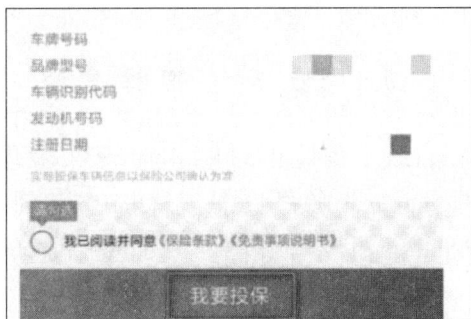

图 11-9　投保界面

互联网保险投保方便、信息透明化、理赔简单快捷，受到越来越多的消费者的青睐。

四、网上投保车险注意事项

1. 正确选择保险公司

网上购买车险最重要的就是选择保险公司,选择一个好的保险公司能够得到最好的保障。一个保险公司的实力越强,车主得到的保障就越好,比如人保全国免费救援、万元以下闪赔、免费洗车保养等服务。

2. 仔细阅读险种条款

对于车险险种条款车主须仔细阅读,需要了解条款的保障内容,比如车损险哪些损失赔偿哪些损失不赔偿,车损险免赔率是如何规定的,理赔流程是如何规定的等。不明白的地方要向业务人员咨询清楚,免得理赔时因为没有了解各个条款而导致不能得到赔付。

3. 认真核对保单

当前两条都已完成,应填写保单并完成在线支付的流程。在填写保单时要确保投保人和被保险人的信息填写都正确,然后再进行线上支付。支付完成后接下来就会得到保单,此时要检查保单是否有保单号、保单生效时间、车险险种的名称、保障期限、保险金额、被保险人的姓名与身份证号等,同时也要查看是否有保险公司的名称以及印章是否清晰。除了以上提到的信息,一般保单上面都会有该保险公司的客服电话、保单查询方式等信息。

做一做

小王同志经过几年的努力,终于买了一款22万元的爱车,小王本人开车无经验,属于新手驾驶人,请你为小王设计一个投保方案,帮助小王进行网上投保。

五、网上车险理赔流程

线上保险的理赔和传统保险理赔是一样的,所有理赔服务都是由保险公司提供的,业务员只能帮你提交资料,将请求传达给保险公司,根本不会参与理赔的审核和支付过程。网上车险理赔具体流程如下。

1. 联系保险公司报案

出险后致电保险公司(或在网上直接报案),表述要清楚,以免引起理赔纠纷。

2. 提交申请以及理赔材料

保险公司客服会告诉你需要的材料,只需要按要求在规定时间内上传理赔所需的资料(照片提交,金额较大且还需向保险公司发送文件)即可。部分保险公司理赔可在官网自主完成。上传资料前一定要仔细检查材料无误。

3.等待保险公司审核

提交完材料,保险公司会对材料的真实性进行审核,一般需要 3~5 个工作日。若材料有误,保险公司会联系更改。

4.收到理赔款,理赔完成

审核通过后,保险公司会将理赔款转到之前预留的银行卡账户上,这时理赔就完成了。

说明:①只要相关资料齐全,一般不超过 10 个工作日。就可以完成理赔。

②出险时,你可以拨打保险公司的电话,进行报案索赔。如果通过保险中介投保,还可以联系保险中介,他们一般提供理赔的协助和引导服务。

六、互联网车险公司

根据 2019 年各官网数据统计,各项排名从高到低顺序为 1、2、3、4。下面对人保、平安、太平洋、阳光 4 家汽车保险公司进行对比,见表 11-7。

互联网车险公司对比　　　　表 11-7

互联网车险公司	实　　力	保费收入	偿付能力	服务评级
人保	1	1	2	AA
平安	2	3	3	AA
太平洋	3	2	1	AA
阳光	4	4	4	A

说明:①保费收入代表保险公司最主要的资金流入,保费收入越高,意味着在同等条件下,越多的用户选择投保该公司保险产品;

②偿付能力就是保险公司赔不赔得起钱,由综合偿付能力充足率来衡量,银保监会规定所有保险公司均不能低于 100%,太保车险的综合偿付能力充足率达到了 292%;

③保险公司服务评级按照得分从高到低依次分为 A、B、C、D 四大类,分别为优秀、良好、较差、差,具体包括 AAA、AA、A、BBB、BB、B、CCC、CC、C、D 共 10 级。

七、互联网车险投保选择

车险与人身保险不同,车险的条款以及相应的费率计算方法都由银保监会统一规定。购买车险时,选择的是性价比高的车险公司,想"买得更划算"只能对比各家公司的优惠政策、附赠服务以及理赔时效。

比较人保、太平洋和平安三家保险公司的附赠服务如下。

1. 人保车险附赠服务

网上提交,自助理赔:可通过中国人保微信公众号、小程序、手机 App 在网上提交索赔资料,全天 24h 不受限;索赔环节全透明;小额案件"网上一站式"自助完成。

网上咨询,全天守候:中国人保提供 7d×24h 在线答疑,以及在线车常识、车保险和车理赔等即时服务。

车险单证,4 个减免:

(1)免提交:绑定中国人保微信公众号、手机 App,则"三证"(驾驶证、身份证、行驶证)免提交。

(2)免复印:确须提交"三证",则提交方式完全电子化,免复印;逐步推行仅凭身份证"一证索赔"。

(3)免单证:对 2 000 元以下小额车损案件,客户不需要提供修车发票;事故案情清晰免事故证明,气象灾害免气象证明,保险公司可以获取的索赔材料不用客户提供。

(4)免奔波:在中国人保推荐的合作维修网点修车,不需要客户提交修车发票,由中国人保与维修网点直接交接。

2. 太平洋车险附赠服务

现场 3G 移动视频查勘,迅速定损;

全国通赔,单证齐全即可当地理赔;

专享"快易赔"上门收取理赔资料服务;

1 万元以内车险责任事故,资料齐全一个工作日内完成赔付。

3. 平安车险附赠服务

闪电快赔:先赔付再修车,万元以下案件,3d 到账,结案支付,60s 到账。

简易理赔:人伤案件,安心理赔,上门代收理赔资料,双方都是平安车主的事故,简易理赔。

免费救援:7d×24h 免费道路救援全国通赔。

信任赔:授信理赔信任额度,车主自主理赔,驾驶安全互助。

八、互联网时代下的车险发展之路

车险是财险公司最重要的保费收入险种。随着车联网的不断发展,人机互动越来越频繁,互联网购物逐渐成为主流,车险业正蓬勃发展,主要有以下特点。

1. 车险用户年轻化

太平洋保险发布的2018年版《中国保险消费者白皮书》显示:2017年,车险消费群体中,25~30岁年轻客户群占比26%,相较于2010年提升8个百分点。

90后消费者逐渐成为车险消费主力军,而他们是这样的一个群体:受教育的程度普遍比较高,成长伴随着移动互联网技术的兴起(图11-10)。

2010—2017年新增投保人年龄变化趋势

■18~24岁　■25~30岁　■31~40岁　■41~50岁　■51~55岁　56+岁

图11-10　车险用户年轻化

随着信息壁垒被逐渐打破,年轻消费者对于获取保险信息的主动性远超他们的长辈。他们在选择产品的时候,不仅考虑保险从业人员的个人素质与服务质量,也会通过各种渠道对比参考同类产品,因此也更客观、更理性。

2. 车险行业市场化

不管是商车费改不断深化,还是车险监管日趋严格,都在推动行业创新和服务改进,并提升市场运行效率(图11-11)。

在车险行业市场化的过程中,当前车险市场乱象仍然存在,但是这不是车险市场化造成的,相反需要加快推动市场化改革来解决。

图11-11　车险行业市场化

要相信市场的力量,违背市场规律的最终都走不远。只有通过坚定不移推动市场化,才能实现消费者和行业的"双赢"。

3. 车险生态数字化

随着行业的丰富,出现了越来越多的行业交叉。比如,电商碰到物流,交叉出了网购。数字化碰到车险,交叉出车险科技。

图 11-12 车险生态数字化

大数据、机器学习、物联网、区块链等技术不断被运用到车险业务链条上,行业的价值链正在逐步被改变,消费理念和运营流程都被技术裹挟,车险客户的预期和需求也水涨船高(图 11-12)。

数字化具有极强的统治能力,车险科技应运而生并且作用被逐步证实。互联网时代,效率为先,服务至上,而传统的车险展业模式,渐渐无法满足客户需求,更智能便捷的车险购买模式应运而生。随着车险用户的年轻化、行业市场化、生态数字化的新趋势,消费者对车险服务有了更高的需求。车险业务员需要不断学习、与时俱进,学习和业务相关的法律法规,学习理财和医学知识,还要学习车险运营工具的使用,拥抱变化、拥抱车险科技,以提高服务质量,满足客户需求。

九、综合实训

1. 车联网在车险中的应用

根据车险发展阶段的不同,车险定价模式分为保额定价、车型定价及使用定价(基于使用的保险定价模式,如图 11-13 所示)3 类:

保额定价模式:最为粗放,保险公司根据"新车购置价"设定保费,忽略了"从车"与"从人"的差异性。现阶段,我国车险定价仍停留在此阶段。

车型定价模式:考虑了"从车"因素,保费计算根据不同车辆的安全状况(出险概率不同)及不同品牌车辆的维修成本差异("零整比"系数)而定。欧美发达国家普遍采用车型定价模式。

图 11-13 车联网应用

使用定价模式:考虑了"从用"因素的影响,通过车联网收集驾驶人行为数据,例:行驶里程、时间、区域及驾驶习惯等,建模并分析驾驶行为背后的风险,进而设计保费。主要有 3 种定价模式：

使用定价保险（Usage Based Insurance，简称 UBI）：根据驾驶行为蕴藏的风险进行定价。按驾付费保险（Pay as You Drive Insurance）：根据消费者驾驶车辆的里程数进行定价。提供其他服务：如盗窃找回及事故预警、信息服务。

对消费者来说，使用 UBI 的最大价值在于大幅度节省保费。另外，可以根据需求定制保险服务，提高理赔效率和信息透明性，获取增值服务（盗窃找回、事故预警或信息娱乐）。

对保险公司而言，UBI 让实时风险评估与精准定价成为可能，保险公司还可以主动选择低风险驾驶人，减少理赔管理并主动预防理赔事故的发生。另外，提供差异化的产品与服务有助于保险公司打造特色，获取增值收益。但考虑到政策、数据积累和对行业盈利性的影响，UBI 产品与定价则存在很多的不确定性。

全球范围内，UBI 产品规模一直稳步增长，但在大多数市场的渗透率不足 1%。全球最成功的 UBI 市场在意大利和英国，这是价值驱动的结果。英国年轻驾驶人或有不良驾驶记录者存在保费过高的现状，UBI 可以显著降低车险价格。意大利车险欺诈严重，需要 UBI 技术予以辅助。

鉴于物联网建设需要大规模的设备投入，保险公司需要广泛开展生态系统合作，与设备商、服务商、通信运营商联合，合作推出某项产品或服务，实现多方共赢。尽管保险公司并非跨界与合作的天然载体，但应积极努力扮演生态圈的推动者，这是成功的关键所在。

2. UBI 产品

英国英杰华保险（Aviva）针对年轻驾驶人需要支付更高保险费这一局面，借助科技手段与数据分析，开发了基于驾驶行为的驾驶风险预测模型，实现了个性化定价，不仅改善了驾驶客户驾驶习惯，还削减了公司成本。公司除了收集客户个人信息、车辆信息和使用情况、驾驶历史等数据，还引入车载设备，通过手机 App 来监控驾驶人最初 200mi（注：1mi 约合 1.6km）的驾驶状态。根据驾驶人行为（如加速、制动和拐弯）数据记录，分析蕴藏的风险并进行定价，确定个性化的保费并提供个人承保服务。同时，公司还为安全驾驶人提供最高达 20% 的折扣。测试显示，驾驶人的安全状况有所改善，形成的新商业模式，也为公司赢得客户满意度提高，客户流失也大幅减少。

Metromile 公司利用汽车监控设备颠覆了定价模式，实现了"按驾驶里程收费"。自 2012 年 6 月产品推出以来，已经被数千位美国客户使用。它的里程定价模式是基于车载信息设备（汽车监控）的技术，通过客户安装的设备追踪行驶里程而缴纳保费。

客户只需要每月支付 15 ~ 40 美元的固定费用以及 2 ~ 6 美分/mi 的使用费即可。操作时只要将赠送的仪器安装到仪表盘上就可以正常开车。它并不考量驾驶人怎么驾驶,而关心驾驶距离。此类保险在服务行驶量不大、尚未充分服务的细分板块中有很大空间。平均计算,可为一位年行驶里程约为 10000mi 的驾驶人节省 40% 的费用。

3. UBI 车险服务

一些保险公司为客户提供新型商业解决方案。例如,美国利宝互助保险公司(Liberty Mutual)为公司或大型车队提供 GPS(全球定位系统)跟踪监控设备。企业客户将该设备安装在汽车上,可通过设备回传的里程数、车速、加速情况和位置等信息,帮助车队监控并改善驾驶人的驾驶习惯,进一步开展车辆安全管理,从而有效控制风险。

另一些保险公司提供车辆盗窃找回及事故援助服务。例如,英国的 Insurethebox,该公司将含有 GPS、运动传感器、SIM 卡和电脑软件的盒子装在汽车上,通过 GPS 技术追踪定位失窃车辆以协助客户找回。当盒子检测到车辆撞击或意外事故时,该公司会给客户打电话,确定客户人身安全。紧急情况下,还会呼叫应急救援部门参与救援。盒子里的数据亦可协助客户分析车辆损失情况。

汽车娱乐信息(Infotainment)是一种新型车载电脑应用,可利用通信技术连接到社会媒体、电影流媒体或者导航系统。客户可收听音乐广播、观看电视,并且随时获取有用的旅途信息,比如实时路况、加油站地点等。美国起亚汽车(Kia Motors America)和谷歌(Google)签署了一项协议,把谷歌地图和谷歌 Places 整合在其远程信息技术系统中,为驾驶人提供导航、车况检测与诊断等更多功能。

十、考核评价

考核评价见表 11-8。

考 核 评 价 表

表 11-8

项目名称: 课题名称:	班级: 姓名:	日期: 页码:
(1)互联网汽车保险的投保流程? (2)互联网汽车保险投保注意事项?		
考核评价: 签字:		

项目十二　互联网保险与传统保险区别

📝 **项目描述**

　　互联网保险是相对于传统的保险营销方式而言的,实质上就是保险电子商务或者网络保险。互联网保险是新兴的一种以计算机互联网为媒介的保险营销模式,有别于传统的保险代理人营销模式。

📚 **学习目标**

　　1. 知识目标

　　正确掌握互联网保险的概念、特点,了解互联网保险的发展历程。

　　2. 技能目标

　　能正确掌握互联网保险的投保流程、理赔流程及注意事项。

　　3. 素养目标

　　培养学生勇于探索保险与理赔的技巧,提高辨别能力、认知能力,激发学生学习保险的兴趣。

⏱ **建议课时**

　　1 学时。

课题　互联网保险与传统保险区别

　　随着我国经济的增长,民众生活水平的提高,互联网行业的高速发展,小到网购、外卖,大到政府业务办理、社保公积金缴纳,人们逐渐开始从线下走到线上,习惯于通过互联网来解决各种问题。越来越多的行业开始走上互联网的道路。现如今,人们对保险的认知不断加深,购买能力逐渐增强,在此基础上互联网保险迅速发展,各大传统保险公司纷纷拓展线上保险业务。很多人喜欢足不出户在家就轻松买保险。当然也有一部分人对互联网保险抱着比较怀疑的态度。

一、相关概念

1. 互联网保险

互联网保险也称线上保险,是相对于传统的保险营销方式而言的,实质上就是保险电子商务或者网络保险。互联网保险是新兴的一种以计算机互联网为媒介的保险营销模式,有别于传统的保险代理人营销模式。

线上保险部分在保险公司官网直接销售,部分通过支付宝、微信等平台代理销售。

2. 传统保险

传统保险也称线下保险,线下保险主要采用传统模式,即通过各保险公司的保险代理销售,还有一些是通过保险经纪人销售的。保险公司开发设计的所有产品都由保险公司承保,出险后理赔也由保险公司负责。

二、传统保险与互联网保险的差异

随着科技的发展,各行各业纷纷推出了网上业务。保险业也推出了互联网保险这一新兴业务,顺应了时代潮流的发展。互联网保险与传统保险的异同点如下。

1. 相同点

1)互联网保险和传统保险都由保险公司承保,同样可靠

无论是互联网保险还是传统保险,都是有保险公司承保的,每个保险产品都要经过银保监会审核才能上市销售,不存在个人推出保险销售的情况。而且我们最终签订的保险合同都是和保险公司签的,而不是和哪个平台、哪个网点签订。

2)互联网保险和传统保险都由保险公司理赔,同样可靠

互联网技术这么发达,很多公司业务都能在网上完成,保险公司也不例外。因此保险公司业务推出网上保险,线上线下同时销售,以提高销售量。不管是互联网保险还是传统保险,两者都是有保险公司承保的,所以不用担心网上保险买了就很难获得理赔,也不用怕哪天网点没了保险合同就失效。

3）相同保险产品的条款要求相同

无论是互联网保险还是传统保险,相同的保险产品都是由同一家保险公司推出的,在条款内容、要求上完全相同,只是销售渠道不同而已。

2. 不同点

互联网保险融入了现代科技,本质上,互联网保险与传统保险的区别还是比较多的,比如:在组织结构、经营理念、核心技术、销售服务模式、社会口碑、产品险种、消费对象、消耗成本和专业水平、投保方式、保单、理赔流程、核保上均有所不同(图12-1)。

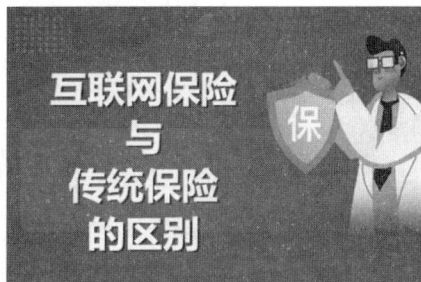

图12-1　互联网保险与传统保险的区别

1）产品险种

传统保险:专业性要求高,主要为寿险、健康险、高端医疗、养老、教育等保障内容复杂的长期大额险种。

互联网保险:保险产品多为个性化,定向化,创新性小额险种,一般多为意外险,旅游险,车险,账户安全险、短期医疗险、家庭财产险等,产品条款相对简单、保险责任比较简单的短期重疾险。

保险公司为了抢夺市场份额,往往要从推出性价比高的产品,而互联网保险的运营成本低,所以好的产品一般都在线上。

2）消费对象

传统保险:中老年人习惯于通过保险代理人购买保险。

互联网保险:80、90后作为新一代社会发展的主力军,更加年轻,对产品理解更加深入,更信任互联网的保险信息(自认为有自主判断的能力),能自助下单。

3）办理手续

传统保险:仍需要去线下网点办理业务。

互联网保险:业务手续通常都可在线上完成。

4）消耗成本

传统保险:通过传统模式购买保险,花的时间和人力成本明显高于互联网保险。

互联网保险:减少保险中间环节,降低保险公司的成本,对于消费者而言有更高性价比。

5）保险渠道

传统保险:线下销售渠道是最传统的营销渠道。等同于是保险公司开了"实体店",大家进店挑选自己心仪的产品,保险顾问与客户进行面对面交流,然后签订合同配置适合自己的保险。

互联网保险:万物皆可互联销售。现在只要通过手机或电脑就可以在支付宝、公众号、网页端、App端等进行专业保险的线上投保,免除了去各家"线下实体店"挑选的麻烦。

6)知识储备

传统保险:线下购买,保险代理人会帮忙解读保险条款。如人寿保险和重疾险的保险条款大多很复杂,而且投保人大多是非专业人士,对条款不太了解。对于一些文化水平较低的消费者来说,在茫茫的保单中寻求合适自己的互联网保险比较困难。这个时候需要寻求专业人员来帮忙的人,更适合选择传统保险。

另外,保险代理人在投资前也会对投保人和被保险人进行审核,必要时还会要求进行财务调查和体检。因此,大部分寿险和大病险往往是通过线下渠道销售的。

互联网保险:互联网保险对投保人的保险知识要求较高,因为没有业务员指导和咨询,缺乏对保险产品的深入了解,只是看中了产品的宣传噱头,那就很有可能配置到不符合自己真实需求的保险。而在理赔或者出险的时候,需要自己收集、整理理赔的资料,没有业务员帮忙处理,因此,互联网保险更加适合一些有一定的保险知识和学习能力、信息检索能力强的人群。另外,保险信息多由投保人自己告知。投保人不需要额外的投资前审查,若没有一点保险知识的话,还真不行。因为,保险条款中有许多的专业术语和复杂的条条框框,投保人若是看不懂的话很难挑到适合自己的产品。当然,投保人也可以咨询一些保险第三方平台。例如沃保网等,在沃保网投保人可免费咨询任何一款产品的问题,要是不知道应该买什么产品,网站还能提供保险方案。

7)保险费用

互联网保险:和线下保险相比,互联网保险最大的优势就是便宜。

传统保险:保单的价格贵,主要原因是销售费用高,"羊毛出在羊身上",最后承担的只有投保人。线下销售需要依托实体门店,那么自然就少不了房租、水电费等日常开支。除此以外,保险业务员的业务提成,也会推高保单价格,还是有"中间商赚差价"。但传统渠道的佣金和人工费用攀升,收益并不高。

互联网保险:互联网保险公司相对于传统保险公司,不需要开众多线下网点,也不用雇用那么多的保险代理人,少了各种渠道费和佣金等的开支,极大地降低了运营成本,从而可以把定价降下来,用更便宜的保费,服务更多的用户;互联网保险相当于把之前的渠道环节打通,大大提高了行业的透明度,方便用户对不同的产品进行比价,这使得行业竞争更加激烈,之前各种代理人渠道的佣金收益都回到客户手中。也在一定程度上促使保险公司降价。这样做,大大降低了保险公司的管理成本和费率,提高了这一险种的年化收益率,在网上出售的保单比线下节省 50%～70% 的费用。

8)办公效率

传统保险:投保人自己前往保险公司办理投保理赔等,花费时间和人力成本都比较多。

互联网保险:将互联网作为媒介,相比于线下投保,互联网保险的投保更加的方便,无论是投保、缴费、理赔的操作都可以在网上完成,非常便捷。互联网保险可以直接选择线上投保,支持线上智能核保,省去了烦琐的人工核保程序,理赔时只需要把相关资料上传给保险公司即可,只要符合合同规定,即可获得理赔金。此外,互联网保险几乎可以把每个环节放在线上进行,从保险咨询、核保、投保到理赔、保单管理都可以线上操作,非常方便。整个投保流程方便快捷,简单高效,让人们足不出户就可以轻松投保。

9)信息透明

传统保险:目前我国保险业产销不分离,保险代理人只能推荐自家公司保单,很多线下的保险产品经常实行捆绑销售,无法真正客观地站在投保人消费者角度,去筛选性价比高、适合客户的保单产品。而客户则容易听从保险销售的鼓吹,选择不符合自己的真实需求的高价保险产品。

经常会发生业务员明知客户自身健康状况无法投保自家公司的保单,但是还是会试图让客户隐瞒病史的事,目的就是为了赚点佣金钱。最后在理赔的时候,顾客与保险公司双方都感觉冤枉,赚钱的只有中间商代理人自己。

互联网保险:消费者可以通过互联网查询不同公司的不同产品,信息都比较透明。从线上选择保险产品,可以自行根据自己的需求进行搭配组合,对于消费者来说,相当于有了更多自由选择的机会,可以把不同保险产品集中起来,统一对比分析,选出自己真正需要的、性价比高的产品,而一些自己并不需要的附加保障也不用被强制捆绑购买了。

10)信任程度

传统保险:对大多数客户来说,当面见到保险业务员接受服务才感觉靠谱。这种方式更容易得到消费者的信赖,成交概率较高。

互联网保险:缺少与投保人面对面建立信任感的环节,而且现在中国消费者整体的保险意识还不是很强,对互联网保险的接受度还是比较低的。

传统保险与互联网保险差异比较情况见表12-1。

传统保险与互联网保险差异比较　　　　表12-1

项　目	传　统　保　险	互联网保险
产品险种	长期大额、保障内容复杂	短期重疾、简单
消费对象	中老年	年轻人
手续办理	去网点,较慢	线上,方便快捷
消耗成本	高	低
保险渠道	线下	线上
知识储备	不需要	需要
保险费用	贵	便宜
办公效率	低	高
信息透明	不透明	透明
信任程度	更信任	不太信任

除此之外,传统保险与互联网保险在投保、保单、理赔和核保方面也有所不同。

三、保险流程不同

1.投保方式

传统保险与互联网保险的投保方式不同(图12-2)。

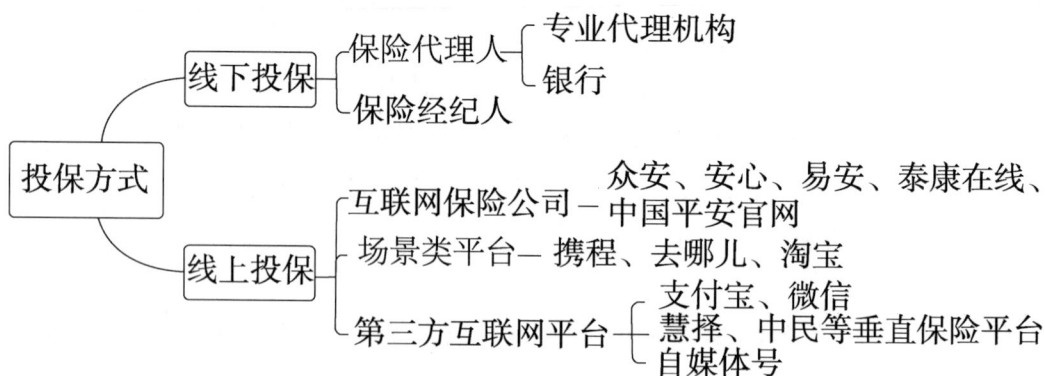

图12-2　投保方式

传统保险:线下投保。在保险公司设置的销售网点,也就是实体门店,会有保险代理人讲解保险的条款内容。代理人通过线下获客,对人脉的依赖性很强,对绝大多数代理人来说要获得客户线索非常困难。但并不是说实体保险有保险代理人讲解就能够安心投保,有时候保险代理人会为了业绩把一款产品的保障内容夸上天,而对一些责任免除条款随便几句带过,其实这其中涉及了很多种情况需要客户去了解,一定要理解清楚哪些情况是不保的,避免理赔时产生纠纷。

互联网保险:线上投保。可以在各大网络平台购买,例如保险公司的线上商城,微信的微保平台和支付宝的蚂蚁保险等。网上购买保险,在产品的销售页面会有详细的内容介绍,一般都会详细标明产品的保障范围、赔付额度、投保须知等。可以通过各种网络平台进行宣传推广,极大地扩大了获客范围,提高了获客效率。现在通过互联网保险做销售的效率还是要高于传统销售方式的。

互联网保险与传统保险投保方式上的差异见表12-2。

线下投保特点与线上投保特点的差异　　　　表 12-2

项目	投保方式	表现结果	原　因
产品选择	线下	少	如重疾险,近年线下渠道的重疾险基本上都是保终身的储蓄型重疾险,产品的选择较少
	线上	多	互联网上信息相对于透明,保险公司要抢占市场常常要在产品方面下功夫,而互联网销售又节省了不少运营成本,通常情况下最好的产品都放在线上销售
投保效率	线下	不便较慢	花费人力物力专人接待,投保、退保、理赔等业务须亲自到分支机构办理
	线上	方便快捷	能节省人力物力,投保、退保、理赔等业务办理便捷,全程都可以在网上完成

续上表

项目	投保方式	表现结果	原　因
投保人	线下	不需要保险知识	保险公司有专人指导
	线上	掌握保险知识	没有专人指导,因而对消费者对自身的实际需求的认识有一定的预期,且对信息解读能力有一定的要求
信任感	线下	好	线下销售大都是熟识的代理人推荐保险,人际关系附加了信任的情感。尤其是一些大额的交易,专人面对面的谈话更能让客户安心
	线上	差	线上投保,没有与人面对面交流的机会
从业人员	线下	素质不齐	保险行业的从业门槛低,队伍人员素质良莠不齐,销售误导等情况时有发生,要找到真正专业的代理人并不简单
	线上	不需要	自己选择适合自己的产品,不需要专业代理人的指导
借助媒介	线下	代理人	传统保险公司是保险代理人的营销模式。传统保险更多的是代理人通过线下面对面的销售保险产品
	线上	互联网	互联网保险公司是以互联网为媒介的保险营销模式,是保险公司通过互联网和电子商务技术等工具来实现保险销售的经营管理活动的经济行为

说明:①在线下购买保险后,可能会面临保单信息的变更。离线保单的售后服务要简单得多,可以通知推销员这一变化。即使要求客户操作,对方也会指导如何操作。

②当你在网上购买保险产品,特别是通过第三方平台购买时,往往很难找到修改信息的界面,只能去保险公司的官网。但很多官网对客户并不友好,更何况年纪较大的客户对网络了解不多。

2. 保单不同

(1)传统保险:一般提供的是纸质保单。

(2)互联网保险:会通过电子邮件发送一张电子保单;

电子保单同样具有法律效力,和纸质保单一样可以作为理赔的依据之一。

《中华人民共和国电子签名法》第14条规定:"可靠的电子签名与手写签名或者盖章具有同等的法律效力。"

我国现在的电子签章技术已经非常成熟,不用怕自己的电子保单被随意修改。同时电子保单相对于纸质保单,管理更方便;尤其对于那些长期保险来说,纸质保单弄丢了就需要拿资料去补办,电子保单只要打开邮箱就能查看;如果想要鉴别电子保单的真伪,可以登录保险公司官网输入保险单号查询。

3. 理赔流程不同

(1)传统保险:理赔时需要向保险公司的理赔部门报案,然后联系保险人询问需要准备的资料,最后邮寄资料或者亲自把资料送到附近网点。传统理赔一般是脱险后上报(可以自己打电话报案,也可以通过保险业务员报案),后续的定损理赔人员会跟进到保险公司进行理赔(或委托保险业务员进行理赔)。在理赔过程中,如果业务员有很强的责任感,就会被称为跟踪服务,这是互联网理赔所不具备的。

(2)互联网保险:理赔一般是在网上进行。出险后致电保险公司(或在支付宝报案),经处理后申请理赔,并按要求上传理赔所需的资料即可。案件比较简单的,一周内到账。

一般来说,如果案件简单,金额小,网上理赔会比较方便,案件复杂或者金额大,需要上传资料,且还需向保险公司上传文件,等待后续处理。

说明:①不管互联网保险还是传统保险,理赔流程可能不同,但保险公司处理的方式都一样,不会因为你买的是互联网保险就优先处理。

②关于理赔,保险公司不关注投保渠道,只要出险的情况符合保险合同约定的范围内,就会给付保险金;如果不符合合同约定,保险公司都不会赔付保险金。

③赔付金额高时,不管在网上还是实体店购买,都要亲自去保险公司提交

资料配合调查。

4.核保方式不同

目前核保的方式有两种,人工核保和智能核保。

(1)传统保险:只有人工核保,且程序比较烦琐。

(2)互联网保险:有智能核保和人工核保。

互联网保险可以直接选择线上投保,支持线上智能核保,省去了烦琐的人工核保程序;互联网保险也有人工核保,如果智能核保也不通过,则要进行人工核保。

随着互联网的飞速发展,越来越多的险企开始运营互联网车险。

四、传统车险与互联网车险的异同点

1.相同点:

1)服务体系

传统车险(保险公司柜台)和互联网车险服务体系都是一致的,没有任何差别。

2)车险计算公式一样

其实无论是传统线下车险还是互联网线上车险计算公式(图12-3)都是一样的。车险分为强制险和商业险,强制险就是交强险,它的基础保费数额是一定的,家用6座以下每年950元,家用6座以上每年1 100元,在基础保费的基础上,结合道路交通安全系数、违法行为系数计算交强险的保险费。除此之外,车损险、第三方责任险和车上人员责任险,它们都是实际车价乘以相应的系数,一般系数为0.5%~1.5%不等。

图12-3 车险计算公式

2.不同点

1)保费价格的优惠

传统车险与互联网车险的保险费价格不同。虽然车险计算公式是一样的,但是每家保险公司都有一定的费率折扣。互联网车险比传统柜台办理再折扣上要多便宜15%。这也是银保监会规定的。互联网车险因为不像线下车险需要租赁固定的办公地点、雇佣很多保险销售人员,所以它的运营成本比较低,能够给出的费率折扣也比较高。一般来说,打折以后的互联网车险价格要比传统车险低 200~300 元。

2）投保的快捷、理赔的保障

网上投保私家车商业险不但可享受优惠，同时可享受和线下同样的理赔服务。车主们足不出户就能完成投保、理赔、查询等。

互联网保险方式不仅有即时生效的电子保单，还可以根据车主的需要，在 48h 内将和线下投保相同的纸质保单送上门供车主查验。足不出户，仅需鼠标和键盘即可完成以往要跑上半天还不一定能办完的投保手续，网销车险与传统车险投保渠道相比，快捷、省时、省钱的优势不言而喻。

目前还是有很多车主是通过保险代理人投保的，一则耗时比较长，二则得到的报价五花八门，价格混乱、不透明、保障不完全等；很多人对于互联网车险比较抵触，因为看不见摸不着，担心出险的时候服务不到位。现在险企都是全国连锁的，在网上缴费和线下缴纳保费是一样的。而且互联网车险办理流程比较快，不需要再跑去营业网点办理，可以节约大量的时间。

五、互联网投保车险注意事项

随着互联网保险的不断发展，涌现出许多优秀的互联网保险销售平台，但相关法律还不够健全，难免有些投机分子钻法律空子，冒充保险销售平台，骗取客户保费。网上投保车险时一定注意：

1. 通过正规渠道购买

在网上购买保险时，可通过保险公司官网、专业保险电子商务平台等一些正规渠道进行保险投保。投保前注意观察网站的名称、域名、查看网页下方是否有备案或者直接登录中国银保监会的官网进行备案查询，确保平台的正规性。

2. 选择真正适合自己的保险

在购买保险前，做好功课，确定需求，选择适合自己的产品，不一定贵的就是好的。

3. 根据自身情况适当调整自身配置

保险的配置不是一蹴而就的，我们需要根据自身情况适当调整配置，没有最好的产品，只有最适合自己的产品。

六、综合实训

老张是个有多年驾驶经验的"老司机"，说到投保车险，老张说自己可是经历了很多了。几年前老张买了第一辆车,迫不及待地在营业大厅办理保险,可谁知排了半天的队终于轮到自己时,被告知相关资料和单证没有带齐,无奈之下老张又返回去取,结果再到营业厅时已经到了下班时间,只能是望"厅"兴叹了;第二年续保时,有了前一年的经验,老张决定找人,这样自己就不用跑了跑去的浪费时间了,保险代理人的速度倒是很快,可是拿到保单后老张发现自己多交了不少钱。问其原因时还不能给一个合理的解释。到了再续保时,深受既有车险销售方式之苦的老张可谓是谨慎再谨慎,在朋友的推荐下,老张选择了网上的方式,仅仅几分钟就完成了投保,很快相关工作人员就将保单送上了门,付款后老张发现自己不但节省了不少时间,同时还省下了不少钱,真是太划算了。

七、考核评价

考核评价见表12-3。

考 核 评 价 表 表 12-3

项目名称: 课题名称:	班级: 姓名:	日期: 页码:
(1)互联网保险与传统保险有哪些不同点? (2)互联网保险与传统保险在投保方式上有哪些不同?		
考核评价: 签字:		

项目十三　新能源汽车保险与理赔

课题 新能源汽车知识与保险理赔

一、新能源汽车的定义与分类

现今世界面临严重的能源危机、大气污染和全球变暖等问题,新能源汽车应运而生。2012 年 6 月国务院通过《节能与新能源汽车产业发展规划(2012—2020 年)》,对新能源汽车也进行了定义和分类(表 13-1)。新能源汽车如图 13-1 所示。

图 13-1 新能源汽车

新能源汽车定义和分类 表 13-1

定义		新能源汽车是指采用新型动力系统,完全或主要依靠新型能源驱动的汽车
分类	按动力	纯电动汽车、插电式混合动力汽车及燃料电池汽车等
	按能源	电动汽车、燃气汽车、太阳能汽车、氢燃料汽车、生物柴油汽车、醇类汽车、气动汽车、二甲醚汽车等

二、新能源汽车的优缺点

与传统的燃油汽车相比,新能源汽车在动力系统、成本、性能、维修技术等诸多方面存在很大的差异如表 13-2、图 13-2、图 13-3 所示。

新能源汽车与传统燃油车的差异 表 13-2

对 比 项 目	新能源汽车	传统燃油汽车
成本低		√
寿命长		√
节能环保	√	
噪声低	√	
出行不限号	√	

续上表

对 比 项 目	新能源汽车	传统燃油汽车
动力强	√	
充电、加油快		√
续航里程长		√
售后服务更成熟		√

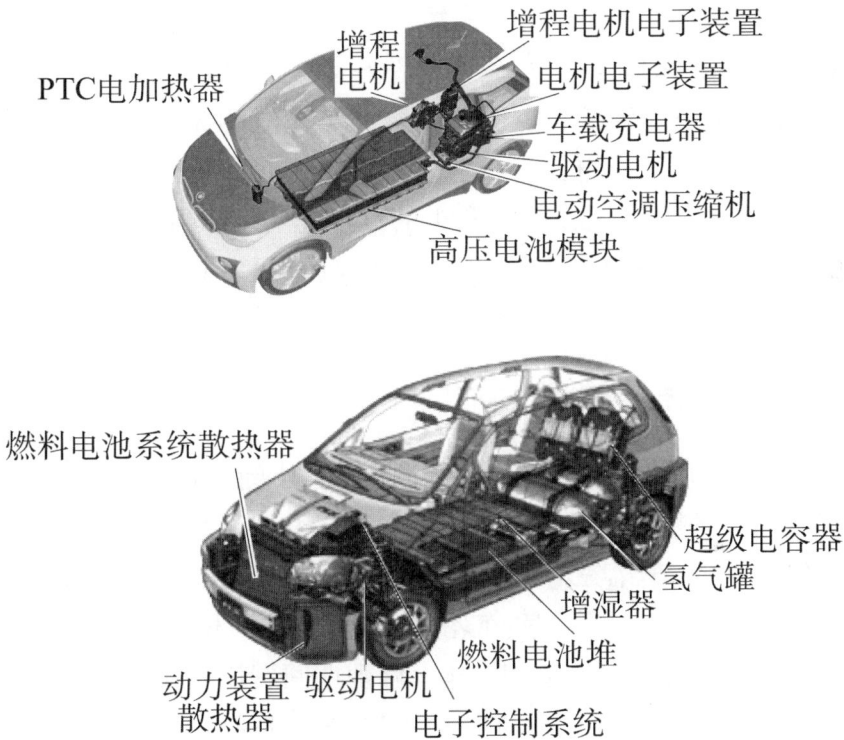

图 13-2　新能源汽车

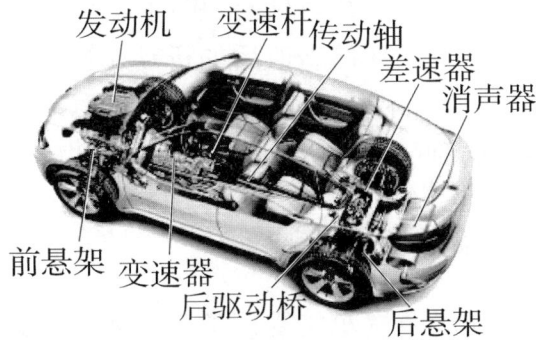

图 13-3　传统汽车

1. 优点

新能源汽车的优点:节能、减排、动力强、环保、低噪声、出行方便、安全。新能源汽车是一种面世时间不长的时代产物,在技术研发及汽车的设计等方面,采用新技术,新结构,装配有智能化电子配置;在动力方面,采用的是非燃油动力装置,采用清洁能源,比如电力、太阳能、氢气等;几乎是零污染、零排放。

2. 缺点

新能源汽车的缺点:成本高、寿命短、充电时间长、续航里程短、售后服务尚不完善。对于新能源汽车,电池寿命通常在 5 年左右,电池的价格几乎是整车价格的一半;很多城市或地区都缺少供新能源汽车充电的充电桩;新能源汽车动力装置系统并不是很成熟,充电比较慢,一般需要数小时;对于采用电力的新能源汽车,汽车电池的蓄电量有限,所以汽车的续航里程会受限;各方面技术都还在摸索、改善中;在新能汽车的售后维修方面,尚没有很多熟练的维修人员,不能及时维修。

三、传统汽车保险险种

我国传统汽车的保险(图 13-4)分为两大类:国家强制的交强险,有国家统一标准,是强制性的,必须投保;汽车商业保险又分为主险和附加险。其中,主险包括机动车损失保险、汽车第三者责任险、车上人员责任险;附加险包括绝对免赔率、车轮单独损失险、新增加设备损失险、车身划痕损失险、修理期间费用补偿险、发动机进水损坏除外特约条款、车上货物责任险、精神损害抚慰金责任险、法定节假日限额翻倍险、医保外用药医疗费用责任险、机动车增值服务特约条款共 11 项。车险费改后的机动车损失险包括了车损、全车盗抢、玻璃单独破碎、自燃、发动机涉水、无法找到第三方、不计免赔共 7 项内容。

图 13-4 传统汽车保险险种

四、新能源汽车保险现状

随着国内消费者对新能源汽车接受度的不断提高,以及我国新能源汽车销量的快速增加,新能源汽车保险需求也相应快速增加。中国保信发布的新能源汽车保险市场分析报告显示,2013年以来,保险公司承保的新能源汽车数量急速增加,2013—2017年连续5年年均承保车辆数增速达78.6%,年均保费增速为72.0%。从2017年各车种单均保费(图13-5)和2020年上险量统计数据(图13-6)可知:新能源汽车正占据越来越多的汽车市场。

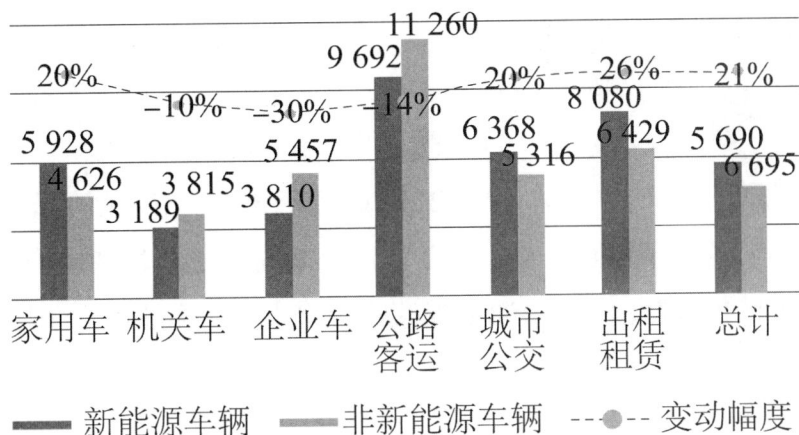

图13-5　2017年各车种单均保费

图13-6　2020年1—11月国内新能源车上险量走势图

近年来,中国汽车工程学会在《节能与新能源汽车技术线路图》中预测,2030年新能源汽车保有量将达8 000万辆。据此数据推算,2030年新能源汽车保费规模将高达4 700亿元。在国家延长新能源汽车财政补贴期限的政策影响下,新能源汽车销售迎来重大利好。与此同时,新能源汽车的保险需求也会快速增长。

五、新能源汽车保险业务

1. 新能源汽车保险险种

目前,我国至今尚未出台新能源汽车专属保险(图13-7),新能源汽车投保不得不按照燃油车保险体系执行。新能源车主可以全保,也可以依照传统汽车的保险条款选择性购买保险。但新能源车的保险费往往比传统汽车高,而得到的赔偿却很少。

图13-7 新能源汽车保险

2. 新能源汽车保险存在的问题

新能源汽车的车身结构和动力系统与传统燃油车有很大区别,因此传统燃油车保险产品条款中不再适用。以纯电动汽车为例,具体表现在以下方面。

1)新能源车和车主层面

(1)理赔时"车险高,赔付少"。

据了解,中国人保、平安、太平洋等多家保险公司对新能源汽车都实行"按补贴前价格投保,按补贴后价格赔付",这已成为行业惯例。也就是说投保人使用新能源汽车出险理赔时,保险公司不会按照投保时的价格理赔,只能根据投保人购买汽车的实际价格及补贴后的价格进行上限赔付,而且赔付金额也不会超过投保车辆的实际购买价格;即便是新能源汽车因大事故严重受损或全损,也照样是根据购车发票上的金额对车主进行赔付,也就是按补贴后的价格赔付,而且还要算上折旧率。

由于保险条款无法覆盖车辆可能出现的风险,且单车平均保费相对较高,因此新能源汽车车主对目前保险公司的政策和理赔服务满意度不高。

(2)新能源汽车的核心部件动力电池损毁率高发。

太平洋保险公司公布的一组数据显示,新能源汽车(纯电动汽车)的结构如图13-8所示,主要包括电源系统、驱动电机系统、整车控制器和辅助系统。电动汽车动力电池远比传统发动机脆弱。在太平洋承保的2万起新能源车出险事故(图13-9)中,涉及动力电池损失的有236起(占1.2%),其核心动力损毁率是传统燃油车发动机损失事故的3倍。

(3)新能源汽车的零部件易损价贵。

当前很多登记为家用车身份的新能源车,其实是参与运营的网约车,由于使用频率较高,这些新能源车更容易出险。从单车赔付价格看,新能源汽车的零部件更换及维修价格也要高出传统燃油车。

图 13-8　新能源汽车结构　　　图 13-9　新能源汽车零部件起火

2)保险行业和保险公司层面

(1)新能源汽车车险定损理赔水平偏低。

相比传统燃油汽车,新能源汽车结构技术的特殊性对保险公司的查勘、定损、理赔技术提出了很高的要求。各大保险公司新能源汽车保险业务占公司全部营业份额较小,大部分公司还没有新能源汽车车险查勘、定损、理赔专员。由于新能源汽车结构技术的特殊性,车载设备电子化集成度高较高,新能源汽车保险领域维修标准化的问题也还没有解决,查勘定损人员对新能源汽车的相关技术了解不深,在实际工作中很难确定哪些部件可以维修后继续使用,哪些部件必须更换,尤其是涉及"三电"领域的部件,一般维修难度较大,单次的事故零配件及工时费价格都较高。

(2)保险行业缺乏统一的保险理赔标准。

没有专属的保险条款,会造成新能源汽车品牌进行终端销售时,涉及车险的计算和售卖,没有统一的执行依据。同时,后续的责任划分、车主理赔等事宜都一定程度上增加了主机厂的风险。

根据现有的数据,保险行业难以准确评估车辆的风险状况。业内人士指出,由于部分厂商出于专利技术保护及其他原因,在电池发生事故受损后,免费为消费者更换并回收电池,这种做法在某种程度上也隐藏了车辆的真实风险,使保险公司难以准确评估车辆的风险状况,因此也就不利于核算保费和制定条款。

以上几方面都让保险公司承担了较高的成本,难以降低新能源汽车保费。

3.新能源汽车保险与传统汽车保险险种上的差异

新能源汽车完全按照传统汽车的险种来保险,保费金额和保险条款并不合理。新能源汽车与传统汽车保险的差异见表13-3。

传统汽车保险与新能源汽车保险差异　　　　表13-3

传统汽车保险条款	新能源车保险条款	原　　因
有关发动机、变速器等零部件的条款	删除	新能源汽车无发动机、变速器
机动车辆保险的除外责任中有"高温烘烤""机械电路故障"等	删除	新能源汽车不存在这些问题
发动机涉水损失	删除	新能源汽车无发动机
自燃险	不匹配	新能源汽车对于电池的自燃问题做好了保护安全措施;新能源汽车在质保期内出现自燃应由厂家按照各自三包规定负责处理
无(电机、电池、电控)三电系统保险	增加	新能源汽车的核心零部件包括电机、电池、电控三电系统
无(充电设施损失、充电时突发事故致第三者受伤)保险	增加	新能源汽车存在充电设施损失、充电时突发事故致第三者受伤等

六、新能源汽车专属保险构想

　　新能源汽车专属保险的出台和实施,势必需要整车厂、维修企业、保险公司等各方共同努力。据中国保险协会车险部相关负责人介绍,该协会已经联合保险公司等相关领域专家就新能源汽车保险专属条款(表13-4)的制定进行了讨论,目前具体条款还在研究修订中。

　　中国保险行业协会(以下简称"中保协")启动新能源汽车保险专属条款制定、风险定价和理赔技术等方面的专业研究,旨在加大保险产品供给,满足市场、消费者的多样化保险需求。

新能源车保险专属条款　　　　　　　　表13-4

序号	项　目	措　　施
1	高价低赔	新能源汽车的实际价值以新车购置价减去补贴和折旧金额确定。新能源汽车投保保费将以扣除补贴后的实际购买价计算。用定价基数下调来降低保费
		不同车型的基准保费也不同
2	主险责任扩容	增加了盗抢,外部电网、电力系统故障,通信网络信号缺失,病毒、非法入侵或其他网络攻击等情形造成的车辆损失
		车辆智能化方面,也即将有针对新能源汽车智能操控系统的保障
3	附加险更具针对性	附加动力电池系统损失保险
		附加意外漏电责任险
		智能系统损坏或功能损失险

说明:将"涉水、水淹"责任纳入了车损险责任范畴,车主不必再购买单独的涉水附加险。

从目前情况来看,征求意见稿在60多家财险公司的梳理下,制定出了一套相对合理全面的条款,这对新能源汽车后市场来说意义重大。汽车行业专家表示:有了这一参考,保险行业在新产品开发、费率厘定、销售以及风险管控等方面将趋于规范化。新能源汽车领域无论是汽车本身的结构性能,还是新能源汽车的保险业、维修服务业都将未来可期(图13-10)。新能源汽车后市场将规范化、统一化。

图13-10　新能源汽车的未来

随着专项条款定稿发文进入倒计时,新能源汽车后市场也将迎来一个新的细分市场。一旦条款落地执行,车主和保险公司都将迎来一个更为规范化的用车环境。

七、新能源汽车保险业的未来

全球都在找寻可以替代石油的新产品。发展新能源汽车是大势所趋,新能

图 13-11　新能源汽车
车险全球化

源汽车的保险业也势必会得到长足发展。车险的险种应根据新能源汽车的特点专门定制。新能源汽车的保险业务也将更科学、更合理。新能源汽车的保险业务将会向全球化发展(图 13-11)。具体体现在以下方面。

1. 制定新能源汽车保险优惠政策

据了解,在新能源汽车普及程度较高的欧美国家,保险公司会为新能源车主提供特殊的优惠费率,且保费的一部分还会用于公益事业,以呼吁更多车主使用。目前,国家对新能源汽车的支持政策主要集中于购置环节,新能源汽车保费偏高的根本原因是新能源汽车成本造价较高。在新能源汽车技术发展的过渡阶段,国家对保险公司承保新能源汽车保险相关业务提供优惠,保险公司提供汽车保费折扣优惠,有效降低新能源汽车使用成本,将是促进新能源汽车推广的有力措施。

2. 根据新技术优化保险费率

从国外发达保险市场来看,国外新能源汽车保险费率都是建立在一整套成熟的车型风险等级评价体系和人员风险等级评价体系上。这样一方面充分保障了保险人和投保人的利益,另一方面引导了驾驶人安全驾驶。目前,新能源汽车产业属于国家重点扶持产业之一,相关数据资源比较封闭,保险公司没有获取途径,无法对其风险状况进行全面认识与风险管理。新能源汽车标准及相关法律法规也不完善,保险公司无法依据相关准则统一损失类型、损失配件价格等内容。另外,新能源汽车保险也算是一种公共产品,不仅涉及保险领域,还涉及科技、金融、法律、外贸、宏观政策等方面的知识。鉴于以上影响因素,在新能源汽车保险产品的研发初期,单靠保险公司很难在短时间取得成效。在开发初期,应根据新技术搭建保险体系,构建专门研发团队,建立新能源汽车保险相关大数据的收集预测系统,为科学选择新能源汽车保险参考指标和科学厘定保险费率提供依据。

3."量身定制"新能源汽车保险产品

为给新能源汽车市场和消费者提供个性化、差异化、多样化的商业险服务和保障，满足社会大众不同层次的保险需求，中国银保监会发布的《关于深化商业车险条款费率管理制度改革的意见》中提出鼓励保险公司开发商业车险创新型条款。央行等8部委联合发布的《关于金融支持工业稳增长调结构增效益的若干意见》中也特别提出"推动保险公司尽快开发出更符合新能源汽车风险特征的专属保险产品"，建议保险行业加快研究推出新能源汽车专属保险产品。"量身定制"新能源汽车保险产品势在必行，主要体现在以下两个方面：一方面取消发动机涉水险，根据新能源汽车有别传统燃油车的结构组成、维修技术、使用性能制定有针对性的保险条款，根据新能源汽车的维修更换成本界定保险公司的理赔金额；另一方面是增加电池、电机、充电设施等装置的附加险（图13-12）。特别是对于电池的自燃、短路、爆炸、老化、碰撞损失，充电过程中发生事故导致第三者损失等的赔偿标准要做出明确约定。

4.多渠道加快培养新能源汽车保险专业人才

保险公司可以通过与有汽车专业的高校合作，采用订单式培养，设置新能源汽车保险相关的课程或者专业，或者采用学生顶岗实习的人才培养模式，培养既懂新能源汽车保险又懂其技术的复合人才。另外，可以加强对在职人员进行新能源汽车保险和理赔业务的培训，深入研究新能源汽车技术和市场状况，提高其专业技能（图13-13）。同时，中国银保监会等相关部门也可以联合各大厂商组织对保险从业人员进行相关专业知识的培训，提高从业人员的综合素质。

图13-12　新能源汽车充电设备附加险　　图13-13　新能源汽车专业技能培训

想一想

对于新能源汽车保险与理赔，你有哪些建议？

八、综合实训

1. 案例1

目前特斯拉销售的汽车保险业务由第三方保险公司提供,此次注册成立保险经纪公司,或许意味着特斯拉将在国内开展"车 + 保险"服务模式。目前,国内的新能源车主购买的仍然是传统的车险,新能源车的保费高于传统汽油车,同时出险率、理赔率更低,新能源车主比较吃亏。从保险公司的角度来说,关于车险的开发和定价多集中在汽油车领域,新能源车险的开发和定价是一个难点。相比于传统保险公司,特斯拉具有更多的内部数据,更了解客户和汽车的风险状况,可为车主带来更具有竞争力、专属于特斯拉汽车的保险服务,其在保险费率和理赔服务上都将有更大的改进,并且也会一定程度上促进特斯拉旗下汽车的销售。

从特斯拉的发展战略来看,特斯拉将继续推进自动驾驶技术,而保险是自动驾驶落地的重要一环,本次成立保险经纪公司或许也是特斯拉自动驾驶的布局之一,构建全方位的商业模式闭环。

特斯拉推出 Insure My Tesla 计划,不是特斯拉第一次涉足保险行业。早在2016 年,特斯拉已与 Liberty International Insurance Limited 合作,在香港启动 Insure My Tesla 计划,该计划是一款基于里程的保险计划,保费根据年度行驶里程进行计算(其中还包括其他因素,如特斯拉汽车的规格和驾驶人信息、驾驶经验等),提供全面保障因意外而损毁的 Tesla 车辆,免费更换损坏或遗失的车钥匙,以全新车辆更换被报废的 Tesla 车辆等服务。

特斯拉已与 Oman Insurance 合作在阿联酋启动 Insure My Tesla 计划,在保障因交通事故而导致的人身伤害和财产损失基础上,还保障 5 年的代理商维修服务、车辆遗失损坏赔偿、使用损失津贴、家用壁式充电器、无漆凹痕修复、代客泊车盗窃等服务。

2. 案例2

新能源车型的安全问题一直备受关注。广汽新能源、特斯拉、蔚来等众多车企旗下的车辆都出现过自燃现象。频发的安全事故也让很多消费者对新能源车型有一些担忧,不过奔驰准备彻底解决这种顾虑。

近日,梅赛德斯-奔驰推出针对新能源车的专属车险,保障的设备包括家用充电器、电缆和动力电池,保额最高为 10 000 欧元。其中,电池的过压损害、救援费用、火灾、短路和动物咬伤等多种情况也被涵盖其中,并且如果电池因为意外情况电量较低,还可以享受免费拖车救援服务,可将车辆移动至充电站充电。

对于新能源汽车产品来说,目前市面上大多数产品都在探索中,因此,奔驰推出的这项保险产品有助于保障车主的利益,便于让更多的消费者接受新能源汽车。

九、考核评价

考核评价见表13-5。

考 核 评 价 表 　　　　　　　　表 13-5

项目名称: 课题名称:	班级: 姓名:	日期: 页码:
(1)请说明新能源汽车的结构。 (2)新能源汽车保险有哪些可发展空间?		
考核评价:		签字:

问 卷 调 查

参 考 文 献

[1] 陈卫东.汽车保险与理赔[M].北京:人民交通出版社股份有限公司,中央广播电视大学出版社,2017.

[2] 荆叶平.汽车保险与理赔[M].北京:人民交通出版社股份有限公司,2017.

[3] 石红,霍潞露.中外电动汽车保险情况及对我国的启示[J].汽车工业研究,2017(5):35-40.

[4] 刘春晖.互联网+汽车保险与理赔500问[M].北京:电子工业出版社,2017.

[5] 陈社会.新能源汽车结构与检修[M].北京:人民交通出版社股份有限公司,2017.

[6] 吴冬梅.汽车保险与理赔[M].北京:人民交通出版社股份有限公司,2018.

[7] 台晓虹.汽车保险与理赔[M].北京:人民交通出版社股份有限公司,国家开放大学出版社,2019.

[8] 潘石峰."互联网+"汽车服务企业创新模式分析[J].商场现代化,2020(20):124-126.